文化九华

果卓

费业朝——著

全国百佳图书出版单位

APTIME

时代出版传媒股份有限公司

安徽人民出版社

图书在版编目（CIP）数据

文化九华 / 费业朝著. -- 合肥：安徽人民出版社，2025. 5. -- ISBN 978-7-212-11792-4

Ⅰ. K928.3

中国国家版本馆 CIP 数据核字第 2025K6C878 号

文化九华

WENHUA JIUHUA

费业朝　著

责任编辑：卢昌杰　　　　　　　　　　责任印制：董　亮
版式设计：陈　爽　　　　　　　　　　封面设计：润一文化

出版发行：安徽人民出版社 http://www.ahpeople.com

地　　址：合肥市蜀山区翡翠路 1118 号出版传媒广场 8 楼

邮　　编：230071

电　　话：0551-63533259

印　　刷：安徽新华印刷股份有限公司

开本：710 mm × 1010 mm　1/16　　　印张：21.5　　　字数：300 千

版次：2025 年 5 月第 1 版　　　2025 年 6 月第 3 次印刷

ISBN 978 - 7 - 212 - 11792 - 4　　　　　　　　　定价：80.00 元

费业朝

曾任九华山风景区管委会接待办副主任

现任九华山佛学院资深教授

安徽省池州市文化和旅游局"名导带徒工作室"主持人

2011 年被国家旅游局授予"全国优秀导游员"称号

2016 年获"安徽省五一劳动奖章"

九华山九朵莲

蓄苞金芙蓉

化城寺

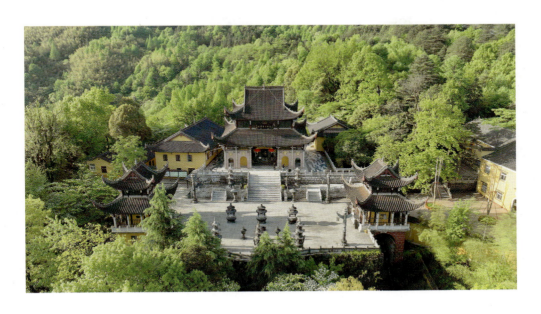

月身宝殿

百岁宫

祇园寺

天台寺

甘露寺

上禅堂

大觉寺大雄宝殿

慧居寺

闵园尼庵群

回香阁

旃檀林

无相寺

翠峰寺

费业朝与九华山国际旅行社的同事们

序 一

圣 辉

费业朝老师自 1980 年上九华山工作，先是在九华山中学任教，1990 年奉调至九华山管委会从事外事旅游接待工作，也正是这一年，我受恩师仁德长老的召唤、经赵朴老批准同意，从中国佛学院赶赴九华山，协助恩师开办九华山佛学院，并任九华山佛学院副院长兼教务长。而费老师是恩师和我早期聘请的佛学院老师，一直到现在费老师依然还在佛学院兢兢业业地教授英语。后来由于工作的原因，我被调回中国佛学院担任副院长兼教务长，可我一直觉得，我和费老师在佛学院的时间，是一回忆起来，就令人热血沸腾的一段艰苦而又特别有意义的同事时光。

近年来，费老师怀着对九华山传统文化的深深热爱，和对旅游事业浓浓的感情，历时二十多个月，在大量的历史资料中披沙沥金，历尽艰辛，终于集结成了这部《文化九华》。该书将九华山十多座淹没在历史变迁中的古寺，和它们在九华山僧团的世代传承都进行了认真的挖掘和考证。从该书的字里行间，我们还不难看出，费老师对汉地佛教特别是九华山的金地藏文化的了解也是十分深刻的！所以，《文化九华》的结集成书，既有利于提高广大信众游客对九华山传统文化的正知正见，也能为当地旅游从业人员对九华山的宣传讲解提供参考。《文化九华》是现代人了解和研究九华山的一部难得的好书，故奉上寥寥数语，以此为序。

2022 年 12 月

序　二

黄复彩

　　认识费业朝其人三十多年了，拜读其文，却是最近两年的事。当年仁德、圣辉两位大德在九华山甘露寺创办佛学院，我们同时受聘，算是第一批客座教授。因为客座，又因为我们是执教不同的课程，见面的机会总不是很多。只是偶尔，我们在某一个重要的活动中碰面，也只是点点头，算是相互打过招呼了。费业朝比我年轻，其人貌清而古，有仁者相，且不大肯轻易抛头露面，感觉他应该是做学问的人，但 20 世纪 90 年代末，我们却常常会在一些风景区相遇，其身份却是一名导游。

　　我总认为他做导游可惜了，我以为，一个做学问的人，是不必带着一帮客人东游西逛的。但我后来知道，他所带的，都是一些"非一般"的游客，其中不乏外国政要。再后来，他不做导游了，却在九华山创办了自己的工作室，他开始在自己的工作室，甚至是在国际游轮上给一些外国人上课，用他熟悉的两种语言讲述中国故事，但主要还是讲九华山故事。

　　九华山其有记之历史见于唐代天宝年间，至今已一千多年了，自然有讲不尽的人物，说不完的故事。

　　我们仍然很少交往，只是后来，关于他的传闻越来越多，有说他在九华山有三个不同的工作室，九华山一代又一代的导游几乎全是他的学生，这就够牛的了，但更牛的是说他接待过很多重要人物，以至后来但凡重要的人物来九华山视察或观光，都指定费业朝担任解说。

2016年九华山佛学院复办，我们见面的机会多了，仍然是不同的课程，不同的时间。只是偶尔，他会坐在教师餐厅的圆桌上吃午餐。此君胃口极好，我喜欢看他吃饭，一大海碗饭菜，极短的时间，风卷残云般扒拉下去。饭后，大家照例会以聊天消食。费业朝一旦话匣子打开，就很难收住了。从他的老祖宗、唐代《九华山化城寺记》的作者费冠卿，到中国近代僧伽教育的先遣者月霞、虚云、常惺等，再到九华山的寺庙庵堂，话题广泛，无所巨细。这时候，你就不能不佩服他的记忆力，也可见他做学问的功夫。你也可以相信，在整个九华山范围内，没有他没到过的寺庙，也没有他没攀爬过的山头。

也是在这个时候，我开始向他约稿。他这才悄悄告诉我，他已经写了五六万字了，书名暂拟《文化九华》。动则踏迹于山野，静则埋头于书斋，突然间就能冒出一本书来，这才是做学问人该有的样子，也是我们写作行内人所说的"狠人"。也是彼时，我读到费业朝的两篇笔记体散文，一为《神光岭七月三十日的洗塔雨》，一篇《金步摇》。我这才知道，费业朝不仅口才好，文笔也是好的。两篇笔记体散文既是精妙的文学，也是九华山地理与生态的精确记录。我相信很少有人能像他这样精确地分析出每年农历七月三十日当天九华山何以总会下些或大或小的"洗塔雨"，也很少有人能细心地观察过金步摇花的生长与九华山气候及地表的关系。

今年八月的一日，我因一事致电费业朝，却被告知他正在青阳杜村曹山的一处荒坡上。2022年是一个奇特的年份，整个夏季，苦热无雨，在这样的午后，大部分人或许都蜗居在各自的空调房中躲避着苦夏的肆虐，费业朝却蛰伏在一片人迹罕至的荒山上，忍受着阳光的暴晒，寻找着一千多年前九华山一位重要历史人物甘贽的墓塔。这就是费业朝，一个做学问的费业朝，一个醉心于自己事业的费业朝，一个要把九华山故事向世人说得清楚明白，说得风生水起的费业朝。因此有人说，费业朝是九华山的一个奇迹，也是九华山一个重要的文化符号，我以为，这样的说法是有道理的。

《文化九华》是费业朝的第一部著作，也是费业朝退休后苦心经营的一本关于九华山历史文化的著作。九华山历史悠久，2019年，九华山被联合国教科文组织发布公告，批准为世界地质公园。直到今天，九华山有大小寺庙一百余座，这些寺庙来自不同的年代，大多在千年以上。这些古老的寺庙有太多的故事，出现过太多的历史人物，他们是历史的见证者，也是历史的创造者。正如北京大学教授季羡林先生所说：何谓历史？"历史是每个人的鉴身之镜，可看过去与未来"。我们要明白明天所走的路，就应该知道我们的先人是怎样走过来的，他们留给历史的，究竟有哪些精华，又有哪些糟粕。发掘并研究这些，对于一个国家是有益的，对于一个人是有益的，对于一座山，而且是一座佛教名山更是有益的。费业朝所做的，乃至他这本书所写的，正是"鉴身之镜"，可鉴古今，可照未来。

长久以来，关于九华山的各种来历，各种源头，包括各种流传甚广的民间传说，各有各样，莫衷一是，有的则以讹传讹，造成极大的误解。社会的发展，越来越多前来九华山的人已经不再满足它原有的"佛"之概念，更多的人是为寻找文化之渊、自然之源而来的。作为一名九华山人，要正本清源，要"言归正传"，要揭开历史的面纱，还其本来面目，这正是费业朝要写这本书的目的。

费业朝是敬业的，也是精业的，我相信，《文化九华》同样会激起阅读者寻找生命之源的欲望。我在祝贺他这本书顺利出版的同时，也希望能读到他更多关于九华山，关于中国文化的优秀文字。

2022 年 10 月 17 日

前　言

　　九华山雄峙于万里长江南岸，江南山地北缘。江山之间，仅十余千米宽的沿江平原，为九华山数千年来的人文发展提供了无穷的给养。亿万年来，亚热带季风气候为九华山造就了无尽的自然资源。九华山所在地原本无山，白垩纪初，古扬子海海底逐渐隆起，慢慢形成了今天的九华山，山龄1.25亿多年。九华山脉属花岗岩岩体，南北长约25千米，东西宽约5千米。据此，九华山于2019年被联合国教科文组织列入"世界地质公园名录"。

　　九华山是公认的地藏菩萨道场，地藏信仰又是佛教中国化的主要标志，所以，早在明朝末年，九华山便被认定为中国佛教"四大名山"之一。改革开放之后，九华山又被公布为国家级重点风景名胜区。大自然的鬼斧神工和当地人民的辛勤劳动，造就了今天景色迷人、清新脱俗、物产丰富、宜居宜游的九华山。

　　根据《尚书·禹贡》相关章句分析，九华山在上古后期属于"东陵"的一部分，于是，汉代的九华山便出现了喻意东陵之阳的"陵阳山"之称。南北朝时期的九华山又被称为"九子山"。唐天宝年间，大诗人李白将九子山改为"九华山"这一圣洁的名号，喻意九朵莲花之山。有了九华山之称后，此山方有文脉发端。其间，功在"诗仙"李白及当地隐士费冠卿。至于战国时期屈原流放陵阳，抑或南梁顾野王所录之九子山，皆属吉光片羽。李白后半生常盘桓于江南，特别是皖江之上。唐天宝六年（747），李白曾与友人高霁和韦权舆等三人在九华山下憩于夏侯回之堂并合作《改九子山为九华山联句》。这便是寓意九朵莲花的"九华"二字最早的出现，也是九子山改称九华山的由来。也就是说，安徽青阳九华山是从747年开始被称为九华山的。至于九华山中最早关于佛教的可靠记录，当属邑人费冠卿的《九华山化城寺记》，该记文全面记述了唐时新罗僧人金地藏在九华山中苦修苦行、终成正果的全过程。因为《九华山化城寺记》完成于金地藏和尚入寂仅十九年之后，作者与金地藏和尚生活于同一时期，所以，《九华山化城寺记》是关于九华山佛教最早最可靠的文字记录。

自古以来，文人常以雄奇灵秀状九华。最早称其雄者，莫若南朝顾野王之"九子山，千仞壁立"；最早言其奇者，无非唐代刘禹锡之"奇峰一见惊魂魄，意想洪炉始开辟"；率先赞其秀者当属李太白之"天河挂绿水，秀出九芙蓉"；而历来叹其灵者则众口如一，其中之最者，当属明朝应天巡抚陈凤梧。陈巡抚在嘉靖《九华山志序》中记述了他当年拜谒青阳庙学时的一则故事。当日视察之际，巡抚大人曾诟病青阳庙学的校园围墙内居然看不到九华山。原文为"方病其宫墙不把九华秀"。在询问办学成果时，当地官员"则曰科目不利耳"，意思是考题不利于本校学生。在陈凤梧批评青阳庙学地理位置不佳之后，县官们便向上级申请庙学迁址，以使校门面对九华山。新校园建成后，果然，在此后嘉靖五年（1526）的秋试中，"举于乡者得二人也"。在这次乡试中，青阳有两员中举，这自然是青阳庙学的一件大事。陈巡抚记录此事的目的显然是在暗示世人，九华山是有灵气的。此后，青阳人一直重视接续文脉，积聚文气。为纪念唐青莲居士李白改九子山名为九华山的功德，当地的僧人们于清顺治十一年（1654）曾在县城中建有一座青莲庵。此后，该庵堂于清嘉庆二十一年（1816）被陵阳曹氏族人迁至陵阳南面的乌木桥桥头。青莲庵现今尚存寺墙一垛和记事碑一块。

宋末青阳籍著名诗人陈岩，满怀着对家乡的无限热爱，走遍了九华山的山山水水，至一处，作一诗，为后人留下了二百多首赞美九华山的诗。古人认为，无论是早先的九子山，还是后来的九华山，均不外乎以九寓多。九华山层峦叠嶂，群峰竞奇。南宋诗人王十朋在其《九华山九首》的最后一首诗中总结道："曰华曰子数俱九，细看峰峦何许多。今古画工图不足，冠卿诗奈九华何？"清朝光绪年间的青阳县训导周赟，率先为世人绘制了《九华十景图》，且每景一诗，诗中有画，画中有诗，系统地为登临九华者提供了游览提示。

雄奇灵秀的九华山，自晋唐以后，佛教的发展虽屡经兴衰，但从未间断。特别是明清两朝，无论山中的寺院建设，还是僧人的修为均受到皇家和信众的敬仰。随着明代中叶化城寺东西两序数十家寮房的建成，再经过清朝近300年的发展，九华山逐渐形成"九华一千寺，撒在云雾中"的盛况。

其间，僧人们有意将九华山按照一座巨型寺院来布局，一天门作山门，进门后半里路有一座供有四大天王的小红亭，这便是天王殿。甘露寺被认为是弥勒殿兼客堂，九华街是大雄宝殿，天台一线则是铁围山。也有人说九华山是一尊佛，天台为首，化城为腹，五溪为足。无论世道如何变迁，九华山风景名胜区内至今依然完好地保留着99座佛教寺院，其中9座被国务院公布为"全国重点寺院"。9座重点寺院中又有4座后来被国家文物局列为"全国重点文物保护单位"。近年来，平均每年登临九华山的游客有数百万之众。

九华古寺绝大多数地处风景区核心区域内的常规游览线路之上。近年来，随着旅游观光业的发展和宗教政策的落实，这些古老的寺院也渐次成为绝大多数游人的必到之处。因此，九华山人文与自然的宣传，特别是山中多座国家级重点寺院的历史文脉及现代发展的宣传，其史料的真实，其风貌的变迁，亟待翔实的考证和全面的探讨。为此，笔者综合自己在九华山中谋稻粱四十年之所见所闻、所参所悟，怀着"何德何能"之惭愧心，以结成《文化九华》一书。本书所涉内容以十二座九华古寺为主，兼议相关人文与自然。笔者所集信息，或亲见确稽，或旁参曲证，旨在为山中诸寺接续寺史志记，为登临客人提供游前备览，也为业界人士提供导游参考。特此留言，以志缘起。

目　录

九华山九朵莲

　　人类进入文明社会以后，一直热爱莲花，并为莲花演绎出了丰富而又圣洁的文化内涵。在佛教中，莲花象征着清净、圣洁和吉祥。佛家在论及生命和力量时，用莲花代表多产、丰熟和神圣。

　　在中华文化中，关于莲属的水生植物——荷花的最早记载出自《诗经》，其中有"山有扶苏，隰有荷华"。荷归莲属，《尔雅·释草》中说，荷又称"芙蕖"，莲子称"菂"，花称"芙蓉"，花苞称"菡萏"，叶子称"蕸"，藕鞭称"蕅"，

九华胜景

根称"藕"。在隋唐时期译出的佛教经典中,还出现有莲花的外来语音译名称,叫作"优钵罗华"。中华先贤们曾以荷的花、根和叶三部分同属一体的现象,来喻示儒释道"三教合一"的理念,曰:"红花白藕青荷叶,三教原来是一家。"这里的红花指的是红莲花所示的佛教,白藕指的是提倡出污泥而不染的儒家,而纯净的青荷叶所示的则是道教。信奉道教的唐代"诗仙"李白,其道号即为青莲居士。

在古今诗文中,有关莲荷的描述比比皆是。唐代诗人谭用之的山水赞美诗中,最早出现有"芙蓉国"的比喻。宋代大儒周敦颐的《爱莲说》是赞美莲花的绝佳之作。宋代文豪苏东坡在整理佛家的焰口法会颂词时,称赞法会上点燃的一支小小的蜡烛,其红莲花般的火焰可以辉映满天的星辰。词曰:"香焚宝篆,腾五色之云霞;烛绽金莲,灿一天之星斗。"毛泽东更是在其《七律·答友人》诗中将广袤的中华大地誉为"芙蓉国"。诗曰:"我欲因之梦寥廓,芙蓉国里尽朝晖。"中华的"华",与花是一对古今字,字义相同。毛主席在诗中将自己的祖国喻为一朵美丽而圣洁的大莲花。

在传统的佛教文化中,莲花随处可见。佛家在修饰建筑物、尊称人物或经偈时,经常用到莲字,如建筑中的莲宫、莲界、莲境、莲舍等,尊称修行的人为莲客、青莲居士等。姚秦三藏法师鸠摩罗什翻译的佛经中,有一部著名的《妙法莲华经》。东南亚各国人民均十分崇尚莲花,有的甚至尊莲花为国花。"莲"字在佛教文化中出现得极为频繁。

在寺院里,莲花是供佛的上品。众生修成正果时,会坐在阿弥陀佛所送的一朵莲花上,从水路往生"西方极乐世界"。水天相连,从水路是可以上天的,因此,大雄宝殿中被称为"西方三圣"之一的西方接引南无阿弥陀佛的手中,总托有一朵圣洁的莲花。

在佛教的宇宙观中,最庄严的华藏世界就是由千叶大莲花组成。佛经中还将信徒修行的次第用莲花来表示,并分为九品莲花。其中的"第九品莲花"代表的是成佛的最高境界。

从明末清初开始,在汉地佛教中,安徽九华山被尊称为"莲花佛国"。九华山的开山祖寺化城寺被称为"蕊珠宫",意即化城寺像珍珠一样镶嵌在莲花蕊上。根据地理勘察,九华山南自七井山发脉,连亘石门岭而来,至芙蓉峰结为珠墩。芙蓉峰成就了地藏塔院所在的神光岭。芙蓉峰雄踞九华正中,上起五峦,宛如青莲花的五瓣,因此得名。九华山天台北侧尚有南芙蓉峰一座。九华山即因芙蓉峰而得"莲花佛国"之誉。

最早在文史上让九华山与莲花结缘者,当属唐代"诗仙"李白。《全唐诗》中《改九子山为九华山联句》的首联是李白率先吟出的,联曰"妙有分二气,灵山开九华"。这里的"九华"便是九华山山名的由来。汉语中"九"字和"华"字第一次组词而成为一座山的名称,其出处便是李白等人联句的这首诗。古汉语中的"华"字与魏晋之际才出现的"花"字意思相同。九华,就是"九花"。李白在另一首诗中还有"天河挂绿水,秀出九芙蓉"两句。这里的"九芙蓉"告诉我们,九华山就是一座九朵莲花一样的山,亦即本文标题所示的"九华山九朵莲"。

自南北朝以后,佛教的僧人们在九华山这座瑰丽的莲花宝藏中,营造了无数大小不等的佛家阿兰若,至今犹存九十九处。其中的十余座晚清之前建成的古寺院,历史悠久,建筑庄严,是世界上难得一见的文化瑰宝。梳理这些古寺的前世今生,特别是接续这些寺院近现代以后的寺史,是十分有意义的。

化城寺

化城寺是九华山的开山祖寺，始建于唐至德初年。化城寺的前身是九华山乡民胡彦老人为一位出家人修建的一处僧舍。据史料记载，这位僧人俗家姓张，法名"檀号"。至德初年，因为新罗国僧人金地藏的缘分，当地乡民诸

化城寺

葛节等人出资买下这处"檀公旧地",为金地藏建寺修行。由此,九华山中便有了这座千年古刹——化城寺。现在的化城寺是全国重点文物保护单位,是国家重点寺院之一。化城寺现任方丈常敏大和尚是仁德法师法子,系临济宗临济法系第四十六代传人。

仁德大和尚法像

化城寺所处的地理位置十分优越,寺舍像一颗璀璨的明珠镶嵌在九华山莲花圣境的正中央。清代光绪年间的青阳县学训导周赟,曾赞誉化城寺是诸神护佑的"蕊珠宫"。关于化城寺,最早见诸文字记载的是被《全唐文》收录的由唐代著名隐士、道教史上青史留名的费冠卿所撰写的《九华山化城寺记》。费冠卿与文中记述的金地藏生活于同一时期,所载史实是毋庸置疑的。所以,《九华山化城寺记》是古往今来佛教史学家们考证九华山、研究金地藏的最早而又最可靠的原始文史资料。

化城寺最初的住持僧

化城寺的第一任住持僧是金地藏大师。关于化城寺和金地藏大师,费冠卿在《九华山化城寺记》中有明确记载。唐开元末年(741),一位法名"地藏"的金姓新罗国僧人卓锡九华山。九华山当地人于唐至德初年(756)兴建化城寺,目的是延请这位金地藏大师常住九华,教化一方。唐朝时期,僧人统一姓"释"的规定尚未普及至藩属国,新罗国等藩国的出家僧人们依然在其法名前沿用其俗姓。故而史料中有僧人"金地藏"之说,意即俗姓金、法名地藏的和尚。"地藏"一词最早出现在东晋时期译经僧人圣坚翻译的《佛说罗摩伽经》中，大唐时期的这位新罗僧人出家时，便据此有了"地藏"这一法号。金地藏和尚原系"新罗王子，金氏近属"，他精通大唐的儒释道三家义理，在权衡选修过程中，他认为，在"六籍寰中，三清术内，唯第一义与方寸合"。六籍，是儒家的依凭。三清，是道家的术数。金地藏确信，在儒释道三家学术体系中，唯有"第一义谛"的佛教义理与自然法则和生命自性最为契合。于是，他毅然弃荣就苦，落发为僧，渡海西来大唐学佛求法。此后，在其云游途中看到高耸云端的江南九子山时，金地藏便不顾千里之遥，一路披荆斩棘，登上了这座崛起于大江之东，"俨削成于天外"，且被当时的大诗人李白誉为九朵莲花般的奇山——九华山。

金地藏大师是一位释儒兼修的唐代高僧。关于金地藏大师在宗教和文学两方面的修为，今人可以从多处文献中得以了解。史料记载，金地藏大师住持化城寺后日益精进，徒众云集，圆寂之后，示人以金刚不坏之躯，此后便逐渐被信徒们认定为地藏示现、菩萨再来，其修行所在的九华山亦随之成为声名远播、流芳千古的菩萨道场。费冠卿在《九华山化城寺记》里曾两度将金地藏与菩萨相提并论，一处是在描述金地藏金刚不坏身时的"菩萨钩锁，百骸鸣矣"；另一处是在记述僧人们为金地藏起塔安葬其禅蜕时，发现"基塔之地，发光如火，其圆光软"，这句中的"圆光"在汉语中专指佛菩萨项后的光圈。此两处说法，是九华山金地藏和尚被后世膜拜为地藏菩萨的滥觞。

人天佛教，十方护持。金地藏当年在九华山中的成就与当地大户人家的供养是分不开的。当年山下老田吴家的第二十四世祖孟光公吴用之在初遇金地藏这位外国僧人时，十分惊异，并从此开始供养地藏，护持佛法。当时，吴家人不仅以上等的稻粱供养金地藏，还将住在九华山化城峰上的闵氏一家迁离，以腾出住宅供金地藏居住修行。这段吴氏族人传下来的故事，在老田《吴氏宗谱》中有案可稽。这也引出了后来金地藏在闵园一带山坡上向闵公长老募化"一袈裟之地"的传说。

据明嘉靖年间的《池州府志》记载，金地藏大师还曾在九华山下莲玉里，即今天的柯村，接受过柯家三世祖柯用之的稻粱供养。经笔

老田吴村的九华行祠

者查阅《莲玉柯氏宗谱》，柯用之生活的年代与金地藏所处的年代十分相近。据说，为了感恩这位柯居士的布施，金地藏曾专门吟出了一首《酬惠米诗》以谢施主。该诗在《嘉靖池州府志》中是这样记载的：

酬惠米诗

弃却金銮衲布衣，修身浮海到华西。

原身自是皇太子，慕道相逢柯用之。

未敢叩门求他语，昨叨送米续晨炊。

而今餐食黄精饭，腹饱忘思前日饥。

这首传说为金地藏所作的《酬惠米诗》，在清光绪版《青阳县志·七言律》中被主编人周赟改动，将明嘉靖年间流传的原诗中"皇太子"改为"西王子"，将"柯用之"改为"吴用之"，并在按语中说，"东崖万历年吴文梓碑载，吴用之与地藏同时相契，并引此诗。旧志刻柯用之，误"。这是清朝人周赟对改动《酬惠米诗》给出的理由。

查老田吴氏族谱，吴氏第二十四世祖吴孟光，"字用之，生于垂拱三年（687）丁亥二月十五日，生平积德行善。唐肃宗至德二年（757），有暹罗国（系"新罗国"之误）王太子金乔觉慕道至此，公见而异之，乃授粲赠粟，移

書城峰（系"化城峰"之一误再误）闵氏，用是藏修九子山，今地藏王是也。乔觉复以诗谢"。吴用之与金地藏是同时期人，吴氏宗谱亦有吴用之"授粲赠粟"的记录，这便成就了吴家人认可的《酬惠米诗》。

清光绪年间的青阳县训导周赟在改动《酬惠米诗》之后的校记中又声明："此诗亦见《嘉靖池州府志》，'西王子'作'皇太子'，'吴用之'作'柯用之'，《全唐诗》未收，山志亦不载，或疑为伪托之作。"这段文字说明周赟对柯用之还是吴用之的问题也是未置可否的。及至几年后，周赟着手主编《九华山志》的时候，便干脆不收录这首诗，以主动回避这件事。如此一首事关金地藏的重要诗文，却没被收入《九华山志》，显然表明周赟本人对这首诗的真伪是没有把握的。但作为一首反映九华山佛教和当地居民鱼水情深，体现"佛法在人间"的民间文学作品，这首诗在民间任意传唱还是极具积极意义的，对宣传九华山同样也具有相当的现实意义。

关于新罗国僧人金地藏大师在九华山中的精进禅定和汉语功底，我们可以从他的《送童子下山》诗中得以领悟。

送童子下山

空门寂寞汝思家，礼别云房下九华。

爱向竹栏骑竹马，懒于金地聚金沙。

添瓶涧底休招月，烹茗瓯中罢弄花。

好去不须频下泪，老僧相伴有烟霞。

金地藏大师的这首禅诗应作于唐至德朝（756—758）之后，因为"九华山"山名是唐天宝年间（742—756）才首度出现在李白等人的《改九子山为九华山联句》中。在这首诗中，大师通过镜花水月的开示，以使人们加深对万法空性的领悟。这首作者署名金地藏的《送童子下山》诗收录在中华书局1999年出版的《全唐诗》第808卷中。这首诗不仅透露了金地藏大师在九华山中修为之精进，还告诉我们，新罗僧人金地藏不仅是一位佛门高僧，还是一位著名的唐代诗人。要知道，作品能被录入《全唐诗》的作者，其文学功底绝非庸庸。由此可见，九华山的金地藏大师还是中国文学史上的一位著名诗人。

自唐开元末年卓锡九华之后，经过一番番春秋冬夏，到了贞元十年（794）夏天，金地藏大师忽然召集徒众与大家诀别，随即坐化。这一年，大师寿腊99岁。费冠卿在《九华山化城寺记》里记载了大师入寂时，九华山上出现奇异天象，并依据大师修为的功德，将"僧地藏"比丘和"菩萨"关联起来。这是"新罗僧人金地藏就是地藏菩萨"的初衷。

坐化三年之后，一代高僧金地藏大师在九华山为世人示现"金刚不坏"之躯。后世的佛教教徒们膜拜其真身（僧人全身舍利），并依据东晋译经僧人圣坚在佛经中最早译出的"地藏法门"一词以及大师的"地藏"法号，追尊金地藏比丘为受佛之托、倒驾慈航、入世再来、行愿娑婆的"地藏菩萨"。唐代著名译经师不空三藏在《瑜伽集要焰口施食仪》中，将地藏菩萨的宏深誓愿总结为"众生渡尽，方证菩提，地狱未空，誓不成佛"四句偈语。明末清初的佛教信众们认为阴历七月三十日是金地藏大师的诞生日，也是"地藏菩萨成道日"，甚至还认为这一天又是金地藏大师的示寂日。近几百年来，每逢阴历七月的最后一天，信徒们都会云集在九华山中，举行隆重的"庙会"，既为纪念金地藏大师诞辰和圆寂，又为纪念地藏菩萨成道。这些都是"九华山地藏王菩萨道场"之说的渊源。

先于金地藏所处的唐朝之前，于"地藏"之称出现的秦晋之际，在河西走廊的敦煌莫高窟壁画中已经出现地藏菩萨图像。江南地区最早出现的地藏菩萨造像应该是五代时期出现在杭州慈云岭上的地藏菩萨石窟造像。此后，为地藏菩萨造像并顶礼膜拜的风尚日益兴起，一直流传至今。千百年来，在佛教徒心目中，安徽九华山是他们朝礼地藏菩萨的圣地。21世纪初，九华山僧团在该山的狮子峰北坡上为地藏菩萨塑造了一尊高达 99 米的铜质圣像，其高大神圣当为世界地藏造像之首。

依据金地藏大师于唐贞元十年（794）圆寂的时间进行推算，金地藏大师出生的年份是武则天万岁通天元年，阴历丙申猴年，即 696 年。自出家来华、虚龄 99 岁圆寂，至被追尊为"地藏菩萨"以后，新罗僧人金地藏在九华山中圆满地完成了自己从苦行僧到大菩萨的大般涅槃。关于这个结论，笔者多年前曾受邀在大型电视纪录片《中国通史》的第 50 集《唐朝的对外关系》中出镜作过表述。

上述费冠卿的《九华山化城寺记》还告诉人们，金地藏大师当年在山洞中修行时，被当地乡民诸葛节等人发现，众人便于至德初年，"出泉布，买檀公旧地，敢冒死请，大师从之"。这里的泉布，即唐代的钱币。根据这句话的上下文分析，唐朝至德初年，乡民们在"檀公旧地"上捐建的化城寺，其第一任住持就是新罗僧人金地藏。

有唐一朝，新罗僧人来华修学之风甚盛。继金地藏之后，另一位新罗僧人净藏和尚也于唐末卓锡九华，并在九子峰西甲子岭上创建了双峰寺。寺舍今已湮没，唯于史书图志上可见。

化城寺寺额的由来

关于九华山开山祖寺化城寺寺额的由来，《九华山化城寺记》也有记述。化城寺建成后，唐朝建中初年（780），池州刺史张岩奏请朝廷，从别处移来了"化城寺"匾额作为本寺寺额。清光绪《九华山志》的编著人周赟在志书的"凡例"中说得非常明白，"梵宇必请额于朝，而后为寺，未请额者，虽极宏丽，亦止称庵，此朝廷之制，不容私僭之也"。由此可见，古代僧人兴建一个佛教教育的场所，是必须由朝廷批准的。也就是说九华山化城寺这个办学机构的名额是当年池州刺史张岩向朝廷申请来的，是来之不易的。

至于个别作品中"东晋时期就有九华寺"之说，则出现在化城寺现存的一块碑刻记文里。这块石碑是明朝成化四年（1468）夏天由化城寺方丈福庆所立，碑文中的"扩建化城寺缘起"一节中有"晋隆安五年（401）始创寺曰九华，唐更名曰化城"一句。明朝人遂据此传出"九华寺"之说，这显然是明朝人的误称。东晋"隆安五年（401）始创寺曰九华"之说明显是谬误。"九华"二字最早出现在754年冬天李白和友人合作的《改九子山为九华山联句》诗中，出现的年代比隆安五年（401）要迟300多年。同时，唐以前与九子山相关的文献里均未出现过"九华"二字。关于上述李白等人联句的时间，安徽省池州学院教授何家荣先生研究认为是唐天宝五年（746）冬天。国内也有学者认为是天宝十三年（754）冬天。

化城寺寺额中的"化城"二字出自佛教《法华经》卷三的《化城喻品》。佛祖在经中讲了一则故事，说一位有智慧的大导师带领众人要经过一条"险难恶道"，穿越"旷绝无人，怖畏之处"去求取象征宝藏的大乘佛法。当他注意到众人因为极度疲劳和恐惧，对前途望而却步时，便在征程的五分之三处化出一城，供大众权且止息。待大众乞食圆满、恢复精神之后，大导师又将"化城"隐灭，并告诉大众，"汝等去来，宝处在近，向者大城，我所化作，为止息耳"。经中的大导师即是佛陀本人，而"大城"则是佛陀在沙漠困境中为弟子们幻化出的一座临时歇脚的海市蜃楼。佛教徒们认为，末法时期南阎浮提众生的大导师显然是受佛祖之托、倒驾慈航、入世再来的南无大愿地藏王菩萨。所以，地藏菩萨道场的开山祖寺被命名为"化城寺"是再恰当不过的。千百年来，中国九华山正是全世界佛教徒心目中的"化城"之所在。

当年金地藏大师住持的这座化城寺，明朝时被明神宗朱翊钧直接明了地敕谕为"地藏寺"，并为其降下圣旨，颁赐藏经一部。然而明朝气数有限，时至今日，藏经虽在，"化城"依旧，而皇帝更改的"地藏寺"终究未能替代古称的"化城寺"。

最初的化城寺宇

诸葛节等九华山乡民共同捐资兴建化城寺的时间是唐至德初年（756）。唐代的至德年号只用了三年，即756年至758年。由此可见，九华山中出现化城寺寺舍的时间最早是756年，但当时这座寺院还不叫化城寺。化城寺正式得到寺额的时间是唐朝建中初年（780）。

关于化城寺最初的营造，《九华山化城寺记》记载得十分详细。从规划取材到建造工艺乃至工地盛况，《九华山化城寺记》中均有记述。记文中"近山之人，闻者四集，伐木筑室，焕乎禅居"描述的是兴建化城寺时，建设者们众志成"城"的盛况。随后的一句"梗楠豫章，土地生焉，断而斫之。玟玞琪琼，不求他山，肆其磨砻"，说的是建寺所用的各种木材和石料都是就地取材的。各种木材从山上砍来便是，大小石料就地稍加打磨便可。寺内最早的像设布置是"当殿设释迦文佛像，左右备饰。次立朱台，挂蒲牢于其中，立楼门以冠其寺"。化城寺建成后，乡民们"敢冒死请"，恭迎金地藏大师住持化城寺，"大师从之"。自此，金地藏大师便成为化城寺的第一任住持，这也是其从"洞僧"迁为"寺僧"的标志。入住化城寺后，金地藏大师带领徒众，"开凿濊涧，尽成稻田，相水攸潴为放生池"，开始了他们农禅并重的生活方式。他们在开凿沟渠、种稻自给的时候还十分重视环境整治。他们通过"相水"，即观察水文之后，在寺前建成一座至今依然清澈见底、泉源流长的半月形放生荷花池。最初的化城寺内像设虽然简单，但其"丹素交彩，层层倚空。岩峦队起于前面，松桧阵横于后岭"的寺宇及其周围环境却是十分庄严而美丽的。

化城寺初创之际，金地藏大师身边的首座弟子胜瑜和尚劳苦功高。在他的带领下，最早一批化城寺僧人在寺内外建台殿、设佛像、立朱台、挂蒲牢，开涧溪为稻田及放生池，辅佐地藏开山弘法，为化城寺粗具规模作出了不可磨灭的贡献。

化城寺建成后，长修苦行的金地藏大师带着一位侍者毅然离开化城寺，又去南台之上的龙女池畔结茅而居，并在"池边建台，厝四部经，终日焚香，独味深旨"。即在今天上禅堂后院的龙女泉旁诛茅结庵，终日诵持佛家最根本的四部《阿含经》，及至缘成菩萨果位。

化城寺的变迁

关于化城寺的历史变迁，在历朝编修的《九华山志》中均有记载。自唐以降，化城寺屡废屡兴，其间有过几次大规模的复兴，一次是明朝洪武二十四

九十九米高地藏菩萨圣像

年（1391），由住持僧宗琳和尚按丛林规制，在元朝末年化城寺毁于兵燹的"故基余石"之上，重建了"殿宇、廊庑、禅堂、及斋僧、养老、学事、净业诸堂"。宗琳和尚主持的这次化城寺重建，是继唐朝胜瑜和尚和诸葛节初建化城寺之后，最早有文字记录的一次。洪武二十四年（1391）这一年也是化城寺成就丛林的开始。此前的宋元两朝，关于九华山化城寺，只有僧人墨客的足迹和施主供养的记述，没有建设重修或开坛传戒的记录。据九华山下老田吴家族谱记载，元朝至元年间（1264—1294），吴家先祖吴定璋和吴罗锦"各施田种二石三斗土名寺西塔后窑坦塘小液塘入化城寺"。这是山下老田吴家对化城寺的又一次捐施善举。

明代化城寺的第二次大规模建设启动于宣德十年（1435）。当时九华山下西馆刘家的一位祖先在京城（南京）为官，且笃信佛教。由刘家的这位京官出面，从南京灵谷寺请来了法鉴和尚和福庆云岩和尚担任化城寺住持。其间，福庆师徒在刘家的资助下，重建大雄宝殿、藏经楼及祖师、伽蓝、金刚、天王等殿宇，并逐渐建成了化城寺的东序各寮房。正统十一年（1446），住持僧道泰又率众扩建了千佛阁、方丈寮、地藏塔殿石阶、廊道等，形成了化城寺的西序寮房。至此，化城寺东西两序寮房基本具备。化城寺的这次大规模扩建工程完成于成化四年（1468），历时30多年。这次捐建化城寺的首功当属西馆刘家先祖刘宗昭和老田吴家先祖吴永琏。关于化城寺的这次恢复扩建工程，寺内现存的碑记中留有详细记录。碑文末尾还开列了20位来自山下八都、九都的功德主芳名，主要有吴永廉等山下老田吴家"永"字辈的五位先人，和柯志洪等10多位山下柯、吴、刘、罗、姜、张、程等各大旺族的檀越信士。这通碑文还记述了福庆和尚主持建设九华山下曹山延寿寺和长林杉山寺的事迹。

由于明朝开国皇帝朱元璋出身僧伽，因此明朝的历代皇帝大多重视佛教，对于地处京畿的九华山更是圣眷有加。明朝自洪武开国至万历皇帝登基的200多年间，九华山化城寺从寺舍建设到社会影响力等方面都发生了历史性的变化。据《万历青阳县志》载，化城寺"洪武二十四年成立丛林。宣德十年，住持僧福庆同寺僧了源重建。正德十一年，僧会慈辉修。隆庆三年毁于火，徽郡贾人黄龙升建"。

进入万历朝之后，皇帝对九华山更是重视有加，曾两次向化城寺颁赐《藏经》。崇祯皇帝曾经为九华山题过"为善最乐"匾额。化城寺曾于万历三十二年（1604）遭灾，当时的住持僧量远随即报奏朝廷。在皇家和九华山下杜村西馆刘家的资助下，很快又使化城寺焕然一新。经过明朝的这几次扩建和重建，化城寺已然尽显其开山丛林之态势。

清朝初期，九华山中已有少数寺院独立于祖寺之外。清康熙二十二年（1683），当时的池州知府喻成龙又住持重修一次化城祖寺，扩建僧寮，并再次明确分出东、西两序，进一步确立了化城寺作为九华山"总丛林"的地位，即所谓的九华山中真正的"诸寺之冠"。清康熙四十二年至四十八年（1703—1709），皇帝三次降旨，遣内侍来九华进香、赐银，并于康熙四十四年（1705）赐"九华圣境"匾额。乾隆三十一年（1766），皇帝赐御匾"芬陀普教"。咸丰七年（1857）化城寺毁于兵灾，仅存最后一进藏经楼。

迄至清末，化城寺历任住持僧的字号均应有据可考。据现存在西塔院的一块墓碑记录，清朝乾隆年间，化城寺的第二百六十代住持嵩永和尚，第二百七十三代住持一恕和尚均出自西序寮房之一的永庆庵。据新加坡国立大学博士王思思女士考证，明清时期九华山化城寺的历任方丈之职，均由东西七十二家寮房轮流推荐僧人担任。

晚清时期，不少化城寺僧圆寂后又被送往转身洞附近的佛陀里塔院安葬，且墓碑均由西序佛陀里的纯心和尚于清末统一更新过一次。由此可见，佛陀里也曾有僧人被推荐往祖寺化城寺担任过住持。由于年代久远，加之当初为方便运输，纯心和尚设计的墓碑又小又薄，故近年来损毁严重。2023 年秋，九华山慧居寺住持大慈和尚率众，为目前所能寻见的十多处僧墓更换了新碑，以缅怀祖师，礼敬前辈。早年的化城寺东、西塔院均在九华街西面的凤形山上。

今天的化城寺是在咸丰兵灾后的原址上重建的。据清光绪《九华山志》记载，当时的建设者们"谨于己丑春王月，鸠工庀材，依旧址而营之，落成于辛卯孟秋月"。这是在说，化城寺最后一次重建是光绪十五年（1889）动工，光绪十七年（1891）初秋落成的。落成的时间正好赶在了阴历七月的金地藏菩萨诞辰庙会之前。这是化城寺建设史上最值得关注的一次重建。这次重建系由九华山当地笃信佛教的北洋水师著名将领刘含芳领衔募化所成，襄助寺务者主要有佛陀里僧纯心、龙庵僧守安、通慧庵法轮和旃檀林僧福星。正是这次重建，为我们留下了目前的这座宏伟的江南名刹。恢复重建的化城寺，其殿宇已经有 130 余年历史。

化城寺于清朝光绪年间的这次恢复重建，在原址上规划出了"三级四进"的方案。在咸丰兵乱中幸存的藏经楼前面，恢复了前三进。化城寺的殿宇建筑，将皖南气候适应性的徽派建筑风格和佛教的宫殿式建筑特色融为一体。其外表的粉墙黛瓦马头墙与周围的寮房街市连成一气，尽显徽派建筑的独特风格；其内部的殿廊楼阁又高度契合佛家的宗教礼制。前后四进的化城寺在群山环抱的九华街上，在七十二家寮房的朝拱下，依山就势，逐级抬升，重重排列，气象万千。

当今的化城寺

光绪年间的建造师们将化城寺布局并营造得十分圆融。山门阶下，依旧保留着南宋时期的一对雕刻精美，仪态妖娆的石狮子。这对石狮子至今依然在守护着开山祖寺。前廊的石柱上是一副对仗工整的古联，联曰"大圣道场同日月，千秋古刹护东西"，道出了化城寺 1000 多年来的陵谷沧桑和功德无量。清朝人还匠心独运地将守护化城寺的哼哈二将安排在寺外前廊的两侧，为寺内节约了大量空间。化城寺当年的像设和法器均十分庄严，可惜其中大多毁于 20 世纪 60 年代中后期，唯存前廊的守门金刚和后进藏经楼中的部分藏品，以及一座大钟。化城寺的大钟十分著名，九华十景之一的"化城晚钟"，指的正是由这口大钟所传出的"惊醒世间多少名利客"的钟声。

化城寺的第一进照例是天王殿，此殿进深近五丈，五开间，后檐下并列着两方狭长的小天井。为了防止雨水侵蚀，清代的工匠们睿智地将寺院前廊，和所有天井四维的立柱全部采用石料立柱，而将斗拱梁架等木结构部分全部置于石柱顶端的屋檐下，以利其干燥耐久。寺院的第二进照例是弥勒殿，殿宇进深六丈余。20 世纪 60 年代前，殿正中供奉着"笑面弥勒"，两侧靠墙的神台上则供奉着两列廿四诸天。而今恢复了弥勒佛龛，两侧成了文物陈列设施。

化城寺的二、三两进殿宇处于同一台基之上，且布局得十分独到。因为九华山上终年云雾缭绕，阴多晴少，而作为"丛林之首"的化城寺又向来是僧徒云集、佛事频繁之处，据此，清代的匠人们将二、三两进的东西两厢配作伴廊，在第二进的后檐和两廊的前檐下不砌不拦，将三处全部敞开，与两进之间的天井合为一处半室内半露天的寺内"广场"，从而为寺院的各类大型佛事开辟了一处无论晴雨，均可如愿行事的法会场地。

化城寺的第三进是大雄宝殿，是四进殿宇中架构最高大、装饰最豪华的主殿。化城寺大殿中特别值得关注的是佛龛上方的三处藻井。其中间一座为古代帝王宫殿中才有的"九龙藻井"。由此可见，化城寺在光绪年间的这一次重建也是受过皇家恩荣的。大雄宝殿内的一应像设全部毁于20世纪60年代，仅存大钟一口。"化城晚钟"是九华十景之一，不仅因为化城寺地处九华街盆地中央，朝暮间钟声在山谷中回荡显得格外清悦悠扬，还因为化城寺是"山中诸寺之首"，在计时工具落后的旧时代，化城钟声一直担负着为山中各寺标准授时的任务。古人有"化城蒲牢一击，声满九十九峰"之说。

化城寺前三进殿内现存的佛像，全部由现代僧人恢复再设。其主要功德应当归于前任九华山佛教协会会长仁德大和尚和现任化城寺方丈常敏大和尚。

化城寺的最后一进是藏经楼，这栋建筑始建于15世纪30年代的明正统年间（1436—1449），初名"千佛阁"，由当时的化城寺住持道泰主持兴建。到明嘉靖末年（1566），前来当地督学的督学御史耿定向又将其改称"聚华阁"。到万历二十七年（1599），因为要珍藏皇上颁赐的《藏经》，才改称"藏经楼"并至今。现在的化城寺藏经楼为康熙二十二年（1683）所建，是咸丰兵灾的幸存者，是九华山中最为古老的一座寺宇，至今已然340多岁。在九华山现存的古寺中论年龄，化城寺藏经楼和后山建于明朝成化年间的净信寺三间石屋理当互为伯仲。

因为藏经楼是佛家三宝中的法宝所在，珍藏着大量的经书古籍，所以是佛寺中最重要的防火部位。清朝的营造者们独运匠心，在常年用火的大雄宝殿与藏经楼间不建厢房，不设天井，只在两侧用砖石砌成不能过火的垣墙，使藏经楼终年远离火烛，以确保《藏经》安全。明神宗朱翊钧于万历二十七年（1599）颁赐的6777卷《藏经》及随之而降的圣旨至今依然珍藏在这座楼上。实际上，在这次颁赐的十三年前，万历皇帝的母亲，人称"九莲菩萨"的"慈圣皇太后"也为九华山地藏寺颁赐过一次《大藏经》。明万历年间，青阳知县蔡立身所修的《九华山志》记录了随这次颁赐《大藏经》而来的圣旨，原文是："皇帝赐谕地藏寺。朕惟佛氏之教，具在经典，用以化导善类，觉悟群迷，于护国佑民不为无助。兹者圣母慈圣宣文明肃皇太后，命工刊印续入藏经四十一函，并旧刻藏经六百三十七函，通行颁布本寺，尔等务须庄严持诵，尊奉珍藏，不许诸色人等，故行亵玩，致有遗失损坏，特赐护持，以垂永久。钦载。故谕。明万历十四年三月。"对于现今的化城寺藏经楼，其火灾威胁严峻。楼下僧众当移居当年化城寺西序的佛陀里为宜，佛陀里原本就是化城寺的常住僧寮。在旧时，化城寺僧众绝大部分不在主建筑内住宿。

化城寺藏经楼下佛堂正中供奉的释迦牟尼铜铸像，在九华山上收藏的佛像文物中，是历史最为久远的一尊。佛像背面款识的功德主为唐代的"尉迟敬德"。据文史专家鉴定，这是一尊宋代仿唐铸像。

化城寺藏经楼中至今依然收藏着一尊罕见的铁佛碎片。从这些碎片中可以看出这尊铁佛的铸造工艺极为精湛。据说，这是一尊定光佛像，是专为纪念安徽宣州籍高僧宗杲禅师所铸。宋代大慧宗杲禅师曾在九华山中留过足迹。可惜，这尊珍贵的宋代铁佛像在 20 世纪 60 年代后期，被人在旃檀林寺内砸成碎片。据相关人士称，这些碎片后来被文物部门收藏在化城寺藏经楼下至今。

近代的化城寺在僧伽教育方面也作出了重要贡献，1929 年，著名僧人容虚在这里开办过"江南九华山佛学院"，开设课目以佛学为主，辅以当时初中课程的英文、国学、自然和史地等。该佛学院开办三年，为汉传佛教培养了一批僧才，并受到过中华佛教总会的嘉奖。

化城寺前的放生池

化城寺前的放生池算是九华山中现存最古老的人文遗址了。当年金地藏大师带领徒众们"相水攸潴"而开凿的放生池被后人一次次地疏浚整理。20

世纪 80 年代，化城寺前九华街区的水系依然完整。当年金地藏师徒们开凿的稻田在 20 世纪 80 年代初"分田到户"之后依然有人在耕种。其中最大的一块稻田，即现在的东崖宾馆老楼门前停车场，便分配在当地农户宁宝珍名下。化城寺放生池的上游水源是龙庵院前的派派泉。派派泉"泉流两分而下"，在白马亭汇合，共同为下游的五座放生池给水。五座放生池分别是上游的龙庵放生池和佛陀里放生池，以及下游的菩提阁、天池庵两座放生池，加上位居正中的化城寺大放生池。五处放生池呈串珠状依附在同一条水系上。这条水系从九华街穿街而过，不仅为信众们放生祈福提供了方便，还为那些木结构的佛寺殿宇和街市建筑担负着"消防蓄水池"的重任。千百年来，当地僧俗一直重视对九华街盆地水系的治理和利用，这条水系也一直为地处高山之上的九华圣境提供着基本的生产生活用水保证和雨季泄洪的功能。费冠卿在《九华山化城寺记》里之所以特别提到"放生池"，是因为当时的化城寺建设正好处在唐肃宗颁布圣旨，要求全国多座寺院设立放生池，以示重视放生文化、体现生命关怀的大背景之下。这处放生池在明代称为"化城池"。明嘉靖《九华山志》曰："池在化城寺前，形如偃月，池中尝开莲，结实。初亦无种，相传金地藏居时有之。"

在寺前建放生池，其实用价值和表法意义均十分重要。化城寺放生池，近可鉴天光云影，远能赏偃月弯弓。无为的一半在池中，有情的一半在寺中，池寺和合，灿然一面圆月宝镜。据说，大圆镜可以显万法，可以圆种智。

化城寺前的九华街

在汉文化圈的广大地区，散落着许多冠以"寺前""庙前""观前""庵前"等名称的集镇街市。这是因为这些地方大都位于宗教场所的前面。寺前集市，是民众宗教生活日常化的结果。信众们依制每天早晨到寺观上香、早课，往来间顺便在寺观门前就近交易一些祭祀用品或生活用品，这便形成了这些独特的寺前街市。九华山化城寺前的九华街也不例外，数百年来，每逢节假日，这里游人如织，争相在街上寻觅着自己的心仪之物。化城寺门前的这一段街市，尤为平坦宽广，生意格外兴隆。九华街的居民们经过多年的经营，慢慢地将这块平地围建成了一处四方街。一直以来这里都是九华山中最繁华的街市和各种大型宗教活动和社戏的固定场所。为了方便大型活动时的人员聚散，人们将九华四方街周围的出入通道设计成"井"字形的八条通道。古人之用心，值得玩味。

九华四方街的中心广场以前一直由乱石铺就。人们今天看到的九华街石板广场是20世纪80年代中期铺设完成的。广场东南角的"娘娘塔"塔基也是在这次整治中才得以恢复。这里原有一座"娘娘塔"，据传，金地藏和尚的母亲因为思念爱子而赶来九华山探望自己出了家的儿子。后来老人家终老在九华山，僧人们及当地居民为了纪念这位伟大的母亲，便在其儿子住持的化城寺左前方起建了这座舍利塔。

九华街上的"宋德昌""李同发"等几家老字号店铺为清一色的粉墙黛瓦二层楼，至今依旧保持着晚清至民国时期的风格。清代的青阳知县对九华街的整治和管理十分重视。光绪年间的青阳县令曾在化城寺前刻石公布禁约，意在整肃寺内外风气。该碑现存于化城寺山门前。明清时期，为防止基层官员或寺内僧人不守规矩，官方曾多次下达禁谕，并刻石公布。现今的化城寺内，依然收藏着多块"禁谕碑"。

中华人民共和国成立后，特别是改革开放以后，为了适应飞速发展的现代观光旅游接待工作，在上级机关及旅游行政主管部门的支持下，当地政府对九华街市进行过多次整治，市容发生了翻天覆地的变化。20世纪80年代的九华街竹棚小店沿街林立，走在九华街上，人们很难看到山景和寺院。同时，山上简陋的接待设施也不堪重负。到 21 世纪初，有关部门提出"山上做减法，山下做加法"的大规模整治想法，意在稀释山上游客密度，减轻古街接待负担。此举得到了各界人士的大力支持。这次整治之后，九华街上"露山显寺"的效果十分明显。与此同时，山下柯村的大愿文化园一侧建了一条繁华的九华新街。开街以来，九华新街每天吸引大批游人，成功地为九华古街减了重负。每逢观光旺季，其效果尤为显著。

依山而兴的旅游观光事业

21 世纪初的这次九华街整治，其主要目的是扩大九华山风景区的游客容量。明清时期形成的九华老街，面对飞速发展的现代旅游业，实在难堪重负。为舒缓山上老街的接待负担，稀释山上各景点的游客密度，也为九华山添锦绣，与大愿文化园为邻，国内不少企业前来投资，在山下建起了多家旅馆和一处文旅小镇。

今日的九华山，山上的九华古街和山下的九华新镇，如同并蒂莲花，将古老而又现代的九华胜境装点得格外庄严华丽。今日的九华山，年游客量已近千万。今日的九华山，更无愧于其国际性旅游胜地的称号。改革开放以来，九华山风景区获得了一系列殊荣：

1982 年，全国首批确定了 44 个国家级重点风景名胜区，九华山风景区位列其中。

2007 年 5 月，九华山被国家旅游局批准为国家 5A 级旅游景区。

2009 年 2 月，九华山荣获全国文明风景旅游区称号。

2019 年，联合国教科文组织正式批准九华山地质公园列入世界地质公

园名录。（笔者直接参与了此次申报工作，并于其间担任英语解说主讲及部分口译工作）

化城寺的历史文物馆及其珍贵藏品

化城寺内的九华山历史文物馆，其前身是开设于 1980 年的九华山文物展览馆。当时的"展览馆"开办在现今的肉身宝殿方丈寮内，展厅极为逼仄。1981 年，当时的九华山风景区管理处为了丰富山上的旅游资源，对地处景区中心地带的九华街和化城寺进行过一次整治。整治期间，"展览馆"顺势迁入宏伟宽大的化城寺内，并更名为九华山历史文物馆。时任中国佛教协会会长赵朴初先生为新馆题写了馆额。

化城寺内的"文物馆"馆藏文物十分丰富，涉及的领域较为宽泛，年代也比较久远。其间的不少藏品极具考古价值。其中的"历代帝王御赐金玉宝印"就十分珍贵。当地僧人们认为，这些印章可以证明自唐至德年间一直到清乾隆年间，封建帝王们都十分重视九华山佛教的地藏文化。因为地藏文化的重要内容之一是弘扬孝道，而在封建社会，统治者是无法统筹全社会养老问题的。于是，帝王们便通过赐印以扩大九华山地藏文化的社会影响力，并期望佛家与儒家协同弘扬孝道，从而全面实现老有所养、国泰民安的国之大计。九华山历史上有过多枚这样的御赐宝印，后因战争、饥荒及一些人为因素，宝印流失严重。九华山历史文物馆目前收藏有十二枚类似的宝印。当然，这些宝印的来历依然有待专家鉴定。

在九华山历史文物馆收藏的十二枚宝印中，有一枚铜质九龙方印是清光绪年间在青阳县城西门外河沟里被人打捞出来，并送到化城寺的。另一枚刻有唐至德二年（757）的铜印是民国二十二年（1933）九华山当地人曹佐廷在河沟中发现并送来九华山上的。还有一枚刻有"至德二年"字样的,据说是从江西省吉安市龙田乡恭迎来九华山的。三枚宝印的正文均为"地藏利生宝印"六字。

九华山历史文物馆内的这十二枚传奇的御赐宝印文物,在 20 世纪 80 年代中期经历过一次劫难。据称,盗贼于白天藏匿于寺内木料堆中,夜间行窃。得手后,他们将部分文物倒卖给了文物贩卖者。当年,此事引起过公安部的高度重视。经各级公安机关的严密侦查和密切配合,文物于被盗两年后,失而复得,平安返回九华山。

在这十二枚宝印中,有两枚印文将"地藏菩萨"称为"地藏王菩萨",个中信息,值得探讨。安徽九华山自唐以降,素以佛教名山著称,并逐渐被佛教徒和封建朝廷认定为地藏菩萨道场。然而,佛门弟子在朝觐九华时,口中念念在兹的却是"南无大愿地藏王菩萨"。地藏菩萨何以称"王"? 这在佛教中本来是个较简单的问题,但笔者觉得这个问题出现在九华山就并不那么简单。

本来佛教经典对菩萨称"王"是有解释的。大乘佛教认为,菩萨是佛位继承者,佛是"法王",故称准佛果位的菩萨为"法王子"。佛典《大智度论》卷四说,"譬如王子,未作王名为王子,已作王不复名王子,即为王,虽是王子,不名王子,菩萨亦如是"。佛在忉利天宫为母说《地藏菩萨本愿经》时,已将南阎浮提众生托付给地藏菩萨,地藏菩萨已经接受,已然为王,故地藏菩萨"虽是王子,不名王子",已经可以被称为"地藏王菩萨"。佛门中也有认为九华山的地藏菩萨原来是由古新罗国的一位王子修成菩萨果位的,故称其为"地藏王菩萨"。明代大儒王阳明来访九华时,在其《石庵和尚像赞》中也极早地提出了"地藏王"之说。此类理由还不止这些。在佛门中菩萨称"王",本来不足为奇,但笔者凭借在九华山工作 40 余年的经历,感觉"南无大愿地藏王菩萨"称号中的"王"字另有其深潜的内涵。

唐开元年间,金地藏来到大唐江南池州境内的九华山苦修,于99岁圆寂。圆寂之际,九华山上"山鸣石陨",其住处也"扣钟坠地","堂椽三坏",呈现了诸多与菩萨转世相符合的现象。三年后,金地藏又以金刚不坏之躯示现,且抬动其遗骸时,出现了菩萨才有的"菩萨钩锁,百骸鸣矣"等情况,加之金地藏生前即以"地藏"为法号。于是,对佛教有见识的人们便认为,正是这些因缘,可以确定"金地藏"和尚就是"地藏菩萨"在中国九华山的应化。九华山是金地藏完成其从普通人修成菩萨的地方,所以后世的佛教徒们逐渐把九华山认定为"地藏菩萨道场",并尊称九华山为"莲花佛国",进而使九华山与文殊菩萨的道场山西五台山、普贤菩萨的道场四川峨眉山、观世音菩萨的道场浙江普陀山并称为中国佛教的"四大名山"。历史上的九华山香火鼎盛,蜚声四方,不仅吸引了无数海内外观光客,同时,还一直备受中华历代帝王的关注。笔者认为帝王们关注九华山,关注地藏菩萨,是有其潜在意图的,因为地藏信仰依据的《地藏菩萨本愿经》是著名的"佛门孝经"。

西汉末年,佛教刚传入中国之际,来华的西域僧人们很快就注意到孝道在中国民众中根深蒂固,并认识到中国儒家提倡的孝道是世界上非常优秀的社会风尚。所以,在后秦时期译出的《梵网经》中就出现有"孝名为戒"的说法。僧人出家修行的头等大事是持戒,而孝亲就是持戒,可见"孝亲"对中国僧人是何等的重要。最早来华的两位天竺僧人摄摩腾和竺法兰翻译的中国第一部佛经《四十二章经》,到清朝时里面就直接出现了"孝亲"的概念。在《龙藏》第九章《较量功德》的原典中就出现"孝"字。《四十二章经》原文曰:"饭善人,福最深重。凡人事天地鬼神,不如孝其亲矣,二亲最神也。"从文字上分析,这两处可能是汉传佛教经典中引出"孝亲"这一概念的最早记录。汉译佛经中"孝亲"的提出,是佛教中国化迈出的关键一步。

释迦牟尼佛在《地藏菩萨本愿经》中告诉人们，地藏菩萨在无穷久远的多次转世过程中，在狮子奋迅具足万行如来佛住世时，曾经是一位富有的大长者的儿子，他看见佛祖形象端庄，福业庄严，便向佛请教，如何才能修得这般福德。佛告诉他，应该在久远劫中，度尽一切罪苦众生，才能成就。大长者之子依教奉行，果然证得了菩萨果位，修成了地藏菩萨。

地藏菩萨的另一世是一位婆罗门女，在觉华定自在王如来住世时，婆罗门女的母亲不信因果，而信邪道，寿终后魂魄坠入无间地狱，婆罗门女依佛教导，以变卖家产所得钱财在佛前供养，终使其母得以转世，甚至使与其母同在地狱中的所有众生都得到解脱。婆罗门女也因此修得正果，转世为地藏菩萨。

《地藏经》还讲了一个小国国王的故事。在一切智成就如来住世时，该国王治下的"所有人民，多造众恶"，这位国王便发愿，"若不先度众苦，令是安乐，得至菩提，我终未愿成佛"。这位未愿成佛的小国国王，便是后来的地藏菩萨。

《地藏经》中还有另一位女儿救母的故事。在清净莲华目如来佛住世时，一位叫光目的女子，她的母亲因为生前爱吃鱼鳖之籽，杀害众生，又经常咒骂毁谤别人，作下恶业，死后堕落在大地狱中，光目女在一位阿罗汉的指导下，以变卖心爱之物所得钱财，在佛前设供，并立志要使地狱中所有罪苦众生得以离开恶道，究竟成佛。光目女因为这些成就而达到了地藏菩萨的果位。

从大长者之子和小国国王宏愿的实现，到婆罗门女、目光女救母度众的成就，都在告诉我们，地藏菩萨累世以来，一直都是佛门中"家孝孝父母，大孝孝天下"的最伟大的孝道实践者。安徽九华山供奉的正是这位佛门孝道的榜样——南无大愿地藏王菩萨。（以上四个故事均出自《地藏菩萨本愿经》）

自从金地藏比丘在江南九华山成就地藏菩萨果位的唐朝开始，中国历代帝王就关注上了九华山，就重视上了地藏菩萨。帝王们关注的不仅仅是金地藏比丘在华修行的故事，而是佛教中地藏菩萨作为孝道的实践者和倡导者在中国社会中长期而深远的影响力。地藏菩萨在普罗大众心中的影响力还表现在另外两个方面：一方面是代佛住世、弘法度众的亲和力；另一方面是司职地狱、惩恶扬善的威慑力。

封建帝王们认识到，在全社会弘扬地藏文化的意义是重大的，特别是对孝道的弘扬，无疑能为自己治下的全社会建立起一套行之有效的社会养老体系。要知道，在中国漫长的封建制度下，全社会都是没有失业保险，没有医疗保险，更没有养老保险的。社会养老问题对封建统治者来说一直都是一个极大的难题。

为了解决这一涉及政权巩固和社会稳定的大难题，据说，从唐朝一直到清朝，很多帝王在登基之际就专门为九华山地藏菩萨御赐金玉宝印，以认定九华山和地藏王菩萨在民众心目中的崇高地位。在九华山现存的十二枚金玉宝印中，印文大多是"地藏利生宝印"，这是官家确认地藏菩萨身份的标志。明代的崇祯皇帝、清代的康乾二帝还专门为九华山题匾，以志景仰。明朝崇祯皇帝有"钦赐百岁宫护国万年寺"和寺中无瑕老和尚龛上的"应身菩萨"两块御匾。"应身菩萨"御匾是皇家昭告天下，确认无瑕老和尚为地藏菩萨应世的标志。清康熙皇帝御赐的"九华圣境"和乾隆皇帝御赐的"芬陀普教"两块御匾则是在向全民认定，九华山是普天下的孝道教育基地，地藏菩萨是全民族的道德榜样。历代帝王对九华山的这些不同形式的恩赐，很明显，都是为了提升九华山在各历史时期的高规格宗教地位，旨在唤起官民两家对九华山的尊敬之情和仰仗之意。

南宋时期，佛门中就开始称地藏菩萨为"王"。到清朝时，皇帝们甚至直接在御赐的宝印印文中称地藏菩萨为"王"。在封建社会中，让一位菩萨享有

"王"的待遇，其社会影响力可想而知。这与现代的中央政府给各省州级政府颁发"公章"是没有区别的。古代的帝王们知道，通过弘扬地藏精神，在以血缘关系为纽带的家庭这一社会单元中，树立起牢固的孝道意识，是解决全社会养老问题最有效的办法之一。由此可见，封建帝王们为地藏菩萨"封王"是对佛教寄予厚望的。这是九华山地藏菩萨被称为"王"的关键意义所在。当然，弘扬地藏精神，在提振信众信心、稳定社会秩序等方面也是极具意义的。

九华山历史文物馆的馆藏文物以佛教题材居多，主要是佛像和法器等。其中与九华文化联系最为紧密的是《地藏菩萨九华垂迹图》。20 世纪 30 年代，素享"佛门高僧""文化宿耆"之誉的弘一大师李叔同曾多次朝礼九华，还曾以绘图题诗的方式赞叹和供养地藏菩萨，以在普罗大众心目中巩固九华山的菩萨道场地位，使"九华山是地藏菩萨道场"这一理念在民众的心目中得到进一步的确立。

九华山历史文物馆陈列的《地藏菩萨九华垂迹图》（以下简称《垂迹图》）一帙十二幅，完成于 1933 年，系由弘一大师与当时的著名艺术家卢世侯先生合作完成。"垂迹"二字指的是佛菩萨从本体上示现出的种种化身前往各地救度众生的事迹。《垂迹图》由五部分组成：第一部分是弘一大师题写的标题和附记，合为一幅；第二部分是弘一大师题写的地藏菩萨四句大愿；第三部分是卢世侯所绘的地藏菩萨圣像，二三部分合为一幅；第四部分由十幅地藏垂迹九华的连环画组成，弘一大师为每幅图都题了赞文；第五部分是弘一大师为《垂迹图》自撰的回向文，回向文是附在十二幅图赞文后面的。全部十二幅图中均有弘一大师的朱文钤印。自化城寺文物馆开馆以来，这组《垂迹图》吸引了无数参观者的驻足。

九华山历史文物馆中涉及古代王室的展品也不在少数。除去前文介绍过的御赐金玉印和康乾两代的宸翰之外，最值得关注的要数化城寺藏经楼上的

《藏经》了。明神宗皇帝朱翊钧因母亲慈圣皇太后笃信佛法而封其为"九莲菩萨"。"九莲菩萨"格外崇敬和向往寓意九莲之山的九华山，因而于万历二十七年（1599）向九华山地藏寺（今天的化城寺）颁赐了一部《藏经》，全部6777卷。随经卷而来的还有皇帝降下的一道圣旨。这道圣旨和这部明代版《大藏经》至今依然完好无损地保存在化城寺后进的藏经楼上。每年阴历六七月间，化城寺僧都要举行晒经活动，并顺便将每札经函中用以防蛀的薰衣草重新撤换一次。化城寺藏经楼上的《藏经》目前是国家一级珍贵文物。化城寺的藏经楼上还收藏着明代无瑕法师在九华山完成的一部《血经》，血经的相关内容将在百岁宫篇目下详述。

九华山历史文物馆中涉及皇家的展品中还有一方"万岁牌"。这是一座工艺精湛的镂空石雕作品，是专为皇帝祈福时使用的红色牌位，制作于明朝万历年间。牌位的正中直行书写着"当今皇帝万岁万岁万万岁"。这行功德芳名中并未专指哪位皇帝，故而这座造价高昂的牌位制成后可以永续地为任何一代"当今皇上"使用。由此可见，当年的牌位制作者是何等的睿智。

化城寺文物馆的馆藏文物中还有当代著名画家张大千的《阿罗汉》图、戈湘岚在上海完成的《八骏图》。九华山华天寺住持镇颠和尚于民国初年所作的《墨兰图》，图中有康有为的题跋。这些文物中最值得玩味的是民国年间某位画家临摹唐伯虎的一幅《立山听泉虎》图轴，画中意境，趣味无穷。

九华山历史文物馆的馆藏文物有1000多件，其中不乏稀世珍品。这些文物从20世纪六七年代的非常时期，一直到改革开放初期，之所以能安度动乱，主要得益于常住化城寺的比丘尼本镜、体智及心莲等几位老师太。本镜师太自幼在九华山出家，一生信仰坚定，即便20世纪中期在佛教生产队劳动期间，本镜师太也能一直坚持修行。师太平素里处事大公无私，待人仁慈厚道。20世纪八九十年代前后，几位老师太常住化城寺多年，她们足不出户，一心念佛，并细心看护着寺中文物。每年梅雨过后，她们都会在九华山管理处干部们的协助下，翻晒文物。对一些不可暴晒的纸质经书，则用一条光滑的篾片，将经书的所有折页翻晾一遍，以确保经书不霉不腐。改革开放以后，九华山历史文物馆几乎是所有来山客人的必到之处。随着风景区管理水平的不断提升，管理部门已经谋划在山下大愿文化园附近兴建一处符合收藏陈列要求的现代化中型博物馆。

化城古寺的保护工作一直受到社会各界的高度重视。从唐朝以来，历朝历代的当地官方均十分珍视九华山上这座被认为是佛祖亲自化现出来的山中大寺。特别是明清以后，随着九华山"菩萨道场"地位的进一步确立，"四大佛山之一"美誉的广泛弘扬，山中"诸寺之冠"的化城寺更是备受关注。历代的当地官员对化城寺的寺舍、佛像、僧团乃至寺周俗务的引导和管理均一直积极主动。关于这一点，在化城寺现存的十多方"禁谕碑"碑文中便可一目了然。

化城寺内的几块珍贵的禁谕碑

化城寺藏经楼前院东墙上镶嵌着一块明朝万历四十七年（1619）竖立的《察院明文禁约》碑。碑文是当时的"巡按直隶监察御史田生金"和徽州、安庆、池州各府相关官员领衔，再由三位有名望的青阳籍京官一起附议而签发公布的一篇官方公告。在附议的官员名单中，一向心系桑梓、为官耿直的池州青阳籍京官、北京河南道御史刘光复，北京兵部给事中、山下老田吴家族人吴文梓和太常寺正卿、杜村罗氏族人罗尚忠也都赫然在列。颁发这通公告的依据是青阳县上呈的一份要求上级官方出面整饬九华山佛教道场风气的报告。青阳县的呈文目的是"为清弊剔蠹"，并列举了当时九华山各寺院内外出现的诸多不良风气。碑文显示，在察院的批复文件中也复述了当时青阳县列举的"凡此种种弊端"等六条不良现象。碑文公示的禁谕对象不仅针对少数不良闲杂，也针对了官差和僧人。从碑文中的"陋规种种大抵始于近日"，我们可以发现，当时的官家对九华山僧俗风气的整治是积极主动的，也是非常及时且而不拖拉的。

从化城寺的《察院明文禁约》碑碑文，人们还可以看出，明朝后期的朝廷，对"三不朽"圣人王阳明极为崇敬，并要求各地官方出面祭祀这位大儒，而且要求形成"春秋二祭"的制度。"佛教圣地"九华山也不例外，因为王阳明曾两度在九华山留有足迹。该碑的竖立时间是明万历四十七年（1619），离王阳明去世还不足百年。

附《察院明文禁约》碑全文

　　万历四十七年十月　　察院明文禁约

　　巡按直隶监察御史田生金，钦差整饬徽安等处兵备兼理钱粮驿传江西提刑按察使司副使张孝，池州府知府胡芳桂，前任知府金本高，推官周汝玑，查盘池州府事安庆府推官王孙昌，文林郎知青阳县事李如桂，儒学教谕徐鸣皋，训导陈尧道、戴光郑，直隶池州府青阳县为清弊剔蠹事，奉本府理刑厅纸单，蒙巡按直隶监察御史田批据本厅呈详犯人熊兆等招，蒙批熊兆等逢迎县令、鱼肉山僧，陋规种种，大抵始于近日，法宜坐脏徒创，仅止杖惩，尚似过纵，姑各依拟赎决革役，该厅胪列多款，勒碑申禁，如有故违，许僧人赴院陈告，吏究革官另议等，因行厅转行到县，合行勒碑遵守施行。

　　计开：

　　本山每年举保住持乃祝延圣寿、供奉香火之类，近因衙蠹笙票本县，勒令住持给帖纳粮，以此积苦难堪，当从禁革，其上山自有夫马应付，该县毋许擅起乡夫，致累众僧雇募。如违申报。

王阳明先生春秋二祭始因县官临山，本寺出办祭品，骚扰繁苦。先年众僧公派价银五十两买田，一则听县收租致祭，一契存县，一契存山，向无异说。近因租被侵克，仍扰本山，除前不究外，以后止许收租办祭，毋得累及众僧，其跟随人役不得需索常例。如违，许被害僧人告发，坐赃究革。

各上司经临本山，该县照常办送下程，近来动辄出票，如春取茶，如冬取笋。但本山不产，屡累住持，赔苦难堪，当以禁革。如有仍前衙棍指称诈骗者，许众僧赴院陈言，以凭究遣。

本山佛殿原系清净之处，近来诸民搭棚宰猪卖酒铺摊贸易，竟将佛殿前淤塞秽污，甚是不堪。业经详允禁革，尽行拆毁搬移，毋许仍前违抗。如有不遵，听众僧赴院陈告，以凭重处。

本山毋许容留四路面生可疑之人在山背包卖货，诚恐乘机混抢游客衣囊。如有此等，尽行驱逐，不许僧家容留在山，及将空房、空地召人开张造酒养牲。如有此等，以犯清规论罪。

赐进士第北京兵部都给事中吴文梓，赐进士第北京河南道御史刘光复，赐进士第文林郎罗尚忠，皇明万历四十七年十月□日

当年住持性涵、景满，悦众理茂、隆泰，天台隐佛子刘光宇书，新安卢学林镌。

化城寺历史上的大德与护法

九华山化城寺自唐代新罗僧人金地藏入主至今，历代高僧辈出。唯宋元时期，由于受地藏文化正值形成期和地处山区交通不便以及元代统治者不重

视佛教等影响，九华山及化城寺在这一时期发展缓慢，文史资料记录也较为少见。

化城寺的中兴肇始于明初。因为，明朝的开国皇帝濠州（今凤阳）人朱元璋是僧人出身，所以，地处江南、离京都南京较近的九华山与化城寺便自然而然地受到官民两家的共同关注。

化城寺的著名大德有唐代的金地藏及当时的化城寺首座僧胜瑜，护法居士则有诸葛节、吴用之和传说中的闵氏父子等。宋代大德主要是大慧宗杲。明清两朝的九华山化城寺，高僧大德与知名护法层出不穷。明代僧人主要有宗琳、法鉴、福庆、道泰、量远和佛智和尚，护法居士则主要是以刘光复为代表的九华山下西馆刘家族人，老田吴家、莲玉里柯家和宗文罗家族人，以及以徽州商人黄龙鼎为代表的一干山外来户等。清代的大德与护法主要有僧人法轮和九华山下贵池刘街人刘含芳及其在晚清朝廷为官时的一干同僚。

金地藏

金地藏，俗姓金，出家后，法号地藏，唐代著名高僧，原籍新罗国鸡林州（今天的韩国庆州）。相传，金地藏大师生前系一位神异僧，《宋高僧传》将其收录在"感通篇"中。关于金地藏与当时的江南九子山之间的无上因缘，唐朝九华山隐士费冠卿撰有著名的《九华山化城寺记》。该文被收录在清朝官方编纂的《全唐文》中。因为费冠卿与金地藏是同时代的九华山人，且《九华山化城寺记》完成于813年，离金地藏示寂仅19年时间，所以，《九华山化城寺记》是后世介绍金地藏、研究金地藏最可靠的原始史料。后世有关金地藏在九华山中事迹的描述，大多引用《九华山化城寺记》原文中的相关内容。关于此文内容，本书前已备述。唯有几个相关的时间节点，后世存有异议。

《九华山化城寺记》文中有五处用帝王年号表述的时间节点，分别是开元末（741）、至德初（756）、建中初（780）、贞元十年（794）夏和元和癸巳

（813）。针对这几个或精确或大概的时间节点，1000多年来，僧俗学界有过不少的争论。时至当代，随着我国改革开放政策和国际关系发展的日益改善，以及九华山当地文旅事业的日益发展，在有关部门的指导下，在九华山佛教协会和海内外友好人士的倡导下，首届"金乔觉生平活动论证会"于1991年9月在安徽九华山举行，并随之成立了"九华山金地藏研究会"作为其常设机构，以促进长期有组织地研究金地藏生平。多年来，特别是最早的两期论证会，其研究成果极为丰硕。来自我国吉林省社会科学院刘永智教授、安徽省安庆师范学院谢澍田教授、高僧真禅法师、九华山仁德法师、韩国东国大学佛教史教授曹永禄先生、美国学者威廉·鲍威尔先生等大家在研讨活动中详细且权威地论证和总结了金地藏来唐前后，以及在九华山的相关事迹和确切的时间节点。

相关学界及九华山金地藏研究会经过长期反复论证，就金地藏的身世，以及来华前后的相关时间节点问题统一了认识。学界基本认定，金地藏，俗名金守忠，系新罗国国王圣德王的长子，生于武则天万岁通天元年（696），生母为成贞王后。金守忠卒于唐贞元十年（794），寿腊99岁。金守忠于唐开元二年（714）春二月以新罗国官品极高的"大监"身份入唐担任大唐帝国皇宫中值宿的"宿卫"。此后，金守忠于新罗圣德王十六年（717）秋九月回过一次新罗国，其再次入唐的时间无考，可能是719年。

关于金守忠入唐前后是否已经皈依佛门，韩国东国大学佛教史教授曹永禄先生曾亲口告诉笔者，圣德王原名金兴光，是新罗史上"神文王第二子"。圣德王长子金守忠15岁时，便在金氏宗谱中缺记。按族谱凡例，涉及王族每个王子的大事都必须载入族谱和王室的史记。任何王子离世，都必须在谱中记明其辞世的原因，诸如病卒、战死、暴死等，唯有那些出家为僧者可不在谱中交代其去向或结局。由此可见，金守忠入唐前，可能已经有佛教信仰或已皈依某位僧人，可能已有"金地藏"的法号了，至少在其来九华之前肯定已是僧人。因为《九华山化城寺记》载有金地藏先"落发"，后"涉海"来大唐的记述。

笔者查阅韩国史书《三国史记·新罗本纪》后认为，曹永禄教授的考证是翔实的，推断是合理的。据《新罗本纪》载，圣德王曾于其在位的第四年"九月，下教禁杀生"，又于"十年夏，禁屠杀"，此前诸王均无此举。可见圣德王崇佛，其长子出家，去大唐学习儒佛是顺理成章的。《新罗本纪》关于金守忠赴大唐留学和返回新罗的记录非常清楚。《新罗本纪》载，圣德王十三年二月，"遣王子金守忠入唐宿卫，玄宗赐宅及帛以宠之，赐宴于朝堂"，"十九年秋九月，入唐大监守忠迴，献文宣王十哲、七十二弟子图，即置于大学"。曹永禄教授关于金守忠出家为"金地藏和尚"的推断是根据当时王室的一次成员变故而得出的。圣德王十五年，就是金守忠回国的前一年，其父圣德王"出成贞王后，赐彩五百匹，田二百结，租一万石，宅一区，宅买康申公旧居赐之"。圣德王将金守忠母亲成贞王后逐出王宫，应该是金守忠落发、涉海，重回大唐，来到九华山的主要原因。

根据《九华山化城寺记》的记述，已经是僧人身份的金地藏于唐朝开元末年（741），来到九华山，在九华山中修行53年。其间，邑人诸葛节等"群老"于至德初年（756）为金地藏建成了一座庄严的禅居，即《九华山化城寺记》文中描述的"焕乎禅居"。这座禅居于唐朝建中初年（780），得到了朝廷的认可，有了"化城寺"寺额。化城寺额是当时的池州郡守张岩奏报朝廷，从别处移来的寺额。从大致时间推算，有可能是朝廷将当时的当涂县"化城寺"名额移给了九华山。当涂化城寺是江东最早的几座佛寺之一，是三国时期吴主孙权于赤乌年间为当时的高僧康僧会所建的，南朝宋孝武帝时期发展成为特大丛林，唐末可能已经衰败。当涂化城寺于北宋景德年间改称万寿寺，于建炎年间毁于兵灾。

金地藏于唐朝贞元十年（794）夏天惊天动地地在九华山南台之上的佛堂中入寂，三年后示以金刚不坏之身，弟子们遂为其立"月身塔"以供奉其真身。这一切史实，都是在大师示寂仅19年后的唐朝元和八年（813），由已经得道的九华山当地人费冠卿及时地记录在《九华山化城寺记》中。时至今日，经过近年来九华山金地藏研究会诸位学者、法师的不懈努力，上述各时间节点，无论是确切的或大概的，均有了定论。至于《宋高僧传》、明《神僧传》中记述的金地藏事迹中有些时间节点与事实不符，特别是关于金地藏和尚的示寂时间，宋代僧人赞宁编撰的《宋高僧传》将其记为"贞元十九年"，显然是误写了一个"九"字。后来的诸多史料对金地藏生平的介绍，莫衷一是，且多依赞宁于宋端拱元年（988）编成的《宋高僧传》。其实，赞宁在记述"唐池州九华山化城寺地藏传"时，绝大部分内容均录自《九华山化城寺记》，唯金地藏入寂时间有误，导致后人以讹传讹，甚至有人言之凿凿地声称宋代人离唐朝时间更近，"十九"之说应该可靠云云。实际上，这种不接纳当时当事者费冠卿的记述，而相信175年以后他人的再述，显然是不能令人信服的。僧人赞宁编撰的《宋高僧传》从成书时间上看，虽然比清朝人编纂《全唐文》的时间更接近金地藏生活的唐代，但《宋高僧传》是在寺院内完成的，而《全唐文》是清朝嘉庆十九年（1814）奉敕编辑而成的，是由时任皇家经筵讲官、太保、文华殿大学士等职的董诰率领几十位翰林在参考历代文献的基础上，共同编辑而成的。《全唐文》的可信度自然远远高于《宋高僧传》。

至于"金乔觉"之称的由来，实为后人造化而出。新罗国王之子金守忠出家后，法号地藏。近九百年后，清代康熙年间才在相关史料中出现有"姓金，名乔觉，新罗王子也"的描述。据说，"乔觉"之称的依据是佛家的《阿育王经》。《阿育王经》在论及佛的觉悟时，称为"大觉"，为在"高大乔木菩提树下觉悟真谛"之意。清朝人便据此,赠予已然修得正果的金地藏大师以"乔觉"之称,以作谥号。所以,"金乔觉"是清代佛教徒们追赠金地藏的谥号。

金地藏在九华山中修成正果的同时,也开启了九华山与古新罗国,乃至今天中韩间的友谊渊源。清朝光绪二十七年(1901),朝鲜来华使节赵玉坡曾专程前来朝礼九华山,拜谒金地藏。时任青阳县训导、尊称"广文"、别号"山门"的周赟陪其一同登上了九华山,且二人之间有诗唱和。周赟赠给赵玉坡的原诗为:"中朝冠剑识波臣,访道江南景物新。五福箕畴闻国政,九华地藏认乡亲。乌纱冷透莲峰月,彩笔含香杏苑春。爱看陵阳山入画,云烟拥出画中人。"朝鲜来使赵玉坡的《次和周山门广文同游九华元韵》曰:"东藩修贡草茅臣,到处看山耳目新。圣世万年屏翰固,中华一脉本原亲。诗名远重鸡林价,游迹先开鹿苑春。笑被江南人撞见,乌纱错认戏场人。"九华街上的游人们看到这位穿戴异样的朝鲜来使,都以为他是刚从戏台上走下来的演员。朝鲜使臣这一次来访九华山,是有清一朝难得的一次九华山与金地藏故乡之间的友好往来。中华人民共和国成立以后,随着中韩建交,九华山与韩国、与金地藏老家韩国庆州之间的交往日渐频繁。自20世纪90年代以来,九华山僧俗与韩国相关宗教和文旅各界之间的往来异彩纷呈,友谊灿烂辉煌。笔者有幸,于其间参与过不少活动。

金地藏在江南九华山中修成正果,圆满地完成了从普通一僧到佛门菩萨的嬗变过程,成就了九华山地藏菩萨道场、"四大佛教名山之一"的美誉。更重要的是,一千多年来,随着地藏信仰体系的逐步完善,地藏信仰已然成为佛家弘扬孝道的主要载体,九华山已然成为全世界佛教徒们一心向往的地藏菩萨道场。以九华山为基地的地藏文化有利于人类社会千百年来的和谐稳定。

胜瑜和尚

胜瑜,唐代九华山僧人,时为金地藏住持化城寺期间,化城寺僧团的上首僧。据费冠卿的《九华山化城寺记》记载，胜瑜曾带领僧众为化城寺建台殿、立钟鼓、潴放生池和开稻田。于化城寺初建之际，胜瑜和尚为九华山作出了贡献。

宗琳和尚

宗琳，僧人，号玉涧，安徽泾县人。明洪武十六年（1383）开始主持化城寺。洪武二十四年（1391），宗琳开始大规模重建、扩建化城寺，先后建成了殿宇、廊庑、禅堂、净业堂（念佛堂）、斋堂以及供老年僧人退居养老和供年轻僧人学习的专门场所。同时，还建有专门堆放物资的"土库"和他自己居住的方丈。宗琳主持的这次化城寺重建是唐代化城寺初建之后，有文字记录的最早、最大规模的一次建设，也是化城寺成就丛林的开始。这次建设为此后化城寺成为九华山中"诸寺之冠"奠定了坚实的基础。

法鉴和尚和福庆和尚

明宣德年间，九华山化城寺接连有两任住持均来自当时的京都南京灵谷寺。其中的法鉴于宣德二年（1427）住持化城寺，旋而又因年老，退居灵谷寺，并举荐其徒福庆和尚接任。在灵谷寺终老的法鉴后来又归葬于九华山。

福庆和尚，字云岩，明永乐年间居南京灵谷寺。宣德初期，应当时的九华山主、山下杜村西馆刘氏族人之请，福庆和尚前来住持九华山化城寺。

据宣德年间的工部尚书、江西吉安人周忱记录，福庆和尚入主化城寺后，于宣德十年（1435）重建了大雄宝殿，增建了藏经、祖师、金刚、天王、伽蓝诸殿宇以及僧寮，并增塑了如来、大士、罗汉、诸天等圣像。福庆和尚这次对化城寺的大规模重建扩建，奠定了后来化城寺东序寮房的基础。

福庆和尚圆寂后，最初厝在化城

福庆和尚塔

寺后的西塔院,后塔葬于化城寺东,通往老虎洞的石板路旁、乌龟石附近。福庆和尚灵塔呈覆钵式,花岗岩石质,高两米许,至今尚存。在福庆和尚灵塔上首还矗立着一座风格完全一样的僧塔,这座塔上的字迹无从辨认,按理说,这应该就是法鉴和尚塔。史书也有"化城寺东文殊庵西有法鉴塔"的记载。

道泰和尚

道泰和尚,字岳宗,俗家姓萧,四川成都人。明朝正统六年(1441)起担任九华山化城寺住持。据民国《九华山志》记载,道泰初祝发时,师事南京天界寺天童禅师,正统六年(1441)入主化城寺,正统十一年(1446)奉敕授北京万寿寺戒坛宗师。北京万寿寺又称万寿戒台禅寺,即今天北京西郊的戒台寺,是有明一朝全国少有的几座可以传授菩萨戒的禅寺。道泰此次受封戒坛宗师的因缘是其师兄——万寿寺戒坛前任宗师道孚的推荐。当时的道孚曾上奏朝廷,说自己"年老不便登坛,今访得直隶(指南直隶)池州府九华山化城寺住持道泰,谙通释典,道行纯真,堪补戒坛宗师"。道泰和尚赴北京万寿寺之前,在住持化城寺期间,曾率领僧众重建和增建了千佛阁(今天藏经楼的前身)、方丈寮、地藏塔殿石阶、廊道等,形成了化城寺的西序寮房。至此,化城寺及其东西两序的格局基本形成。

道泰圆寂前,曾于景泰七年(1456)上奏朝廷,以年纪老迈而要求回归九华,但不久便圆寂了。道泰圆寂后,归葬在九华山化城寺东塔院内。此后不久的天顺元年(1457),刚刚通过"夺门之变"而重登皇位的明英宗朱祁镇格外重视佛教,曾派钦差向已故的道泰宗师"赐祭"。记录此次"赐祭"史实的石碑至今依然屹立在九华山凤形山上的道泰和尚灵塔前。碑文是这样的:"维天顺元年,岁次丁丑,五月癸亥,朔十六日戊寅,皇帝遣礼部员外郎八通,赐祭戒坛宗师前化城寺住持道泰,曰,尔以坚持梵行,擢为宗师,克振法音,化人为善,奄忽长逝,良用嗟悼,尔其有知,服兹谕察。"

道泰和尚圆寂后，九华山化城寺又经历过一次火灾和重建，时间是明朝隆庆六年（1572）。重建后的化城寺又曾两度沐浴皇恩。一次是万历十四年（1586）明神宗赐谕地藏寺，颁赐圣母皇太后命人刻印续入《藏经》41函并旧刻《藏经》637函。另一次是万历二十七年（1599），皇家又向地藏寺颁赐《地藏菩萨本愿真经》计175部。其间，特别值得关注的是，这一阶段的九华山化城寺，因为万历皇帝朱翊钧的谕赐，而一度被改称为"地藏寺"。

道泰塔为覆钵式石塔，高3米多，塔前"赐祭"碑高约1.4米，宽约0.7米。道泰受封为北京万寿寺戒坛宗师，是九华山及九华僧人首次受到朝廷关注的记录。这件盛事，为九华山日后逐渐成为"四大名山之一"打下了良好的社会基础。

量远和尚

量远和尚，字编空，明万历中期九华山化城寺住持。史料记载："万历三十一年（1603）化城寺灾，量远赴京奏闻，皇太后颁银重建，兼修塔院，万历三十四年（1606）赐封'护国月身宝塔'之额，并赐大藏金塔，量远紫衣。"以上这段关于量远的文字，内容十分丰富。首先是明朝万历三十一年（1603）九华山化城寺遭灾被毁。关于这次化城寺遭灾，笔者查考了现存于月身宝殿南坡下的《重修九华山地藏圣像碑记》。这通碑文的作者是参与这次化城寺灾后重建的亲历者，九华山下杜村西馆刘家的族人刘光复。刘光复当时是万历朝的河南道监察御史。他在碑文中明确写有"万历甲辰，寺值回禄"。"回禄"是火灾的意思。经查史书，"万历甲辰"是万历三十二年（1604），而不是上述史料的"万历三十一年（1603）"。

上述引语的第二层内容是，量远将化城寺遭灾的事奏报给了万历皇帝的母亲"九莲菩萨"李太后，是李太后颁银重建化城寺，并连带修整了化城寺塔院"月身宝殿"的。化城寺的这次恢复重建，当时山下西馆刘家，以刘光复为代表的几代族人也作出了贡献。

上述引语的第三层内容是，万历皇帝亲自出面敕封"护国月身宝塔"之额。这是九华山月身宝殿首度沐浴皇恩的记录。与此同时，万历皇帝还向化城寺赐了一座"大藏金塔"，并赐给量远紫衣一件。

万历皇帝赐给量远的"紫衣"当然是一件紫色袈裟。关于这件紫袈裟，清朝著名诗词家曹贞吉在歌颂化城寺藏经楼时写道："袈裟至今贮经阁，千年不毁神灵司。天吴紫凤文断续，青莲几朵缠葳蕤。非锦非绣那易测，天衣无缝差得之。"这里歌颂的袈裟，实质上就是万历皇帝赐给量远的"紫衣"。由此可见，当年万历皇帝赐给量远的"紫衣"，到清朝时期，还依然贮存在化城寺后的藏经楼中，是清以后才不知所终的。

量远住持化城寺期间，能赓续福庆、道泰等前辈在京城的影响力，进一步与皇家结缘，为化城寺又铸就了一段辉煌的历史。

吴用之

吴用之（687—767），名孟光，字用之，江南青阳县西乡老田吴村人。关于这位当年与新罗僧人金地藏"慕道相逢"的吴用之大护法，九华山下老田吴氏族谱记录有其生平。据民国五年（1916）版的《老田吴氏族谱》记载，吴用之是吴氏第二十四世。谱文曰："孟光，器高长子，字用之，生于垂拱三年（687）丁亥二月十五日，生平积德行善，肃宗至德二年（757），有暹罗国王太子金乔觉慕道至此，公见而异之，及授粲赠粟，移书城峰闵氏，用是藏修九子山，今地藏王是也，乔觉复以诗谢，详文艺卷。娶垅首方氏，生子清甫。卒于大历二年（767）丁未，葬无相寺东父墓侧。"

吴氏族谱中的这段文字内有两处有误。一是"暹罗国王太子"中的"暹罗"，可能由于古人对域外地理了解不多，或根据九华山山上天台寺和山下一宿庵中的两块赠匾"暹罗大觉"中的错字，以讹传讹所致。"暹罗"是古泰国的名称，加之"暹"字读音同"先"，与新罗国名中的"新"读音相近，于是，江南方言中，"暹"与"新"便含糊混淆，"暹罗国"与"新罗国"便混为一谈。殊不知，暹罗国是今天泰国的旧称，新罗国是朝鲜半岛历史上的古代国家。第二处错误是"書城峰"应为"畵城峰"，谐音"化城峰"。九华山历史上从无"书城峰"之记录。

据上述摘录的谱文，吴用之老居士一生敦厚善良，且笃信佛法。当年与金地藏"慕道相逢"时，吴用之十分诧异，除赠以精细的米粮之外，还将九华山上化城峰下的闵氏一家迁往别处，以腾出庄屋恭请金地藏在此安禅修道。闵氏迁往的地方应该就是今天的东崖以南、闵园慧居寺一带。吴氏谱文中"化城峰闵氏"的出现，便是九华山日后金地藏在闵园向闵公长老募化"一袈裟之地"传说的滥觞。文中的"授粲赠粟"，也成为金地藏作所谓《酬惠米》诗，以感恩山下乡民的缘由之一。

分析唐人费冠卿的《九华山化城寺记》，笔者认为，吴用之应该也是当年诸葛节等"群老投地号泣"的成员之一。民国五年（1916）版吴氏族谱依凭的老谱应该是清康熙之后的某一个版本，因为，上述摘文中有"金乔觉"，和"今地藏王是也"等文字。九华山佛教历史上，将金地藏和尚确认为菩萨，并称之为"地藏王"是在明万历之后。"金乔觉"之称的出现则更迟，是清康熙年间的事。

吴用之老居士与金地藏的这番结缘，开启了九华山下老田吴家与九华山上各大寺院之间1000多年以来的深厚宿缘。旧时期，九华山僧众常将老田吴家称作"山主吴府"，因为，在封建社会相当长的一段历史时期，九华山东崖一带均属吴府山场。很多大寺院在决策寺务和重大节庆时，均邀吴府族人参加。现存于老田吴氏宗祠的数封"荐书"便是对此事的最好物证。

费冠卿

费冠卿，字子军，池州青阳人，生活于唐朝中期，具体生卒年月不详。费冠卿于唐元和二年（807）唐宪宗在位时，参加了科举考试并进士及第。及第前后，费冠卿在京城住了十余年。可惜，及第后还没等到朝廷任用，费冠卿便接到母亲病危的家书。关于费冠卿当时的情况及此后的人生，明朝嘉靖《池州府志》在"人物篇"里是这样记述的："闻母病革，驰归，而母已葬。庐墓终丧。哭不辍声，遂隐九华。殿院李仁修荐孝节，拜右拾遗。"这段文字中的"病革"是"病危"的意思。费冠卿接到母亲病危的家书后，便星夜驰归，到家时，母亲已经下葬，于是便在母亲墓边结庐终丧（守孝三年），且终日大哭不止。此后，费冠卿便隐居于青阳县西南的九华山中。到唐宪宗之后的唐穆宗时期，当时管监察的殿院李仁修在推荐至孝之人入官时，征拜费冠卿为右拾遗，并请皇帝降圣旨征召费冠卿，但费冠卿竟然没有应诏。

当年在九华山中隐居的费冠卿虽然"征召未起"，但为此写下了三首流传千古的名诗，其中一首是"三千里外一微臣，二十年来任运身，今日忽蒙天子诏，自愧惊动国中人"。费冠卿既是隐士也是处士。古人常美称处士为"少微"。于是，九华山中费冠卿隐居的山峰便依此有了"少微峰"之称；当年天子使者焚香宣诏的山岭也一直被称作"天香岭"，至今仍然沿用此名。少微峰与今天的狮子峰（古称二神峰）以及刘冲云波书院遗址呈三角之势。当人们站在云波书院遗址上仰望狮子、少微二峰时，当下便可悟得"少微"二字的另一番含义。

关于费冠卿逝后具体的归葬处，大多数史书均一仍旧贯地记作"逝后葬于鸡母山拾宝岩"，而光绪《青阳县志》则载有"费冠卿墓，在县一都旱麓门"。青阳县古称临城县，县城应该在现在新的青阳中学南面的坡地上。此处的"旱麓门"，应为古临城县西城门的旧称。经笔者实地勘访，费冠卿墓的具体位置应该在今天的蓉城镇牌楼村旱冲（旧时称旱麓冲或捍麓冲）居民组境内，墓穴应该落在一处南朝莲花峰的仙人座内，其右边的磨子山，应该是今人对旧书上"母子山"的误称，"鸡母山"和"子母山"亦然。据堪舆形势分析，费冠卿母亲的墓应该在仙人座东面的转角处。因为费冠卿在其《不赴拾遗召》诗中有"君亲同是先王道，何如骨肉一处老"两句。费冠卿墓冢早已湮没。青阳义门陈氏的先人、《九华纪胜》的作者陈蔚于清道光年间前往位于拾宝岩北鸡母山下旱麓冲凭吊费征君时发现，"其处碑冢俱无，未知谁是"。

简介费冠卿生平的文字还有一段出自《全唐文》。《全唐文》在收录费冠卿的《九华山化城寺记》一文时，是这样介绍作者的："冠卿，字子军，青阳人，元和二年（807）进士，母丧庐墓，隐居九华少微峰，长庆三年（823），御史李仁修举孝节，召拜右拾遗，辞不受。"这段文字确认费冠卿是青阳人。"召拜右拾遗"中的"召拜"是征召拜官的意思。这应该就是后世谥"费征君"号的依据。

关于长庆三年（823）李仁修召拜费冠卿为右拾遗一事，当时的唐穆宗李恒曾专此下过一道制文，这篇圣旨性质的制文收录在《全唐文》第一部卷六十四的最后一条。该制文的标题是《授费冠卿右拾遗制》。制曰："前进士费冠卿，尝预计偕（"曾经参加过科举考试"的意思），以文中第。禄不及于荣养，恨每积于永怀，遂乃屏身丘园，绝迹仕进。守其至性，十有五年，峻节无亏，清飙自远。夫旌孝行，举逸人，所以厚风俗而敦名教也。宜承高奖，以儆薄夫，擢参近侍之荣，载仁移忠之效。可右拾遗。"这是当时皇帝下诏，批准费冠卿官职和认可其贤德的圣旨全文。右拾遗在唐朝是负责向皇帝奏论政事、称述得失的八品小官，但费冠卿拟任的是在皇帝身边工作，并享有"近侍之荣"的八品官。

对于皇帝的征召，费冠卿叹曰："干禄养亲耳，得禄而亲殁，何以禄为？"因而没有应召。"干禄"是求取功名的意思。费冠卿认为，求取功名是为了赡养父母。现在母亲不在了，还要这俸禄有何用处？尽管如此，费冠卿后来还是作了三首诗以言其志。一首为《不赴拾遗召》，曰"君亲同是先王道，何如骨肉一处老，也知臣下合佐时，自古荣华谁可保"。另两首同在一个标题下，其一，"拾遗帝侧知难得，官紧才微恐不胜。好是中朝绝亲友，九华山下诏来征"。其二，上文提及的"三千里外一微臣……"

对于唐代青阳籍进士、处士费冠卿的墓冢，后世文人雅士或吊临，或遥祭，留下了大量诗篇。其中，唐代池州石埭籍诗人杜荀鹤的一首《经九华费征君墓》，充满了对费冠卿的赞美和羡慕之情。诗载《全唐诗》第六百九十一卷，曰："凡吊先生者，多伤荆棘间。不知三尺墓，高却九华山。天地有何外，子孙无亦闲。当时若征起，未必得身还。"

费冠卿以一篇《九华山化城记》开启了九华山文脉的渊源，是九华山文化的鼻祖。该文收录在《全唐文》第六百九十四卷，是研究九华山最早、最可靠的文字依凭。没有费冠卿，就没有九华山一千多年来灿烂辉煌的文化史。

费冠卿在撰写完成《九华山化城寺记》之前，实际上已经是一位追随陵阳窦子明和仙翁葛洪二位神仙的知名道士了。在回原籍为母守孝"终丧"，且"征召不应"后，费冠卿便一直隐居在当年葛洪炼丹的九华山狮子峰西南的一座陡峭的孤峰下，并在这里终老。费冠卿仙逝后不久，唐末浙江缙云人、著名道士杜光庭便在其著作《神仙感遇传》中记述了一则神仙感遇费冠卿的故事，并将费冠卿这位未曾赴任的朝廷命官"列入仙班"。故事讲述了费冠卿与唐宪宗时期的宰相郑余庆（时已辞职），以及池州府秋浦县刘县令三人与一路神仙之间的故事。这则故事十分有趣。

故事说的是，费冠卿在京城长安进士及第后不久，便接到母亲病危的家书，遂立马着手准备返乡丁忧。当费冠卿向前宰相郑余庆辞行时，已不在任的郑相国很高兴，因为他有一位姓刘的好友在池州秋浦任县令。于是，郑余庆便托费冠卿捎一封私信给刘县令，信后也写了几句要求刘县令关照费冠卿的附言。费冠卿回到池州去秋浦县衙投名帖,递"书信"后,费了好一番周折才见到了刘县令,并于当晚在县衙内的一个"阁子"(小房子的意思)里住了一夜。

刘县令安排费冠卿住进一间小房间之后,将房门反锁了起来。费冠卿对此"莫知所以"。这天夜里月明星稀,费冠卿久久不能入睡。透过门缝,费冠卿看到刘县令自己拿着扫帚将衙门各处打扫得非常干净整洁。此事令费冠卿大为不解,更欲看个究竟。二更时分,忽然飘来一缕异香,刘县令捧着朝笏板立于庭前,好像在等待什么人一般。这时,那缕香气更加浓郁,香云中出现了一位由数十位仙人簇拥着的又高又大的云冠紫衣仙人。刘县令拜引仙人一行至堂上,自己立在一侧。俄尔,有筵席罗列,美味一直飘入费冠卿所住的房间里。席间,仙人一再问刘县令:"收到郑宰相的信了吗?"刘县令答道:"费冠卿先辈自长安来,得信。"神仙笑着说:"费冠卿及第了,今天就在你这里,我今天不适合与他见面,你酌一杯美酒送给他吧,希望他早日与我们一起修道。"费冠卿在房门缝中看到刘县令在送酒途中将那杯酒偷喝了半杯,再用台阶上盆里的水将半杯酒还原成一满杯,送了过来。此间,那位仙人忽然走下台阶,与一干从人乘云而去。刘县令对天一拜,回到费冠卿住的"阁子"里,看到那杯酒还在那里,便拿起杯子,要将这杯万劫难遇的仙酒全部饮下。这时,费冠卿上前力争,抢喝了一两口。随后,刘县令便跟着费冠卿隐居于九华山中,二人成为道友。此后,费冠卿接到朝廷征其为右拾遗的诏书,但辞不赴任。宰相郑余庆也于此后不久去世。费刘二人对此事一直秘而不宣,也不知他们那天夜里见到的是哪路神仙。

多年后,费冠卿终老在九华山中,未飞升,有墓冢。费冠卿感遇神仙的故事虽然神乎其神,但在道教圣地第三十九福地的九华山上,费冠卿与窦子明、葛洪同为道教著名人物是毋庸置疑的。记述费冠卿在九华山中得道成仙的事迹，为杜光庭后来罗列道教"三十六洞天，七十二福地"奠定了逻辑基础。

附《神仙感遇传·卷五·费冠卿》原文

费冠卿者，池州人也。进士擢第，将归故乡，别相国郑公余庆。公素与秋浦刘令友善，喜费之行，托以寓书焉。手札盈幅，缄以授费，戒之曰："刘令久在名场，所以不登甲乙之选者，以其褊率不拘于时，舍高科而就卑官，可善遇之也。"费因请公略批行止于书末，贵其因所慰荐，稍垂青眼。公然之，发函批数行，复缄之如初。费致秋浦，先投刺于刘。刘阅刺，委诸案上，略不顾盼。费悚立俟命，久而无报，疑其不可干也，即以相国书授阍者，刘发缄览毕，谩骂曰："郑某老汉，用此书何为！"擘而弃之。费愈惧，排闼而入，趋拜于前。刘忽悯然顾之，揖坐与语。日暮矣，刘促令投店，费曰："日已昏黑，或得逆旅之舍，亦不及矣。"乞于厅庑之下，席地一宵，明日徐诣店所。即自解囊装，舒毡席于地。刘即拂衣而入，良久出曰："此非待宾之所，有一合子，可以憩息，仆乘于外可也。"刘引费挈毡席，入厅后对堂小阁子中。既而闭门，锁系甚严，费莫知所以，据榻而息。是夕月明，于门窍中窥其外，悄然无声。见刘令自操彗筅，扫除堂之内外，庭庑阶壁，靡不周悉。费异其事，危坐屏息，不寐而伺焉。将及二更，忽有异香之气郁列殊常，非人世所有。良久，刘执版恭立于庭，似有所候。香气弥甚，即见云冠紫衣仙人，长八九尺，数十人拥从而至。刘再拜稽首，仙人直诣堂中，刘立侍其侧。俄有筵席罗列，肴馔奇果，香溢阁中。费闻之，已觉神清气爽。须臾奏乐饮酒，命刘令布席于地，亦侍饮焉。乐之音调，亦非人间之曲。仙人忽问曰："得郑某信否？"对曰："得信，甚安。"顷之，又问："得郑某书否？"对曰："费冠卿先辈自长安来，得书。"笑曰："冠卿及第矣。今在此耶，吾未合与之相见，且与一杯酒，但向道早修行，即得相见矣。"命刘酌一杯酒，送阁子中。费窥见刘自呷酒半杯，以阶下盆中水投杯中。疑而未饮。仙人忽下阶，与徒从乘云而去，刘拜辞鸣咽。仙人戒曰："尔见郑某，但令修行，即得相见也。"既去。刘诣阁中，见酒犹在。惊曰："此酒万劫不可一遇，何不饮也，引而饮之。"费力争得一两呷，刘即与冠卿为修道之友，卜居九华山，以左拾遗征，竟不起。郑相国寻亦去世。刘、费颇秘其事，不知所降是何仙也。

刘光复及其族人

刘光复，字贞一，号见初，江南青阳人。明万历二十六年（1598）进士。进入仕途后的刘光复曾三度连任浙江诸暨知县，此后升河南道监察御史，卒后赠太常寺卿。

刘光复家族世居池州青阳。其二世祖刘孟昭于唐朝末年因征讨黄巢有功，授山东道节度副使，转池州通判。这是刘家初到池州的记录。据刘氏族谱记载，刘氏池州始祖逝世后就葬在了"池州原"上。经考证，刘孟昭墓位于现今的池州齐山南坡。刘氏家族在池州传到第十三世汉用公时，已经是宋朝宝祐（1253—1258）年间了。汉用公举家自池州迁青阳的因缘在族谱中亦有记录。谱载，"德祐间元民扰乱，意欲迁居，有王公继生绍生者，世居青邑八都杨林村，素与公相善，知公德厚，邀与同居，后王公兄弟无嗣，即以基业坟墓托公，公遂得其基业，更其名曰西馆"。汉用公将新的家园改名为"西馆"的理由有两种可能性：一是在朋友王继生兄弟俩赠予的基业之上，汉用公可能办过学堂。古代的"馆"可以指学馆，"西馆"即西边的小学校。二是寓意"河西边刘公馆"。以上引用刘氏族谱中的这段文字详细交代了刘家从池州府城迁至青阳县杜村乡西馆村的时间和缘由，以及"西馆"二字的来历。带领族人迁来青阳西馆的第十三世祖刘汉用后来被刘家后人们追认为西馆刘氏的一世祖。

族人按其兄弟的排行称其为"甯一公"。甯一公带领族人迁来西馆的具体时间是南宋德祐年间（1275—1276）。德祐，是宋恭宗赵㬎的年号，总共只用了两年。所以，刘家迁来西馆的具体时间相对就比较准确，不是1275年，就是1276年。迁来九华山下的刘氏族人后来对九华山佛教兴起做出过重要贡献。

刘光复于明万历四十二年（1614），在九华山月身宝殿南坡下为人们留下了一篇弥足珍贵的《续修九华山地藏圣像碑记》。据该碑文记载，刘家先祖，从二世祖仲昭公到迁至西馆后的一世祖汉用公，都为后人留有贻训，要求族人"培真兹为善根，而缘仁生义，惠爱旁逮"，意即训导后代要以善为本，以仁待人。所以，西馆刘家的三位四世祖昭一、昭二、昭三公便开始在附近山上的九华山地藏寺中布施行善。碑文记述为"修檀那于九华之地藏寺，厥功亦非补苴"。"修檀那"，是布施的意思。"补苴"，意为弥补或缝补。

史料表明，西馆刘家的四世祖们生活在明朝洪武年间（1368—1398）。上述碑文说明，刘家从明朝洪武年间开始，就在九华山化城寺（明朝一度称为地藏寺）中大行布施善举，捐造寺宇佛像，且布施的规模不是小修小补的所谓"补苴"，

续修九华山地藏圣像碑记

而是大规模的兴建。这是西馆刘家在九华山化城寺中布施的最早记录。大约二百年后，"万历甲辰，寺值回禄，荷今上出内储，庀材重构，俾本寺僧量远董之，僧济良济时辈翼而从事，乌余举族父兄子弟，仰主恩覃，敷祈祖功再造，共捐资铸地藏宝像一尊"。这段文字记述的是万历三十二年（1604），化城寺再遭火灾，万历皇帝的母亲李太后拿出自己的"内储"重建化城寺的盛事。在化城寺的这次重建过程中，西馆刘氏族人又积极参与其中，并捐资铸就了一尊地藏菩萨圣像，供在月身宝殿南坡下的地藏殿中。这是刘氏族人继洪武之后，再次捐施化城寺的记录。为使后人不忘此次盛举，刘氏族人公推族中佼佼者——明万历年间河南道御史刘光复于万历四十二年（1614）亲自撰文以记之，并委托当时的化城寺住持量远将记文勒石立碑。本文以上援引的史料皆出自刘光复所撰的《续修九华山地藏圣像碑记》。碑记全文如下：

续修九华山地藏圣像碑记

天子之德曰好生，匪第抱恻隐于方寸已也。繇实心行实政，无论庆溢华风。凡五印度之比丘士，皆我一体中人。征而贫凄丛林，皆我名教中地。然则招提何沮于皇路，缁衣畴隔于人文。泛尊礼圆方外，振梵宇之废圮，拊伊蒲馔于桑门。又畴碍于家，给人足之敷锡，益以见皇仁流闿，其利溥也。夫好生之量无涯，宁独王度则然。如来以是觉世迷，曰大慈悲善良；以是广施予，曰布福田。吾四世祖昭一昭二昭三公，夙奉先大夫仲昭公宁一公贻训，培真慈为善根，而缘仁生义，惠爱旁逮。即其修檀那于九华之地藏寺，厥功亦非补苴。焉者之寺，肇于晋隆安间。适地藏教主弃王宫入山修道，普度众生，一施平等。从来敕建有声中叶，频罹兵火。至本朝宣德初，吾三祖稔知金陵灵谷寺福庆师，迓而总持之，喜心作一大事因缘，捐谷千余石、银百余两。偕诸名家善信辈，振兴乎西波润于东，鼎新乎殿宇闳寺度，不隔卯酉而中天矣。似斯拯危为安，起废为兴，亦奉扬王风之分局也。三祖允仁人哉！万历甲辰，寺值回禄，荷今上出内储，庀材重构，俾本寺僧量远董之，僧济良济时辈翼而从事，乌余举族父兄子弟，仰主恩覃，敫祈祖功再造，共捐资铸地藏宝像一座，聿观厥成矣。向有碑斩如兹，更勒石以志不朽。家众命余属词，续而额之，若此旨。

皇明万历四十二年甲寅岁仲秋吉旦，赐进士第文林郎河南道巡视京营戎政前巡按山西监察御史见初刘光复谨撰。（后附刘氏族人等功德芳名）

赐紫沙门量远立，募缘比丘僧济良题，泸觉林镌。

刘含芳

刘含芳（1840—1898），字芗林，安徽贵池刘街人，晚清著名军事将领。咸丰初年，太平军骚扰江南，湘军首领曾国藩领兵驻守在离刘含芳家乡不远的安徽祁门县。年轻的刘含芳乘机前往祁门拜见了曾国藩，并向其条陈了自己的战守方略。曾国藩器重刘含芳，并将其留在军营，充当幕僚。同治初年（1862），刘含芳又随族人刘瑞芬入李鸿章幕府，初在淮军前敌营任事，后被授二品衔直隶候补道员。在随后的北洋沿海前敌水陆营务处供职期间，刘含芳曾受李鸿章之命，筹办旅顺、威海鱼雷营，水雷营及组织修理船坞和轮船等。光绪九年（1883），刘含芳升任旅顺港务工程局会办。其间，刘含芳率部在旅顺、大连一带建有多处军港和炮台，使旅顺成为北洋海军重镇。因为刘含芳通晓法文，李鸿章曾任命他与海军提督、安徽庐江人丁汝昌，按察使、安徽建德（今东至县）人周馥等一起验收法国人承建的旅顺港海防工程。

清史档案记录：光绪十七年（1891）二月，清廷通过对刘含芳前期政绩的考核，决定"简授甘肃安肃道。经李鸿章奏请，暂留旅顺，办理海防，未及赴任"。次年五月，刘含芳又被调任山东登莱青兵备道，监督东海关。光绪十九年（1893）十一月，刘含芳前往烟台就任。在登莱青兵备道任上，刘含芳的政绩卓著。在山东沿海办差期间，刘含芳也向国人呈献了他一生中最为辉煌的一段。

九华山化城寺大雄宝殿内现存的一副对联——"愿将佛手双垂下，摸得人心一样平"，其落款便是甘肃兵备道副使刘含芳。由上述史料可以判断，这副对联的撰写时间应介于1891年2月和1892年5月之间，而且刘含芳当年并未前往甘肃就任。据传，当年刘含芳在北洋军中任职的"刘"字号军旗现今依然保存在台湾省博物馆内。关于这件事，刘含芳的后人，现居台湾的刘含芳曾孙刘当文、刘当国和玄孙刘家豪、刘家博等人应该能予以证实。

据《清史稿》中的《刘含芳传》记载，刘含芳赴任时，"烟台为海防要地，亦通商巨埠，华洋商民，并域而居，事繁人杂"。光绪二十年（1894），日军突然向清朝守军发难，刘含芳机智地与各国驻烟台领事密商，托洋人的兵船，从仁川海面上救出了三四百位我方阵伤兵勇，并资送他们回到天津。这时的山东沿海，"兵船游弋口外，人心惶惶，讹言数惊"，加之金州、抚顺相继沦陷，敌人进逼威海，危及烟台。这时的刘含芳依然从容应对。当敌军进逼到离烟台只有十三华里的竹林寺时，刘含芳在防御单薄，又无权调兵的情况下，誓死与烟台共存亡，发出了"此吾死所，退一步不忠矣"的豪迈之声。随即，刘含芳穿上公服，与妻子郝氏正襟危坐于公堂之上，并堂而皇之地在案上摆出两杯毒酒，以等待朝廷的指令。当敌人发现烟台城中这种"官不去，民不乱"的情形，便十分畏惧地望而却步，并相互议论道："自进兵中国，独有烟台守固，无隙可乘。"在烟台当地经商的西洋人也都认为，"使领兵尽如邓世昌，守土尽如刘含芳，日本岂能幸胜也？"刘含芳经历的这次山东沿海战事，便是后来史书上记载的甲午海战。

甲午海战结束之后，溃退下来的清朝海军官兵达五千之众，且有哗变之险。面对如此险境，刘含芳单骑前往安抚，将尚未丢枪的士兵编成四个营，继续成军，对有意向离去者，发给船票。此番安抚所需费用"数万金，皆出私钱，无稍吝惜。足能感动众心，绥靖地方"。清朝军官刘含芳在甲午海战期间表现出的英勇气概和大公无私精神，值得学习。

光绪二十一年（1895），清廷与日本议和成功。看到自己参与建造的各处军港一片狼藉，刘含芳悲极而泣。据《清史稿》中的《刘含芳传》记载，刘含芳是自我弹劾而回到安徽老家的。这一年，刘含芳还曾为九华山撰写过一通碑文，记述的是百岁宫的两位僧人于光绪五年（1879）去往京城迎请《藏经》回九华山的盛事。这块记事碑至今尚存于百岁宫门前。

刘含芳一生为国奔波，积劳成疾，"自劾归"后，于光绪二十三年（1897）在家乡逝世，享年仅五十八岁。刘含芳去世的时间估计在光绪二十三年（1897）年底或光绪二十四年（1898）年初。据故宫清史档案载，由于刘含芳一生功勋卓著，朝廷"特赠内阁学士衔，原山东登莱青道东海关监督刘含芳，志性忠纯，识力坚毅，其生平事迹载在国史"。朝廷决议将刘含芳及其事迹载入史册，皇帝便草拟诏书，拟交国史馆为刘含芳立传。在诏书草稿的末尾，拟稿的文臣曾提出要赐予刘含芳的三个儿子以"荫生"或"知县"等功名，但皇帝在御览草诏时，只照准了刘家长子刘世珍的荫生功名。刘含芳一生育有三子，长子刘世珍，次子刘世琼，三子刘世璘。这份诏书草稿，使得刘含芳及其三位子嗣均得青史留名。笔者曾专程考察过位于青阳县杜村乡中平村的刘世珍墓。刘家后人中，现今依然有人生活在烟台、天津一带，也有不少人在台湾生活。

刘含芳逝世之后，袁世凯曾联名北洋大臣李鸿章，于光绪二十七年（1901）四月初十日，向皇太后及光绪皇帝呈折，"仰恳天恩，俯准于烟台地方捐建该故道员专祠，以慰民望"。这份奏折实际上是一份要求皇上为刘含芳兴建专祠的呈文。皇帝的朱批是"著照所请，该部知道"。关于刘公祠，烟台市现存的《烟台刘公祠祭产碑》记述得非常清楚。综上可见，晚清时期的刘含芳在社会各界的德望是很高的。

贵池刘街人刘含芳无论是在京都任职期间，还是晚年退居在青阳县庙前乡岳父家乡期间，都一直心怀桑梓，特别是对家乡九华山中各大佛教寺院的建设和发展格外关心。九华山月身宝殿于光绪二十四年（1898）秋季重建落成，在宝殿外廊的花岗岩石柱上，至今依然清晰可见"四维石柱二十根，贵邑弟子刘含芳敬献"字样。刘含芳的这次功德，估计是其在工程开工初期所做，或是后人以刘含芳的名义所捐，因为刘含芳在阳历本年年初已然去世。

在九华山百岁宫大殿前东厢壁上，至今可见一块刘含芳亲自撰文"集北魏郑文公字刊石记之"的记事碑。碑文曰："皇光绪五年，岁在乙卯，江南九华山百岁宫僧时年六十七，与徒孙开林诣京都呈请内务府礼部奏请皇朝《龙藏经》全部计七千余卷，光绪八年奉旨还山，尊藏于百岁宫，为永镇名山之宝。光绪廿一年秋七月，贵池刘含芳集北魏郑文公字刊石记之。"光绪二十一年是1895年。与这块叙事碑并排在下首的便是一干清朝军事将领们向百岁宫捐款的功德碑。由此可见，刘含芳当时对百岁宫僧人在京城的活动和百岁宫的殿宇建设是何等的关心！

刘含芳关心九华山佛教的最盛之举，体现在其帮助九华山化城寺的一次灾后重建之上。咸丰七年（1857）兵灾之后，化城寺募化重建工程进展缓慢。光绪五年（1879），告假回乡的刘含芳见此情景，遂发心领衔募筹资金，以帮助化城寺恢复重建。关于此事，刘含芳于光绪二十二年（1896）春亲自撰有《重修化城寺记》碑文。这通碑刻现存九华山历史文物馆。碑文详细记述了化城寺此次因灾重建的缘由和他本人及一干友人为本次工程奔走募化的过程。

碑文是这样的：

重建化城寺记。九州之域，五岳而外，九华实居四大名山之一，奇峰峻崿，缥缈霄汉，如青莲花争开竞发，烟云蓬勃，翠紫万状，信为东南第一胜境也。唐贤李白尝游兹山，以其峰峦秀美有九芙蓉之异，遂易名曰九华。东晋隆安五年，杯渡禅师始卓锡于此。唐开元季年，金地藏自新罗至九华，岩栖土饭，苦行十余年。至德初，诸葛节等拓僧檀公旧地，建殿宇延地藏居之。建中初，刺史张严奏请寺额，名曰化城，遂为地藏道场。厥后兴废不一。明万历间，先后敕赐《藏经》，庋于寺之西楼，供奉虔肃。至国朝香烟日盛，灵应逾常。康熙乙酉年，圣祖南巡，赐御书九华圣境匾额。乾隆三十一年，高宗南狩，复赐芬陀普教匾额。天使频临，奎章迭锡，璇题银榜，照耀云泉。信斯山遭遇之隆，千古所未有也。迨咸丰七年，粤逆蹂躏江南，而山中之梵宇琳宫悉遭兵燹。惟藏经楼岿然独存，殆有神护焉。而焚山股匪即战败尽歼于江。灵爽昭然，于斯可见。洎乎寰宇底定，民气未苏。而灵山诸刹犹未兴复，殊阙典也。光绪己卯春，含芳假归故里。尝诣兹山一展夙愿。瞻眺之余，见夫寺院倾颓一片，荆榛瓦砾，为之慨然者久之。道出大通晤吴君淦，纵谈及之，互相唏嘘。盖亦有志未逮，毅然愿任其劳。予至津门告诸二三同志，因募款有成寓书吴君，谨卜于乙丑春王月，鸠工庀材，依旧址而经营之，落成于辛卯孟秋月。昔之榛芜荒秽者，至此而煌然焕然，顿复旧观矣。凡费制钱一万六千三百余缗。总其事者为贵池吴君淦，襄事者萧君春庭、佛陀里僧守镇纯心、龙庵僧守安、通慧庵僧法轮、旃檀林僧福星。劳瘁不辞，实事求是，俾共底于聿观厥成也。因叙颠末，泐诸珉石以诏来兹。后有作者，更闳肆而益大拓之，是则予之厚望也夫。大清光绪二十二年，岁次丙申孟春月，贵池刘含芳志。

功德题名：直隶提督合肥聂士成捐湘平银五十两，天津总镇湖南乾州罗荣光捐洋一百圆，通永总镇合肥吴育仁捐洋一百圆，侍郎卫光禄寺卿合肥龚照瑗捐规平银一千两，广东巡抚贵池刘瑞芬捐规平银五百两，直隶按察司建德周复捐规平银二百两，直隶津海关道庐江刘汝翼捐规平银五百两，记名道寿州戴宗骞捐洋三百圆，候选道镇海叶成忠捐洋二百圆，候选道河南唐县牛昶晒捐洋五十圆，记名总兵庐江张光前捐湘平银一百两，记名总兵合肥张文宣捐湘平银一百两，补用总兵卢江郭春华捐湘平银五十两，候选同知贵池吴淦捐规平银一千两，北洋海军捐洋二百圆，巩军捐洋一百五十两，芦台榆关两军捐洋二百圆，通永仁练两军捐洋六十圆，大沽南岸防兵水雷营捐湘平银二十两，甘肃安肃道贵池刘含芳捐规平银七千五百两。神人共鉴。

贵池刘街人刘含芳是清朝的一代著名军事将领，也是九华山佛教的一位护法居士。

月身宝殿

　　九华山神光岭上的月身宝殿，实际上是著名的金地藏菩萨舍利塔所在的塔殿。此处佛教圣迹从最初的金地藏墓塔，到有塔有殿的金地藏塔院，再到现在这处三宝俱全，被称为"月身宝殿"的完整佛寺，历经了 1200 多年的风

月身宝殿

风雨雨。月身宝殿实际上也是九华山开山祖寺化城寺最早的塔院,俗称"老爷顶"。今天的月身宝殿不仅是全国重点寺院之一,还是全国重点文物保护单位。

自唐贞元朝起,九华山神光岭即被确认是金地藏的墓塔所在地。关于地藏塔墓主人金地藏的身世及其当年在九华山中的修为、示寂、入殓及立塔安葬等,唐朝九华山中著名隐士费冠卿在其《九华山化城寺记》中均有记述。就金地藏的圆寂,费冠卿记述有,金地藏"中岁领一从者,居于南台","贞元十年夏,忽召徒告别"。其后,便"趺坐函中"示寂,这时候的金地藏,"时年九十九岁"。金地藏圆寂后,"经三周星,开将入塔,颜亦如活时,舁动骨节,若撼金锁,经云:'菩萨钩锁,百骸鸣矣!'基塔之地,发光如火,其圆光软?"以上直接引语告诉人们,金地藏是在九华山的南台之上圆寂的,圆寂时间是唐朝贞元十年夏天,也就是 794 年夏天。文中的"南台",指的是今天月身宝殿南面一带地势相对平缓的坡地。金地藏于石函中结跏趺坐示寂三年后,弟子们遵照佛教规制,为他建了一座只有三级的浮屠小塔。由此可见,"发光如火"处的这座塔中殡葬的确为金地藏月身。在为金地藏禅蜕开函入塔之际,弟子们居然发现,和尚容颜与生前无异,众人抬动其躯骸时,还听到其骨节发出类似金属的触碰声。关于这种现象,费冠卿在文中通过佛经的引用告诉后人,只有菩萨的骨骼是串通联结的,才会出现动其一节,则节节有声的奇迹。这就说明金地藏的骨骼与菩萨的骨骼是无异的。费冠卿还告诉人们,在为金地藏建浮屠塔的地方,常常出现火一样的光芒。因此,他在文中感叹道:"那不就是佛菩萨像背后的'圆光'吗?"费冠卿的这两句描述,是最早将金地藏和尚和菩萨相提并论的记录。

综合金地藏圆寂前后九华山中及其住处所呈现的"山鸣石陨""堂椽三坏"等现象,以及金地藏特殊的"地藏"法号,佛门中一些有见识的人便认定,金地藏就是佛家地藏菩萨的转世。于是，从唐朝起，人们便开始对九华山金地藏塔中的这位"活菩萨"顶礼膜拜，并尊称这处圣迹为"金地藏塔"。通过此后一千多年的逐渐演变，在广大佛教信众心目中，九华山便成了地藏菩萨所在的弘法道场，金地藏塔也成为他们朝礼九华山时，一心向往的地方。每逢清明时节，来自四面八方的佛教信徒和孝子贤孙们，不远万里聚集在地藏墓塔所在的神光岭上，一边拜菩萨，一边祭祀亡故的亲人。华人志哀，崇尚白色，而器世界的九华山神光岭，一到清明前后，仿佛自然就变成了一座菩萨祭坛。地藏菩萨（幽冥教主）所在的神光岭上，自然地生长着数百棵灯台树。清明节期间恰是灯台树开白花的季节。灯台树开花只开在树冠外表的枝梢上，无数朵素净的小白花挤在一个团扇大的平面上，形成一掌掌扁平的花簇，洁白无瑕，将神光岭上春祭的气氛装点得格外庄严素雅。这时的佛教信众们，人从树下过，神情皆穆然，似乎都在缅怀着"成塔万花中"的金地藏大师。

宋代的"金地藏塔"较前一朝有了很大变化。距离金地藏圆寂370余年之后，南宋著名政治家，文学家周必大于乾道三年（1167）九月二十九日登上九华山。在化城寺午餐后，周必大一行四人拜谒了金地藏塔。关于当日的行程，周必大记录了如下文字："饭罢，谒金地藏塔，又在寺后突然一山，常时可望大江，是日适为晴岚所蒙。僧祖瑛独居塔院，献土产茶，味敌北苑。"周必大《泛舟游山录》中的这段游览日记告诉我们，宋代的金地藏塔已经发展成塔院了，而且院中有舍，舍内有僧。在此独居守塔的僧人祖瑛和尚还沏了一碗"土产茶"招待了周必大一行。可见，宋代的金地藏塔已然成为一处有人守墓的墓园兼僧人修行处了。

到了元朝初期，九华山的金地藏塔又有了新的气象。据史料记载，宋末元初，著名的九华山籍诗人陈岩曾"遍历九华之胜，至一处则一诗"，为我们留下了220多首赞美九华山的诗篇。关于金地藏塔这一处胜迹，陈岩是这样咏叹的："八十四级山头石，五百余年地藏坟。风撼塔铃天半语，众人都向梦中闻。"这首诗告诉我们，九华山南台之上的这处佛教胜迹，在当年，人们俗称其为"地藏坟"，而且墓塔上系有铁制的风铃，这些塔铃有可能是系在重建了的更多层数的高塔之上，也有可能是系在塔外已经存在的殿宇翘角之上。总之，金地藏塔院到了元代，一定是有了很大改观，否则在元朝统治者不重视汉地佛教的政治背景下，九华山金地藏塔院不会成为文人墨客等"众人都向梦中闻"的胜地。

明朝的九华山金地藏塔更有了"护国月身宝塔"的说法，这是对金地藏比丘留下的全身舍利最早的"月身"之称呼。这里的"月"字古音通假为"肉"字，二者读音相同。"月身"也就是肉身，佛教为避污秽的"肉"字之讳，遂用古代西域古国"大月氏"的"月"字来代称地藏比丘的圣洁之体。据明永乐朝皇帝朱棣所撰《神僧传》，明朝早期的月身塔还是唐朝人所建的"小浮屠"。明朝皇帝如此崇尚金地藏的原因，是开国皇帝朱元璋原本就是个和尚出身的起义军领袖。所以有明一朝，对佛教的重视程度和严格管理都是空前的。与此同时，九华山佛教的发展也是空前的。

到明嘉靖朝（1522—1566），九华山金地藏塔已经发展成为"塔幂以殿"，即塔外罩着一座殿的规模了。九华山最早的明嘉靖《九华山志》将当年的金地藏塔描述为："凡三级……塔幂以殿，俯仰以铁为之。前梯以石，凡八十四级。"这段文字是在说，当时的金地藏塔总共三级，是罩在一座殿宇中的，上下系有铁构件，并且殿前建有八十四级登山石阶。当时的塔与殿应该并不高大，因为塔的高度仅为三级。嘉靖年间的这座殿宇到万历年间开始被正式称为"金地藏殿"，殿内的金地藏塔则被敕封为"护国月身宝塔"。在万历《九华山志》的《九华总图》中，人们还可以清楚地看到金地藏殿南坡八十四级石阶下方，在今天的十王殿和灵官殿的位置上已经出现了寺院建筑群落，并在《化城寺之图》上标明"灵宫殿"字样及其殿宇。以上史书还显示，到了明代，这处"圣地"不同的名称——神光岭、金地藏塔院、金地藏殿，和万历皇帝敕封的"护国月身宝塔"等四个概念开始笼统地被称护国月身宝塔。此后，"护国月身宝塔"便成了对这里的规范称呼，当地人则俗称其为"肉身殿"或"老爷顶"。万历皇帝的敕封是金地藏塔最早受到皇室重视的记录，也是"佛教圣地"九华山，继化城寺住持道泰和尚于明正统十一年（1446）受封北

护国月身宝塔

京万寿寺戒坛宗师之后，再度沐浴皇恩的记录。

依据月身殿下方现存的一块古碑刻，今人可以得知，"金地藏殿"与"月身宝殿"实际上是两码事，有些《九华山志》示意图标注的名称是不准确的。神光岭顶上的金地藏塔殿是"月身宝殿"，而神光岭南坡下供奉金地藏圣像的殿宇才是"金地藏殿"，亦即地藏殿。

因为皇帝重视九华山，明朝万历年间的青阳籍京官，九华山当地人刘光复为自己的家乡倍感荣耀。刘光复受族人委托为化城寺题写了那篇《修九华山地藏圣像碑记》（以下简称《碑记》），在制作碑刻，选择石料时，当时化城寺僧人们高度重视，极为讲究，选的是一块夹杂着树枝化石的岩浆岩。打磨后的碑石表面，散落着几十处大小不等的树枝截面化石，大者直径半寸有余，中间的木质部和韧皮部纹理清晰可辨，十分有趣。碑上的碑文虽然斑驳，

但仍可依稀辨读。这块珍贵的明代树枝化石碑，现今仍然被寺僧们完好地保存在地藏殿后门外东壁下方。

《碑记》的碑文大体可分三层意思：一是赞叹印度传来的佛教利国利民；二是记述刘家世代与佛有缘，其先祖此前捐建过"地藏寺"（明代的化城寺一度改称地藏寺）；三是记述本次捐建"地藏寺"及捐铸地藏圣像的经过。碑文作者刘光复是九华山下杜村西馆刘氏族人。西馆刘家在历史上对九华山地藏菩萨道场贡献极大。据刘氏族谱载，刘家一世祖唐朝时因镇压黄巢起义有功而受封在贵池城里为官。宋朝末年，因为元军扰乱，刘家由贵池迁至青阳八都杨林村，村名后改称"西馆"。刘家世代敬佛，认为"凡五印度比丘士，皆我一体中人"，并"拵伊蒲馔于桑门"（向僧人们供养斋饭）。刘家的二世始祖仲昭公，和迁至西馆以后的一世祖宁一公，曾训导族人要"培真慈为善根，而缘仁生义，惠爱旁逮"，意思是要培养自己慈悲的善根，以仁爱待人。《碑记》还记载有，宣德年间刘光复这一族支的主祖从南京灵谷寺迎请了福庆法师前来住持地藏寺（化城寺）这件事。福庆和尚后来成为化城寺历史上的一代中兴祖师。

关于万历四十二年（1614）刘氏族人在化城寺所作的"续修九华山地藏圣像"的功德及其缘起，刘光复在上述碑文中作了详细的记述。内容大致如下：化城寺于万历三十二年（1604）遭遇火灾，万历四十二年（1614）重修，这次重修是皇家出"内储"敕建的化城寺，并兼修了地藏塔院，正是这次"兼修地藏塔院"，才缘起了刘家此次在月身宝殿下的地藏殿"续修九华山地藏圣像"这样的胜举。这次既建化城寺，又修地藏塔的实际功德主是万历皇帝的母亲，人称"九莲菩萨"的李太后，但作为九华山本籍的京官刘光复及其族人理应举族响应，积极配合，于是就有了碑文中记录的"举族父兄子弟，仰主恩覃，敷祈祖功再造，共捐资铸地藏宝像一座，聿观厥成"。万历三十二年

（1604）这次火灾之前的"地藏寺"（化城寺）和塔院里的地藏殿原本就是刘家的主祖于宣德初期"捐谷千余石、银百两"建成的，所以刘光复称万历四十二年（1614）的这次捐铸地藏圣像是"续功德"。这块"续功德碑"碑文是"皇明万历四十二年甲寅岁仲秋吉旦，赐进士第文林郎河南道巡视京营戎政前巡按山西监察御史见初刘光复谨撰"。立碑人是当时的化城寺住持量远和尚。负责此次募化的是济良和尚。刻碑的是一位姓卢的文化人。明朝京官刘光复的这方树枝化石碑碑文极具文史研究价值。"文革"前后，这方石碑露天竖立在月身宝殿前八十一级石梯下端的东侧。可见，明代月身宝殿南坡下就有了供奉地藏菩萨"铸"像的"地藏殿"了。从万历《九华山志》的示意图上看，地藏殿前面的十王殿当时还没出现。

　　明朝末年是认定"金地藏比丘"就是"地藏菩萨"的重要历史时期。其间，汉地的僧信们以《九华山化城寺记》为依据，随着唐代《地藏菩萨本愿经》的译出，再通过长期的相关诠释和确定农历七月三十日为"地藏菩萨诞辰"等一系列信仰活动，从而最终认定当年从新罗国来大唐学佛的僧人金地藏就是"地藏菩萨"的应化身。九华山就是地藏菩萨道场。在这一重大历史过程中，当时"四大高僧"之一的蕅益智旭大师为九华山作出了巨大努力。

　　蕅益大师卓锡九华期间，其卓著的一项成就是他在朝礼地藏塔时写下的《甲申七月卅日愿文》，这是确立七月三十日是"地藏诞"的缘起。文中只字未提"金地藏"，只是一味地说"地藏菩萨"。这是前人拜谒"地藏比丘舍利塔"和后人朝礼"地藏菩萨月身殿"的分水岭。

　　为引导信众礼敬地藏菩萨，蕅益大师曾经号召信众总持地藏菩萨灭定业真言，并向信众募化了数百万遍的地藏菩萨名号。蕅益大师还专门修订了赞礼地藏菩萨忏愿仪，又募化了一座地藏菩萨幽冥钟，并称此钟为"铁地藏"。其间，大师还积极鼓励信众持地藏菩萨本愿经，倡导信众供"大士像"。蕅益大师通过以上种种方式，在广大信众中大力弘扬"地藏菩萨信仰"，将以九华山为道场的地藏信仰推向高潮。大师这一系列的盛举，其意义最重大，影响最深远的是促成了九华山进入当时正在酝酿的"四大佛教名山"之列。自此，以佛家弘扬孝道著称的江南九华山，成为佛教中国化的标志性成果之一。

清朝统治者入主中原后，对汉文化的态度从最初的"排汉"，到"恩养"，再到后来的"利用"，此番变化经历了一个较长的发展过程。其间，对汉地佛教的态度更是如此。清朝中后期，皇帝们对四大佛教名山之一的九华山尤为重视。因为以弘扬孝道为特色的九华山地藏文化对当朝的社会稳定，对统治者的"皇图永固，帝道遐昌"均具重要意义，所以清代的九华山佛教，在皇家的重视和支持下，得到了极大的发展，康乾时期尤为昌盛。而咸丰前后，九华山金地藏殿的一毁一建，则更集中地反映了这一时代特征。

清代的九华山"金地藏塔"（实际上包括了塔上的殿），于康熙二十三年（1684）在池州知府喻成龙的主持下，有过一次重建，而且在殿前南坡下还增建了十王殿。这次重建的所谓"月身殿"存在了170多年。咸丰七年（1857），这次重建的成果与化城寺一同被太平军焚毁殆尽。到了同治十三年（1874），即间隔十七年后，僧人定祥、古勋等人又募化恢复了月身殿。在光绪二十四年（1898）的一次维修过程中，月身殿内又充实了我们今天还能看到的十殿阎王及牛头马面等

月身宝殿外廊石柱

像设。出身贵池刘街的晚清著名军事将领刘含芳，曾向这次工程捐赠了"四维石柱二十根"。

我们今天看到的九华山月身宝殿就是同光年间这两次恢复重建的成果。其后的宣统三年（1911），大殿又有过一次大修。在这次大修过程中，当时的百岁宫住持常修和尚"热心公益，督修地藏塔前八十四级之石阶"，这是"八十四级山头石"见诸史料的最后一次维修。在此后再次维修月身宝殿时，殿前的"八十四级山头石"便改成了含有金地藏 99 岁寓意的"九九八十一"级台阶，且每级石阶上均刻有精美的莲花与铜钱图案。象征"贵"的莲花居中，象征"富"的铜钱布置在莲花两旁。寓言"步步莲花步步钱"。关于这次重修，月身宝殿现存的《重修九华山石梯记》记载的重修时间是民国三年（1914），重修功德主是前来还愿的王铎夫妇，重修原因是山洪冲毁了原来的石阶。1955 年和 1981 年，九华山当地政府对月身宝殿也有过两次小型维修。

八十一级石阶之上的月身塔和月身宝殿，就地理名称而言，人们一直将二者混为一谈，但实际上"塔"与"殿"是两个截然不同的概念。就起建时间言，"塔"在先，"殿"在后。从起建目的来看，"塔"因"月身"而起；"殿"为护"塔"而建。

最初的九华山月身塔当然是唐贞元十三年（797），化城寺僧们为殓葬入寂后依然"颜状亦如活时"的"僧地藏"舍利所建。古人唐一夔曾以诗赞叹金地藏与这座月身塔的因缘，诗曰："渡海辞乡国，辞荣就苦空。结茅双树底，成塔万华中。"最初的月身塔究竟几级，呈何像状，均无从知晓。但到了宋元时期，"塔"就有了较大变化，塔上可以系风铃了。可以肯定的是，明初的"塔"是一座三级"小浮屠"（见明永乐帝朱棣所撰的《神僧传》）。再到清朝同治年间，人们又在三级石塔外面"包"上了现存的这座七层八面、造型精美的木结构舍利塔。

月身宝殿

065

清同治年间建成的月身塔一直被完好地保存至今。为了大力弘扬地藏精神，为了表达对金地藏比丘的敬仰，清末人将"月身塔"装修得极为华丽。这座塔柱为木质楼阁式的宝塔加上塔基和宝顶，通高约 11.3 米。木结构塔柱建在两级汉白玉石基之上。为呼应木塔的八面玲珑，基级被设计为八角形，为合乎天圆地方的规制，与木塔直接接触的第二层石基又被设计为正四边形，以呼应塔顶上空八角藻井的圆心部分。在玉石基的各侧面均刻有莲花、净瓶、宝剑、兰花、牡丹、石榴等浮雕纹饰。

依照佛家的"七级浮屠"制度和"十方世界"之说，"月身塔"被设计为七层八面，且逐级收缩至塔尖，从而在塔内自然形成了 56 个大小不等的侧面。当年的营造师们利用这些侧面，设计出了 56 座佛龛。龛室的柱、枋、雀替、斗拱、飞檐和翘角都制作得极为精美。各翘角下均系有风铃。第一层八座龛室的门框上均镶有细边镂空藻纹牙板。二层以上各龛室门框上则镶的是宽边镂空纹牙条。其中第二层的镂空纹饰设计为雕工精细的"松鹤延年"图。所有龛室中均供有装金的地藏菩萨坐像。其中正南面的第一层主龛门两侧立着道明和闵公二位侍者，主龛的外下方又另设了一座佛台，台上供奉的依然是地藏菩萨及二侍者像，像前还增添了一尊驮香炉的谛听兽。20 世纪 90 年代改殿门朝北时，第一层朝北的主龛前也增设了一菩萨二侍者及谛听像。在第二层以上的所有佛龛背屏上，当初的僧人们用楷体金字书写有《地藏菩萨本愿经》中的相关内容。由于成"塔"在先，幂"殿"在后，清朝人建殿时可能囿于技术和材料，使殿高有限，不得已将"肉身塔"的塔刹伸在了殿顶藻井板正中的一个圆孔里。1992 年，九华山古典园林建筑公司在维修月身宝殿时，将原来的藻井改成了新的九龙藻井，并将塔刹伸在了中间一条大龙的"龙口"中，以示"九龙常灌浴，宝塔永无灾"之意。

月身宝殿南坡上的八十四级山头石，于 1914 年被改建成八十一级台阶。

在石阶下端的两侧，一直立着一对似兔似猫的石像生，这对瑞兽称於菟，是古代楚地人对虎的别称。石阶入口的东侧，早先露天立着刘光复撰写的《续修九华山地藏圣像碑记》石碑。沿着这条石梯拾级而上，要穿过一道石门洞才能到达月身宝殿南门拜台。这座石门洞应该是 1955 年重修月身宝殿时建成的。从 20 世纪 30 年代的老照片来看，这里原来只是一道豁口。这座石门是八十一级石梯道穿过拜台挡土墙，在墙正中豁口处形成的。豁口上方架着一道石梁，石梁栏板外侧刻有"磐石常安"四字，这是在期望月身塔的基础永远坚如磐石，内侧则刻着"神光异彩"四字，这是在歌颂月身宝塔所在的神光岭是一处"夜夜神光起白毫"的"圣地"。这块内外刻字的石栏板在最近的一次维修中被置换了。石梁上方的左右两侧原来还配有一对神态活跃的石狮子，后来这对狮子被移至北门阶下两侧了。这两只石狮子均高 137 厘米，刻于清光绪年间。穿过这道石门，便登上了月身宝殿所在的须弥座。这座四边各长 27 米的正方形须弥座是利用神光岭的岭头平地整理而成的。在须弥座中央半尺高的石台基上，矗立着闻名四海的九华山月身宝殿。

为了保护月身宝塔而建的月身宝殿，至迟在明代嘉靖年间即已出现。据明嘉靖《九华山志》记载，为了保护金地藏的月身塔，将"塔幂以殿，俯仰以铁为之"。这里俯仰可见的"铁"，有可能就是"月身宝殿"屋面覆盖的铁瓦或殿角的风铃。后来的清朝统治者也十分重视汉地佛教，通过咸丰战火之后的几次重建和维修，今天的九华山月身宝殿愈显得格外庄严。

罩在月身塔外面的月身殿是一座铁瓦覆顶、重檐歇山式正方形宫殿建筑。今天的月身宝殿，其脊高 15.77 米，如果加上殿脊上的铁刹，高度可达 17 米之多。关于月身宝殿屋面的铁瓦，最可靠的记载出现在民国十四年（1925）出版的《九华指南》。该指南在介绍月身宝殿时说："近年易以石柱铁瓦，较旧式更为坚致。"20 世纪 90 年代以前的月身宝殿坐北朝南，因为是正方形建筑，所以，四面均呈三大开间，内外由方阵排列的 36 根大柱撑起屋面，四面屋檐下留有走马廊道。20 世纪六七十年代，因为守塔的需要和僧舍的不足，僧人们曾在正南门两侧廊中分别隔出两间小阁，阁中分置小型钟鼓，权作钟鼓"楼"，权且住僧人。两小间内还分别置有签筒和签诗，客人在一间中抽签，去另一间中求解，顺手顺脚，有条不紊。走廊外侧的"四维石柱二十根"为晚清著名军事将领、贵池刘街人刘含芳所捐。为了防止雨水侵蚀内廊，妨碍信众绕佛，僧人们在外围的二十根石柱间又用大砖砌墙，除南北两面正门外，每侧墙面正中均拱券成门，以便信众游人进出廊道。月身殿墙体涂以暗红色灰料，朝北面的红墙上霍然写着四个金色大字，曰"布金胜地"，寓意为这里是布撒金贵佛法的地方，因为佛家认为佛祖的话"字字如金"。廊道的砖墙在最近的一次维修中被换成用大块石料砌成的石墙。月身殿廊道上方内外侧，以及二层重檐下的雕梁画栋是大殿中最为精美、文化内涵最为丰富的部分。

月身宝殿的雕梁画栋主要布置在外廊穹顶和外侧斗拱上，是一处典型的"镂空牛腿浮雕廊"（牛腿即撑拱的一种）。雕绘内容涉及的题材非常广泛，传统文化元素在这里随处可见，其中表现儒释道三家、僧俗两界和官民两家的尤为突出。为了烘托月身宝殿场景的威严，古人在正南门上方的横梁上雕刻着一幅官家升堂议事的场景。从人物服饰来看，庭前奏事的一位官员头上戴的是清朝官员特有的锥形"顶戴"，周遭站立的有穿汉服戴翅冠的前朝汉人官吏。这种人物服饰的混杂并非实际场景，只是表达当时满汉和谐的意愿而已。北门上方横梁上表现的是一组长者教谕童蒙，和儒生聚会一处的民间场景。从细微处的木材材质来看，这些雕刻件的枯毁现象比较严重。可以确定，这些雕绘作品是清同治年间的原件。

月身宝殿东侧檐下靠南的两处撑拱雕的是喻意华严会上文殊、普贤菩萨的青狮、白象；殿西侧对应处也布置着两副撑拱，刻的是汉文化中的"鹿鹤同

月身宝殿外廊上的雕绘梁枋

春"。两侧其他撑拱均为辟邪趋吉的"狮子滚绣球"。大殿四个翘角下的撑拱呈现的是逢凶化吉、飞行天际的"仙人骑凤"。设计者希冀大殿四角的四位仙人可以驾着凤凰抬着大殿在天际飞翔。飞檐翘角是中华祖先建筑智慧的体现，这种设计能让凝重的建筑物变得灵动欲飞，或变成"凝固的音乐"。大殿四角的四处挑梁上雕刻的是"四海同春"寓意的"双凤戏牡丹"。在月身殿东西两侧回廊上方的枋条上，主要雕绘的是象征典雅富贵的"牡丹花开"。而南北两侧正门廊上的枋条就大不相同了，在这四块枋条的两面上分别雕刻、彩绘着喻意盛世景明的"丹凤朝阳"和象征风调雨顺的"二龙戏珠"。在每块双面雕中，匠人巧妙地让龙凤共用一"火球"，于双凤则为"太阳"，于二龙则为"明珠"，利用得十分独到。环廊上还绘制着大量的水藻类纹饰，以使各主题串联一气,将整个月身宝殿修饰得无比精美而又庄严。

月身宝殿上一层重檐下的四根红柱上雕的是仙人骑凤。这一层也修饰得精妙绝伦。总之,在九华山月身宝殿内外,所有的善信游人,无论男女老少,无论官宦黎民,都能在现场找到自己向往和心仪的文化元素,从而使人在当下就能发现善良之心,许下利民之愿。因为九华山"老爷顶"还是佛家善信们许愿的"圣地"。

我们今天看到的月身宝殿,无处不雕,无处不绘,层层飞檐,角角翘翼,是清朝人留下的一座工艺奢华的传统砖木架构佛教殿堂,其在神光岭上已经矗立了150年。

今天的月身宝殿其概念已经不限于"殿"或塔院的含义了,而是一处三宝俱全的佛寺了。无论从建筑布局还是场所性质上讲,与以前比较都发生了很大变化。1986年,根据当时新组建的九华山佛教协会的决议,时任月身宝

普全老和尚法像

殿住持的普全法师顺利地将寺务移交给了现任方丈圣富法师,并且于离任之际高兴地留赠了一座古老的铜香炉给圣富法师作为交接纪念。圣富法师至今依然将这座古香炉珍藏在自己的小佛堂中,以示对前辈的缅怀。在此后的几十年间,圣富法师在有关部门、佛教协会以及广大海内外信众的支持下,先后于1989年恢复重建了十王殿和灵官殿,又于1992年开始维修月身宝殿并将殿门改为北向。月身宝殿这次改换门向的主要目的是扩大殿前广场,以适应改革

开放之后旅游观光事业大发展的新形势。据说，这次改换门向是考证过历史的。在此基础上，圣富法师在时任中国佛学院教务长圣辉师兄的陪同下，拜会了时任中国佛教协会会长赵朴初先生。在征得赵朴初会长同意，并取得省文物部门的批准之后，才实现了这次门向的更改。维修月身宝殿之后，圣富法师又开辟了神光岭北坡，扩建了水泥山门、弥勒殿、弥陀殿、地藏宝殿、钟鼓楼和月身宝殿北广场，并在殿西侧新建了僧寮和接待室，僧寮中还藏有《藏经》。为了方便信众游人和本寺僧众在月身宝殿的聚散，这次扩建又新增了上千级石阶和总长数百米的石板廊道，使寺内大部分殿宇间串通无碍，风雨无阻。月身宝殿北坡上的围墙是当时考虑寺院安全管理而设的临时建筑。此次月身宝殿的维修扩建工程历时 8 年，于 1999 年冬竣工。自此，圣富法师将昔日的金地藏塔院改善成一处三宝俱全的佛教寺院了。

圣富法师，安徽宣城人，俗姓张，1978 年出家，1984 年依仁德大和尚受具得法名圣富。1988 年受九华山佛教协会委派入住月身宝殿。圣富法师得法于仁德大和尚，是临济宗第四十六代嫡系传人。圣富法师住持月身宝殿 29 年之后，于 2017 年荣膺月身宝殿方丈。圣富法师住持月身宝殿至今已经 30 多年。

1992 年启动的月身宝殿维修工程，其重点是月身殿殿宇的修整，而对月身塔并未施工，只是将塔基的汉白玉部分稍作整理。据圣富大和尚回忆，工程启动之后，经省文物部门的专家开启塔刹，仔细勘察发现，木塔本身依然完好，塔周围八方的八根由粗铁丝统一缠绕固定的木柱，其天花以上未油漆部分依然白茬如新，从木纹分析，这八根木柱有可能是楠木一类的优质木材。据本次工程的负责人、九华山古典园林建设有限公司的大木匠朱佩峰师傅介绍，圣富法师当时一再要求他们本着"修旧如旧"的原则，对"雕梁画栋"部分务必不能有丝毫损毁。为了保护这些古老的工艺品原件，工匠们小心翼翼地将其拆下，并安排专门库房将其编号保存，以待后期再装回原位。此次工程采用"偷梁换柱"的方法，置换了殿宇的部分木架构。木材选用的是具有防腐耐久特质的柳桉木。这次对"月身宝殿"内外走廊的维修最为认真仔细，因为这部分的每一个部件都是清朝同光年间的文物原件，既要对其加固涂彩，又要力求修旧如旧。经过几十个月的悉心施工，各专业工匠们才将先期拆下的雕梁画栋部分全部按照原样嵌入新的梁架之间，再重修彩漆。就这样，月身宝殿内外各处的精美雕饰和极具文史价值的雕梁画栋才得以完美地被保存了下来。

月身宝殿大门上方的一幅横匾为清代当地人施玉藻题写的"东南第一山"，其上一幅龙纹竖匾才是月身宝殿正额。二层檐下也有一幅竖额，题的也是"月身宝殿"，作者署名为"赵朴初"。这块匾下方"护国月身宝殿"横匾是20世纪90年代加上去的。这块匾也是当时的佛教协会会长赵朴初先生在九华山视察期间题写的。月身宝殿后门则一直悬挂的是"地藏誓愿"横匾。这块匾上用小篆题写的内容，是民国第二任大总统黎元洪于1917年从唐朝译经师不空三藏翻译的《瑜伽集要焰口施食仪》中摘录的地藏菩萨四句誓愿。今人讹传的四句誓愿源自《地藏经》之说，实属谬误。

黎元洪笃信佛法，也曾为九华山百岁宫题写过寺额。黎元洪没到过九华山。这两次题字的缘分可能是九华后山文殊茅蓬（今心安寺，俗称六亩田）的护法居士易国干先生促成的，因为易先生曾任黎元洪早期的秘书。另一种可能则是时任北洋政府财政总长的安徽东至人周学熙促成的。月身宝殿20世纪90年代在改换门向时，大门上方及后门的这几块匾额的悬挂制度并未变化。殿南门外廊石柱上的两副古对联的位置也没变化，其中楹联是一副藏头联，藏的是佛家祝福人们"福慧双增"的前两个字，联曰："福被人物无穷尽，慧同日月常瞻依。"这里的"被"字，应该读"披"，其读音和含义与"披"字均相同。殿南的侧楣联曰："心同佛定香烟直,目极天高海月升。"这副对联意境高远,禅意十足。

今天的月身宝殿以及神光岭南坡下的建筑布局和风格基本保持了清代和民国时期的原来风貌。历史上的月身宝殿殿门是朝南的。这处圣迹从一开始的地藏坟到有人守塔的金地藏塔院,再到殿宇建筑群的逐渐形成,经历了1000多年的历史变迁。自唐代到20世纪90年代末,前来九华山的客人都是从神光岭南坡向北朝觐地藏塔的。今天,当我们站在神光岭南坡下十王殿前的广场中央,纵览月身宝殿建筑群落时,我们依然可以清晰地意会到前人在规划月身宝殿时匠心独运的宗教意图。岭头飞檐灵动的金地藏殿象征的是佛祖为母说法,赞叹地藏功德的忉利天宫,坡下十王殿后高一层的地藏殿象征的是地藏菩萨普度我们南阎浮提众生的婆婆世界,而最下方的十王殿,其内则陈列着汉地佛教中的十殿阎王及阴司雕塑群。天上、人间、地狱的三层设计,以建筑布局的方式,向人们明白地表达了地藏菩萨可以自如往返、如法行愿的三重境界。古人的这个理念也是随着这三座主要建筑的相继出现而完善的。地藏塔出现于唐代,塔殿及南坡下的"地藏殿"出现于明代。地藏殿前的十王殿出现在崇祯《九华山志·九华总图》中,但正文中没有记述。

围绕十王殿距今最近的一次毁与建,有三桩逸事特别值得一提。第一件逸事是旧殿的毁灭。现在的十王殿是在民国时期十王殿的原址上略微扩大而建成的。原来的十王殿于1972年被当地一位胡姓山民纵火焚毁。因为市井俗务,该山民迁怒于守寺僧人,又适逢佛教生产队在殿内堆满准备烧火粪的干草,胡犯遂以一根火柴便将十王殿付之一炬。胡犯虽被法办,但唐朝时"乡老胡彦"为僧人建寺,今又是胡姓山民焚毁寺院,这个中因果如何流转,抑或是偶然巧合,我们不得而知。

第二件逸事是:1989年重建十王殿期间,在新建殿西侧新的八十一级石阶时，工人们在整理原来的一条上山小径过程中，在一块巨岩下挖出了一只红布包袱，包袱中裹着一百多枚银圆。估计这些银元是 20 世纪 30 年代战乱时僧人们藏匿的净财。施工者中虽有愚人哄抢，但后经政府干预，也基本如数收回。今天新的十王殿内陈列的十王雕塑系重庆丰都"鬼城"的匠人们为我们留下的作品，地藏殿中的地藏菩萨及闵公道明铜铸像是南京晨光机械厂的成就。而殿后"树枝化石碑"中记载的那尊明代的地藏"铸"像毁于什么年代我们不得而知。

第三件逸事是关于地藏塔开塔的传闻。九华山月身宝殿殿中有塔，塔中有塔，塔下有舍利，是毋庸置疑的。但一直以来，总有人言之凿凿地声称，九华山地藏塔每隔六十年或每遇闰七月三十日会开塔一次，并绘声绘色地描述开塔后的情景。其实，关于这个传说，我国近代著名的佛教旅行家高鹤年居士在其《名山游访记》中有过考证。民国八年（1919）六月二十一日，高鹤年在九华山中游访东崖寺时，寺里的当家师交给他几封托转的信函，朋友们在信中告诉高鹤年："今年闰七月三十日，是地藏王菩萨真生日，闻新罗国王来山开塔，欲来参观。"为此，高鹤年居士曾专门在山中各寺求证，但最后他记述道："余往各寺探访，实无其事。"关于上述传闻，笔者在九华山中四十余年，曾多次求教山中耆老，但老人们均予否定。

月身宝殿旁边的"阴阳井"

九华山月身宝殿北门前左侧有一口"阴阳井"，井圈以整块石料透凿而成。此井坛高一米许，直径不足一米，井口上覆盖着一块石井盖。井盖正中又透凿着一孔直径约 20 厘米的小井口。在石井盖上面，今人用阴阳两种纹络刻有"阴阳井"三字，其中"阴"字阴刻，"阳"字阳刻，寓意隽永。

阴阳井，顾名思义，应该是与阴阳两界有关的。其建成的历史不会太久，应该是在地藏信仰深入人心的清末民初。这口井出现在幽冥教主地藏王菩萨的塔殿附近，其意义格外引人深思。据九华山中的很多老人和游客传言，透过这口阴阳井，我们阳间的人可以"看"到亡故的家人在阴间的活动情形，甚至还可以"看"到自己的前世情况。所以，即便是科技发达的今天，在月身宝殿前依然可以看到有人趴在阴阳井上，将面孔朝着黑洞洞的井口，用衣物捂着头，挡住光亮，虔诚地"望"向这口井深不过一米、但似乎无比深邃的井底"阴间"，以期能"见"到自己的亲人。还有人趴在井口良久不肯离去，并且呢呢喃喃地与"下面的人"在交谈着什么。九华山月身宝殿前的这一幕十分耐人寻味。

月身宝殿的铁香炉与"铁九华"

了解汉地佛教的人们大多听过"金五台，银普陀，铜峨眉，铁九华"之说。其实，信仰"平等无二"的佛教徒们是不会以这些金属的贵贱来区别四大名山的次第和尊卑的。21世纪初，当一位香港著名媒体人在九华山听到"铁九华"之说时，他当下便悟出了个中妙趣。他认为，自古以来，在平民社会中，"铁"是家家皆有，户户必需的，而金银则不然。他进一步解释说，那些是诸大菩萨在娑婆世界中应众生根器之不同，"应机说法，因材施教"而在信众中形成的说道。"铁九华"恰恰道出的是以弘扬孝道为特色的"地藏信仰"在普罗大众中需求的广泛性和急迫性。

九华山与"铁"的因缘极深。佛教信众中一直有人将九华山喻为《地藏本愿经》中的大铁围山。据史料记载，被誉为"定光佛"的宣州籍宋代高僧大慧宗杲禅师曾经卓锡九华。后人便以铁铸成"定光佛像"供在九华山中，以纪念这位中国本土的"佛"。这尊铁佛曾经供奉在旃檀林寺院中，可惜被毁于"文化大革命"期间。铁佛的碎片被当年的寺僧收藏了下来。并于 20 世纪末清理九华山文物时，被移藏于化城寺藏经楼中。

在明代形成的九华山化城寺七十二家寮房中，西寮的龙庵是明朝后期建成的。庵名因首创者龙庵和尚的法号而得名。龙庵和尚法名利铁。这位祖籍安徽祁门县的出家僧人以"铁"入法名，显然与九华山的地藏文化是十分契合的。

清朝早期，"四大高僧"之一的蕅益大师将九华山化城寺内的铁铸大钟尊称为"铁地藏"，更是佛家礼敬"铁九华"的一大创举。

关于九华山的"铁"缘还有一则例证。20 世纪初，当时的江苏扬州府一位姓"时"的佛教女信徒，在省内的上海县和如皋县为九华山月身宝殿募化了三座硕大的铁铸香炉，至今依然保存在月身宝殿中。这三座铁香炉均高1.2 米，口径 1 米。三座铁香炉的外侧铭文均铸着"大九华山月身宝殿"几个大字。

另外两座铁香炉的功德主分别是上海县的叶门陆氏，其功德是捐铁三千斤。另一座香炉的功德主是"如皋县弟子冒鹏程及冒门刘氏"。从叶门陆氏为一座香炉"捐铁三千斤"和三座铁香炉的统一尺码，我们可以得知，这三座铁香炉均重三千斤。这三座香炉的外侧还标有"金陵南门外西街夏盛兴冶坊造"字样。铸造日期为"民国八年冬月吉旦立"。这三座铁香炉目前被厝在月身宝殿北广场东侧的一处角落里。一百多年来，九华山月身宝殿北广场的这三座铁香炉，吸引了很多好奇者的关注。总之，"铁"文化在九华山诸多文化元素的形成和发展中，一直都是"铁"气冲天的。

月身宝殿前的灵官殿

在汉传佛教的广大信众心目中，九华山的地藏菩萨有别于其他菩萨，而独自享有格外崇高的果位，因为佛在《地藏菩萨本愿经》中明白地告诉海众，地藏菩萨已然成佛，只是因为受佛之托，而倒驾慈航，以大愿地藏菩萨的身份，又回归到我们的娑婆世界来救度众生的。所以，地藏菩萨理当享有佛的尊位而专设护法菩萨。专司为佛护法的是韦陀尊者，而在九华山地藏菩萨道场的诸多寺院里，人们常常可以看到一处特别的像设——灵官菩萨，这便是地藏菩萨的护法专司。之所以说他特别，一是因为他同佛身边的韦陀菩萨一样，是地藏菩萨的护法专司；二是因为其特殊的道教身份。

在九华山月身宝殿南坡下，有一座古老的灵官殿，殿里并排供着三尊灵官菩萨，中间的一位是灵官的本尊正灵，左右两边是王灵官和马灵官。三位灵官的前额上均生有一只可以遍观天下和圣凡两界的天眼，且都以左脚蹬风火轮，右手举金刚鞭，左手结成中指冲天的驱邪伏魔手印。左边赤髯者为火府天将王灵官，右边是令人生畏的马灵官。这几位道教的尊神何故来到九华山，而又成了地藏菩萨的护法神呢？这要从九华山中一则古老的传说谈起。这则传说听起来荒诞，但又是事出有因的。

状元坟的传说并非空穴来风

长期以来，九华山周边一直流传着一则古老而又神奇的故事。这则故事是这样的：

九华山附近的一位状元在母亲的带领下来九华山月身塔进香。其间，母亲告诉儿子："你之所以能状元及第，都是老母亲我，在地藏菩萨面前烧香许愿才有了你的今天。眼前的这位菩萨是一尊'活菩萨',是一位真正的大活人,你要诚心跪拜才是。"不想这位状元不仅不信母亲的话,还偷偷拔下了母亲头上的银簪,在菩萨腿上刺了一针,以验真假。没想到,这一刺,菩萨的腿上真的出了血。这状元大惊失色,仓皇逃离了九华山。这时,佛家的护法韦陀立马在地藏菩萨面前表示愤恨。而地藏菩萨却说:"善有善报,恶有恶报啊!这人是来报仇的。多年前,我在禅坐时挠痒,不经意间挠死了一个跳蚤。后来这只跳蚤转世为人后,便于今天来报仇的。"韦陀闻言大怒,便要追下山去惩罚那状元。菩萨急忙拦住他道:"不可在这九华清净之地对生灵造次。"韦陀想:"待这家伙离开九华,进入他乡地盘我再教训他,菩萨大概就不会怪罪我了。"于是,当这状元离开九华,刚过五溪桥,跨过青、贵两县界河时,韦陀尊者便用手中的金刚杵打死了这位状元。地藏菩萨闻讯后,悲愤交加,遂将韦陀迁单,而从九华山的道观中请来道家的灵官尊者作为自己的护法。这便是九华山地藏菩萨改由灵官护法的因缘。据说,那位被韦陀打死的状元也被就地埋葬在五溪桥头了。这则无中生有的故事到此本该就结束了,可偏偏在故事中提到的五溪桥头,确有一座皇帝谕葬的大墓。这墓主人虽不是状元,但也是一位朝廷大员。这便为一些别有用心的人提供了可乘之机,他们含沙射影地造谣生事,说故事中的状元就是这座大墓的主人。其实,这座"状元坟"的主人是明朝的一代名臣——南京户部侍郎汪珊。

明嘉靖《池州府志》载:"汪珊,字德声,号秋浦。由辛未进士授监察御史,上书辟活佛不报,升任河南副使,浙江按察使,陕西左布政巡抚,湖广都御使,以言事落职。起平贵州凯口贼有功,食二品禄,转南京大理寺卿,户部侍郎。卒于京。无遗赀,平生清奇仁厚。贵而能降,饮其和者,无亲疏,无小大,咸快其睹,时有坐秋浦清风之誉。"从这段文字中可分析出以下几个信息:其一,汪珊是贵池人;其二,其科考考中了进士,但不是状元;其三,因上书直谏受到过褒奖；其四，所任职务涉及过军事，且最后的官职是户部侍郎；其五，逝世于南京；其六，为官一世清贫且能上能下；其七，一辈子为人谦卑并广受敬重。

由上述史料可以看出，明朝的池州籍官员汪珊是一位勇于直谏、广受好评的国之干臣。可这样一位好官为何被一些人用一则指桑骂槐的传说给亵渎了呢？有人认为，这与佛教的因果报应是有关系的。从上述《池州府志》引用语中，我们可以读到：汪珊曾"上书辟活佛不报"，随即又"升任河南副使"一段文字。文中的"辟"是驳斥的意思。"不报"是不予批评、不打击报复的意思。可见，汪珊曾经上书嘉靖皇帝，驳斥过"活佛"。他的行为不但没受到皇帝的斥责，还受到了皇帝的嘉奖。可见，当时盛行的"活佛"之说，在朝廷和民间都是有争议的。

明朝的开国皇帝朱元璋原本就是僧人出身，其后的历代子孙一概崇尚佛教。而"活佛"之说恰是在嘉靖前一代的正德年间才刚刚被提出。在当时的广大佛教信众中，"活佛"应该是神圣不可侵犯的。即便是今天，这两个汉字还被许多人误解为"活着的佛"。其实"活佛"是藏传佛教对修行人的尊称，相当于我们汉地佛教的"大和尚"。明朝人发明"活佛"二字以称呼藏地一些讲修为的大喇嘛是不精准的，且容易引起误解。可就是在这样一个极度推崇佛教，对部分僧人以"活佛"相待，甚至波及汉地佛教的时代背景下，汪珊竟然"上书辟活佛"，这是需要极大胆识的，更需要有足够的理由。而他家乡九华山的地藏菩萨又恰恰是一位由肉骨凡胎的新罗国僧人金地藏修成菩萨的。当时可能就有人称金地藏为"活菩萨"甚至"活佛"。九华山一带的乡民时至今日，还在称山上的"地藏菩萨"为"九华老爷"，这明显是在强调金地藏的凡人身份。可能是汪珊诟病"活佛"之说使九华教界不悦，或者一些牵强的因缘，才导致汪珊逝世后，被卷入了这样一个荒唐的传说中。所以说，九华山一带关于"状元坟"的传说是一则既荒诞而又并非空穴来风的故事。

九华山下，五溪桥头的汪珊墓至今尚在，历四百余年而未湮。墓园坐落于望华禅寺右后侧的"仙人座"地势中，明堂紧凑，负阴抱阳，风水地理极佳。因为是皇帝谕葬，所以建墓规制极高。墓园入口处是一座10多米高的石牌坊，牌坊匾额上书"青云接武"四个遒劲的大字（因为汪珊在朝时立有军功）。从牌坊至墓碑间有一条笔直的甬道，长70多米，甬道入口处两侧设有望柱，其后依序有石狮、立马、卧羊、翁仲、赑屃各一对。甬道尽头是宽约2米的拜台，拜台前为墓碑，碑上题有"明正德辛未科进士户部侍郎汪公德声之墓"十几个大字，墓碑的后面便是圆形的墓冢，高约1.5米，直径约2米。墓冢紧依山坡，整座墓园构筑精巧大气，庄严肃穆。

九华山的"七月三十日"庙会

在佛教徒心目中，每年阴历七月的最后一天是南无大愿地藏王菩萨的诞辰，同时也是其"冥诞"。为了这一天，大多佛教徒会提前斋戒。他们会因条件而异，或远赴安徽九华山地藏菩萨道场，或就近在佛寺中为地藏菩萨庆生，同时也为其"入寂"而祭祀。在汉文化圈内，专为纪念地藏菩萨而举行的活动中，九华山的"地藏庙会"应该是最隆重的。因为这个庙会的正期绝大多数都是在农历七月卅日（偶逢小月则在七月二十九日），所以，地藏庙会被俗称为"七月三十日庙会"。因为是地藏菩萨道场，所以九华山的"七月三十日"是一年中最盛大的节日。围绕着"七月三十日地藏庙会"，几百年来，在九华山中逐渐形成了一些特有的"庙会"文化现象。九华山庙会于20世纪60年代曾中断过10多年。

纵观人类文明，不问族类，无论宗教，均注重基于圣贤哲人生辰的祭祀和纪念活动，并以此表达对这些圣贤的追思和对他们精神的赞叹。对于历史久远，无从考证其生辰的古圣先贤们，人们通常会以约定俗成的方式来确定其诞辰，以便定期公祭，永志不忘。亦如华夏黄帝之"三月三"，耶诞之公历12月25日，佛诞之阴历四月初八日。中国安徽九华山的南无大愿地藏王菩萨修成之前，原本是新罗国的一位王子，出家后法名"地藏"。其具体身世及生辰实难精确考证。金地藏修成正果，示现菩萨之后，便以佛经中的"南无大愿地藏王菩萨"的因缘，受到汉地佛教徒们的顶礼膜拜，并与山西五台山的文殊师利菩萨、四川峨眉山的普贤菩萨和浙江普陀山的观世音菩萨并称为"四大名山"的"四大菩萨"。至于金地藏的生辰问题，史书无从考证，历代《九华山志》的编纂者及相关文人们对此均持一仍旧贯的态度。直到明末清初，此事才引起重视。其滥觞当源自明末清初佛门"四大高僧"之一的蕅益智旭大师。

蕅益大师，江苏木渎人，俗姓钟。生于明万历二十七年（1599），于清顺治十二年（1655）入寂，历明清两朝。据《蕅益大师全集》记述，大师20岁时丧父。在僧人们为其父超度之际，大师"闻《地藏经》，发出世心"，"故其一生尽力弘扬赞叹地藏菩萨"。此后，大师23岁时，因"决意出家，体究大事"，而于阴历七月三十日以大朗优婆塞的名义写了一篇《四十八愿愿文》。1644年，大师46岁那年，正值明清换代、"国步艰难"之际，他在浙江嘉兴撰出了著名的《七月三十日愿文》。大师一生中好几个关键节点都发生在"七月三十日"。

蕅益大师的终生成就与九华山地藏菩萨是分不开的。大师在其一世的梵行中，一直注重弘扬"地藏法门"。大师通过一系列论著和宣讲，全力完善了"地藏信仰"体系，从而在海内外信众心目中正式确立了九华山的菩萨道场地位，也从教理教义和礼拜形式上完善了对于地藏菩萨的信仰体系。由此，我们不难注意到，"七月三十日"这个日期对于九华山，对于地藏菩萨，对于蕅益大师自己，都是个特殊的日子。此后，人们对这个日子的重视，应该就是从蕅益大师所处的明末清初开始的，然后由佛教徒们慢慢约定，最终俗成"七月三十日地藏诞"这个特别的佛教节日。于是，"九华山七月三十日庙会"也便应运而生了。

庙会，又称"庙市"或"节场"，是中国民间宗教及岁时的风俗，也是传统集市贸易的一种形式。"会期"由当地的宗教或岁时节日决定。九华山庙会的形式是依据地藏菩萨诞辰的农历"七月三十日"而约定俗成的。

人们确定地藏菩萨诞辰和示寂日之后，围绕这个节日的各种庙会节庆活动自然也就纷纷呈现了出来。由于重视儒家文化的中国文人们鄙视商业，抑或夹杂着扬儒抑释的情绪，因此一直以来在九华山的相关文献中，前人对"九华山庙会"的记述少之又少。

九华山庙会因为宗教上的神圣、民俗上的隆重而一直备受当地僧俗两界重视。从每年的阴历七月初开始，九华山上下的各界人士便忙碌起来。九华街也于七月初便开始热闹起来。其间，九华山周边的乡民们会自发地前来为庙会舞龙灯、耍狮子、演杂技，各类社戏不一而足。据九华山中的百岁老人们回忆，民国初期每年的"七月三十日"庙会极为热闹，赶庙会、朝月身殿、绕地藏塔并为菩萨通宵守塔的人群无比拥挤，人们无法低头看路，只能挤在人群中用脚在地上"摸"着前行。庙会期间，有组织地前来九华山的"百字会"在到达九华山下之后，大多住在山下的老田吴家村中的许多客栈里，到"七月三十日"的凌晨，他们会集中上山礼拜。在途经山脚下的灯花垅村时，他们会从当地人手中买下标有自家姓氏的一种花灯笼，借着灯光，沿着石板古道一路登上山去。九华山下灯花垅村的花灯笼自古闻名。九华山上"七月三十日"凌晨的一路"灯龙"和神光岭上的"亮灯"习俗是九华山庙会的一大景致。

"百字会"成员们呼天抢地地高声持诵着"南无大愿地藏王菩萨"的名号，纷纷涌向月身宝殿。其间，经声佛号和着各寺院内法会上激昂的"唱赞"声，此起彼伏，日夜不休。月身塔周围"守塔"的信众们更是风雨无阻地在塔周围或席地而坐，或就地而卧，他们低沉婉约的诵经礼拜之声昼夜不停。其中大部分信徒是来地藏菩萨道场忏悔自己往日作下的业障，并祈求家中老人福寿康宁的孝子贤孙们。

九华山"七月三十日庙会"期间，附近的山民，甚至外省外县的商人也会前来"赶集"。其间的庙市无比繁华，贸易的货物也无奇不有，各大寺院中的各类佛事活动也大多集中安排在庙会期间。庙会期间的佛事活动无非超荐亡灵或消灾延寿之类。据山中的百岁老人回忆，20世纪30年代九华街上的九莲庵法会一度最受游人关注。寺中的能仁、妙祥、法新三位法师在法会上能将手中的一对铜钹旋转起来抛向空中几米高，当其落下时又稳稳地接在手中。他们"耍"得十分娴熟，每每引起观众热烈的掌声，把法会气氛屡屡推向高潮。每年九华山庙会期间必演的大会戏也十分令人向往。会戏主要内容是弘扬地藏精神的《目连戏》和祈求风调雨顺、国泰民安的傩戏。这种演员戴面具的傩戏年年都会在九华山庙会上演出。以前的九华山庙会还偶有一项特别的民间活动叫作"阴骘大会"。这是一种不记功德芳名，为集"阴德"而举行的"大会"。表现形式非常庞杂，匠人们将《地藏经》中记述的和民间传说中的各位鬼王用纸篾扎成纸俑，并在化城寺前广场或"阴骘堂"中陈列，以供信徒们祭祀。因为这项活动耗资较大，所以一般每隔十年才举行一次。所需资金则由乡民们自发成立的"阴骘公会"负责募集。20世纪80年代末，九华山上曾举行过一次。

因为九华山是佛家弘扬孝道的基地，地藏文化主要是基于孝道之上的，所以前来九华山赶庙会的人群中，孝子贤孙居多。他们中间甚至有人不惜伤害自己身体，以向菩萨忏悔业障，为家中父母老人祈求福寿。有些"穿腮"孝子们，用一根直径如小绿豆般粗细的银针，从自己的右脸腮刺透过左腮，以阻止自己因咀嚼而享受美食，仅以流质食物维持生命，并以此饥寒来表达与亡人同受饿苦的心情。几日后，在九华进香功德圆满后，他们才请寺中的法师们边诵经边拔出银针。伤口处只涂撒些香灰消毒而已。"穿腮孝子"们此种愚孝之举到中华人民共和国成立后很快便被人们摒弃。

近几百年来，一年一度的"九华山庙会"能为九华山各大寺院带来一定的香火收入。据山中老一代僧尼回忆，旧时九华山各寺院的全年收入主要由"庙会"收入，平常初一、十五及佛教其他节日的收入和大功德主的捐赠这三部分构成。九华山庙会期间，除了寺院收入丰硕，当地的山民和商人摊贩们自然也不会放过其中的商机。民间为庙会提供的当地风味小吃最受欢迎。"赶庙会"的商品则主要以佛教用品和游客纪念品为主，而对于地方经济贡献最大的当属客栈餐饮行业。

九华山庙会于 20 世纪前半叶一度中断。1983 年，九华山当时隶属的上级部门十分关心刚刚开放的九华山，并从相关部门派来一干专人前来协助九华山佛教协会恢复了"九华山庙会"。这次庙会投入之大，环境布置之精美，内容安排之丰富和集会游客之多，均令人十分难忘。此为改革开放之后的第一届庙会。时至今日，九华山庙会在宗教界和社会各界人士的共同努力下，已经举办了 39 届。每届庙会都能吸引数以万计的游人。几十年来，九华山庙会为地藏菩萨孝道文化的弘扬，为佛教与当地文化的融合发挥了重要作用，促进了景区的发展。

九华山七月三十日的"洗塔雨"

每年农历的七月三十日，相传是地藏菩萨的生日和卒日。为了隆重纪念"地藏诞"，来自世界各地的佛教徒们都会提前聚集到九华山神光岭上的"地藏塔"下，为地藏菩萨守塔。据史料记载，唐朝时期，我们邻国新罗国的王子金地藏比丘于年轻时就来大唐出家求法，于99岁时在九华山中圆寂，并示现了金刚不坏之躯。此后，他的弟子们将其"月身"，就殓葬在这座塔中。后人确信这位金地藏比丘就是佛经中地藏菩萨的转世，而他修行的九华山就是地藏菩萨道场。到明末清初，人们还确定农历七月的最后一天是他的生日和卒日，并约定俗成"庙会"以纪念和祭祀之。古代诗人唐一夔在赞叹金地藏时说："渡海离乡国，辞荣就苦空。结茅双树底，成塔万华中。"由此可见，在佛教徒的心目中，这座万花中的"塔"就是地藏菩萨之所在，而且每年"七月三十日"来九华山为地藏菩萨守塔有无量功德。信徒们专门为地藏菩萨"庆生"而聚会一处的期会被称为"九华山庙会"，每年会期长短不同，但"七月三十日"是当然的庙会"正期"。每年的这一天，九华山神光岭一带通常会下一场神奇的小阵雨。这场时间极短的阵雨被佛教信众和当地的人们神圣地称作"洗塔雨"，取为地藏塔"洗尘"之意。

自清初蕅益大师系统地完善了地藏信仰以后，人们一直将农历"七月三十日"认定为"地藏诞"。从每年的农历七月下旬开始，数以千计的善男信女便开始聚集在月身塔下，为地藏菩萨"守塔"，而每到"七月三十日"庙会正期的这一天，正当人们在地藏塔前进香诵经，膜拜守塔之际，月身塔所在的九华山神光岭一带总会突然降下一场小范围的阵雨。伴着这场极讲信用的时雨，守塔的人们便开始欢呼："洗塔喽！洗塔喽！"他们不但不埋怨这场雨，反而个个喜笑颜开。他们认为这是天龙八部一年一度地前来为地藏塔"洗尘"

的。这场阵雨的大小随年景的不同而不同，降水量一般不大，降水时间也不会长，一般只在几分钟或半小时之内。这场如年有信的"洗塔雨"其神圣和奇特之处一直被游客们代代传颂。

九华山神光岭一带每年七月三十日降雨的几率极高。汉地佛教中注重地藏信仰的信徒们极其崇尚九华山神光岭上的这场"洗塔雨"，是因为这场阵雨每年来得极为准时，大多在阴历七月三十日中午前后，或傍晚。笔者于1980年被分配来九华山工作，至今四十多年，在我记忆中，我所经历的四十多个"七月三十日"庙会中，没下雨的庙会只有三四次，而大雨滂沱，影响庙会进行的只有一两次。九华山"洗塔雨"何以如此神圣，这是九华山中的一种小气候现象。

每年阴历的七月底八月初，正值"处暑"与"白露"节令的交接期。这期间，北方高压带来的冷空气势力逐渐增强并南下，其前锋开始影响九华山所处的长江中下游一带的空气温度。而神光岭又恰恰处在九华山的最西北侧，秋季从长江北岸吹过来的西北风首当其冲。这期间九华山的花岗岩地貌山体经过一个夏天的暴晒，山体敛蓄了大量的热能，加之九华山良好的植被，使得入秋后的九华山中空气依然湿热，特别是七月三十日这一天的中午前后，湿热的空气径直往上蒸腾，又加上神光岭上数千人聚集的"人气"和大量夹杂着烟尘微粒的灼热香烟，这三小股热气同时上升到相应的高度，一旦遇到高空中从北方送来的冷空气，二者立马生成"锋面"，从而降下这场小范围且不伴雷声的小阵雨。依笔者的浅见，这应该就是九华山月身宝塔"洗塔雨"的成因，与今天气象工作者施行人工降雨时在烟炉中点燃烟饼的原理并无二致。

地藏殿中的真身和尚慈明法师

20世纪80年代初，古老的九华街上经常能见到一位手持方便铲、头戴济公帽、体态瘦弱、行动迟缓的老年僧人。当时九华街上的乡邻们对这位老僧并不很熟悉，只知道他是东崖钟楼里敲钟的"八百斤"和尚，因为他是新近才来九华山驻锡的。

"八百斤"和尚，法名慈明（1904—1990），俗名陈万超。陈万超于1904年出生在江苏高邮县，9岁时在家乡的菩提庵礼了庆法师出家，得法名慈明。1934年慈明沙弥在南京宝华山隆昌寺受具足戒，得法名"道参"。1937年，慈明法师投扬州高旻寺来果老和尚座下参学，直到中华人民共和国成立。在中华人民共和国成立后的数十年间，慈明法师潜心参禅，戒行过人。在20世纪50年代的全国性兴修水利运动中，慈明和尚积极投身于运土筑堤工地。由于当时身材魁梧，力量超群，在与人打赌时，慈明和尚居然一次性挑起一担八百斤重的泥土。慈明和尚的壮举得到了工地领导的关注，并在后来获得了嘉奖。奖品是一面绣有"八百斤"三个字的锦旗和一条桑树扁担。此后，慈明和尚一直将这条扁担带在身边，带上了九华山。

20世纪60年代初，慈明法师从扬州溯江而上，云游到了安徽省铜陵县大通镇外长江中间的和悦洲上，并在洲上小小的永平庵里住了下来。由于和悦洲是发源九华山的青通河在入江口处冲积而成的一座小岛，岛上没有农田，只有菜地，岛民世代以种菜、打鱼和经商为生。慈明法师常住和悦洲期间被编入当地的生产队种菜。农闲时，身为菜农的慈明和尚便扛起一条长板凳，赶往洲对岸的大通镇上吆喝着："磨剪子，铲菜刀啊！"就这样，慈明和尚成了当地家喻户晓的磨刀人"八百斤"和尚。

慈明法师是20世纪80年代初离开和悦洲来到九华山的。当时国家新的宗教政策正在逐步落实，近在咫尺的九华山原本就是他离开扬州时心中理想的归宿。于是，1981年的某一天，慈明法师找到了笔者的一位长辈亲戚——张祥林先生，并向他提出了去往九华山常住的想法。时任大通公社书记的张祥林熟悉慈明法师在当地的情况，随即为慈明法师出具了一张证明其身份清白、劳动积极的"证明信"。凭着这张证明信，慈明法师成功地加入了九华山僧团，并被安排在东崖之上的钟楼为众生敲钟。

高高的东崖钟楼是在九华街上即可远眺的一处优美的六角形重檐建筑小品，翼然矗立于东崖云舫之畔。其楼与钟均为清同治年间的古文物。慈明法师入住以后，曾经修缮过一次钟楼。为了呼应敲钟人著名的"百八斤"雅号，钟楼大门上的对联被撰为"八百杵钟声撞醒痴梦，五千言慧典参破禅机"。九华山钟楼的选址是清朝和尚们智慧的体现。为了向前后山各寺院庵堂标准授时，钟楼建在了能够"一呼百应"的东崖之巅，即所谓"清钟一杵万山鸣"的特殊位置上。

东崖钟亭

慈明法师在钟楼敲钟期间，笔者在九华山学校任教。因为频繁地受当地外事部门之邀，为来山的外宾提供导游讲解服务，所以常有机会接触慈明法师，以至与其成为朋友。记得有一次和尚与笔者玩笑，趁笔者正在十分投入地为客人们讲解之际，和尚以一只手蒙住笔者的双眼，以另一只手往笔者口中塞了一颗糖果，并问："好吃不？"待笔者嚼开糖果之后，才知道是一颗酒心巧克力。和尚说："我们和尚不可以吃带酒的东西噢！我特意留给你来吃的！"客人们见和尚与俗人逗趣，当即开怀大笑。

慈明和尚天性乐观，但物质生活非常简单，每日坚持日中一餐，有时吃的是上山的乡亲们带给他的干锅巴，有时他自己用一只搪瓷缸装上少许的米和水，在信众们进香之后，香炉中留下的火烬中煮饭，因为他的钟楼内没有炊事设备，连烧开水也只能在楼外廊下进行。当路过的熟人问和尚"饭否"，和尚有时会答："今天游客少，火小，饭还没煮熟！"问话人通常哑然一笑。若遇冬雪封山，和尚生活之艰难，可想而知。

慈明法师因为年事已高，于 1986 年移住山下上禅堂寺前的"正天门"门楼内，并于 1990 年 11 月 26 日在此示寂。示寂前慈明法师用一片瓦砾在正天门内墙上写下了"忘我戒生灵，是如不变迁。真持亦放下，谁住叹空也"，然后便端坐禅床，含笑西归。当其弟子及月身宝殿住持圣富法师等一行人前来为其装缸时，发现和尚一无所有，唯墙上的"四句偈"和枕下的两元钱。和尚一生的敲钟收入全部按月及时上交给了九华山佛教协会。慈明法师僧腊七十七载，寿腊八十六岁。慈明和尚入缸后，弟子们在缸外砖砌了一座简单的小塔，并将

月身宝殿正天门

其暂厝在九华山正天门后侧的山坡上。1995年阴历四月初八浴佛节当日，弟子们准备为其移缸安葬。启视之际，众人发现老和尚在缸中毫发无损，且异香扑鼻，众皆大喜，遂将慈明老和尚移供在月身宝殿北坡下的地藏殿中。此后，月身宝殿住持圣富法师专门为其建造了一座雕刻精美的重檐六角龛亭，以再现老和尚当年在钟楼敲钟的情景。慈明法师圆寂后的座缸现珍藏在月身宝殿南坡下的灵官殿中。

20多年来，神光岭北坡下的新地藏殿中供奉的慈明法师金刚不坏身，以其独特的善巧之法向无数的善男信女们开示着无常和无相的根本道理，并当愿众生，体解大道，发无上心。

月身宝殿对面南台上的小天台寺和汪家寨

小天台寺在月身宝殿南面的南台之上，明朝崇祯年间，这里便建有南台庵，且庵后有"石浮图"。此后经清朝，这里的庵堂屡兴屡废，还曾经改称"明心寺"。据史料记载，九华山华严大学毕业生、月霞法师徒弟、时任安庆市佛教协会会长的心坚和尚，于民国八年（1919）主持了小天台寺的恢复重建工作。募化重建的化主是妙量师尼。

小天台寺自1919年建成以来，历任住持僧尼均为寺院做过贡献。20世纪80年代后期，九华山佛教协会曾将这里辟为尼众养老院，一度住过明光、涤胜和全椒县来的费师姐等六位比丘尼，但终因各自生活习惯不同而解散。此后，佛教协会委任涤胜尼师主持小天台寺务。1993年，涤胜法师被调任天池庵后，小天台寺便开始由意彻法师主持。

意彻法师系前九华山佛教协会会长仁德老和尚弟子，系禅门临济正宗第四十六代传人。意彻法师住持小天台以后，寺内古迹文物基本保持原样。今天的游人们依然能领略到小天台寺的本来面目。

20 世纪 80 年代初，国家改革开放不久，宗教政策亦在落实之际，加之当时九华山上景点开发开放得不多，来九华山的游客们，在参访过月身宝殿后，大部分会沿着神光岭头的山间小路前往小天台。人们关注小天台的原因有二：一是，小天台寺内有一尊高 67 厘米、宽 50 厘米的释迦牟尼玉佛像。以一块整玉雕成的如此高大庄严的玉佛像，在当时的中国并不多见。二是，小天台大殿内能看到《十殿阎王挂图》。这组十帧的《十殿阎王挂图》原本是僧人们做焰口佛事时才挂上来的，但在 20 世纪，月身宝殿前的"转轮宝殿"尚未恢复之前，能在九华山小天台看到这些关于地狱的画像是十分难得的。

小天台旁的汪家寨

僧俗共处，是佛教名山九华山的一大特色。在九华山小天台寺北侧紧挨着小天台的便是一处山民的村落，村名汪家寨。汪家寨原名"望家台"。后因村民皆汪姓，遂改称"汪家寨"。据寨中老人讲述，明末清初改朝换代之际，汪家先人为避战乱从徽州迁来九华山下定居。定居点原本在九华西坡松树庵下的长垅湾村。因为祖先开辟的山场田地在九华山平田岗上，村民们便常年在山上劳作。从平田岗到松树庵下长垅湾，山路迂回六七里，汪家人日日往返其间，耗时太多，且常常贻误农事，于是，不少人开始在平田岗上搭建临时住所，农忙时住山上，农闲时则下山回家。农忙季节，每到日暮人倦之际，汪家的农人们便站在平田岗上眺望长垅湾家中的缕缕炊烟。如此，人们便把这处平台称为"望家台"。到后来，随着汪家在九华山上的基业越开越大，人丁也越来越旺，汪家人便开始在"望家台"上夯基垒台，立柱架梁，建成了一处新的村落。因为村民同为汪氏子孙，大家便顺着"望家台"的称谓，谐音叫出了"汪家寨"这一响亮的村名。

汪家寨人自古勤劳智慧，和睦乡里。他们常年与僧尼为邻，且无比恭敬僧人。为防山贼，汪家人世代练武习艺。汪家祖传有两套拿手绝活：一是，采药熬膏，治病救人；二是，"齐眉棍"术，护身防盗。据汪家老人们口传，清咸丰年间，太平军袭扰九华，焚烧佛寺，但对于汪家寨，他们却束手无策，因为当时的汪家人中有 36 位壮汉，舞得三十六条齐眉棍，使得他们不敢进汪家寨半步。汪家寨人祖祖辈辈重视草药采集和膏汤炮制。汪教本及其长子汪国胜为中国的中医药事业做过贡献。21 世纪初，非典疫情来袭时，汪教本老人就曾与笔者商量过上山采药、抗击"非典"的事。因为，他幼时背诵过治疗肺病的汤头歌中有一句"有人识得石打穿"。他口中的"石打穿"，具体是哪种草药，长的什么模样，汪老并没示笔者以实物。据他回忆，这种草药的叶脉像动物肺叶上的纹理。综上可见，汪家寨人一直以来都是九华山居民中智慧的一族。

百岁宫

　　百岁宫是九华山中四处"全国重点文物保护单位"之一,是九华山佛教历史上的"七大丛林"之一。百岁宫在全国汉地佛教寺院中久负盛名,在其近四百年的历史中,虽历经风雨,却始终屹立,并以其得天独厚的地理位置和独具禀赋的文化元素,为"地藏信仰"体系的形成和佛教中国化的进程作出

百岁宫全貌

了独特贡献。

百岁宫位于九华街东北的摩空岭上。摩空岭头最早出现的建筑叫"摩空亭",后来又叫过"摘星亭",还叫过"摘星庵"。最后出现的便是今天的万年禅寺百岁宫。在九华街附近难得的几处可以远眺"万里长江如练"的观景点中,摩空岭独占鳌头。因此,早在百岁宫还没出现之前的明万历七年(1579),当时的青阳知县苏万民便在此建有"摩空亭",以供游人驻足远眺,极目大江。至于"摘星庵",清朝邑人陈蔚所注《九华纪胜》称其与摩空亭同为苏知县于同一年建成。经查阅万历《九华山志》,当初苏知县只建亭,未建庵,建的只是"摩空亭"而已。根据百岁宫现存的《万年禅林历代源流碑记序》,我们可以清楚地看到,后出现的"摘星庵"是九华山百岁宫的开山老祖无瑕和尚"初住东崖摘星亭"时亲自"诛茅结庵"而成的。碑文是这样记述的:"开山老祖,明万历初住东崖摘星亭,见狮子山左右有龟蛇拱护之状,遂卓锡焉,乃诛茅结庵,奉佛修持,苦行百有二年。"这里的"庵"才是最初的"摘星庵"。百岁宫现存的几通碑文对无瑕老和尚行状的记述,在时间上是有出入的。

百岁宫的开山祖师无瑕禅师

关于百岁宫开山祖师无瑕和尚,现存最早也最可靠的记录应该是其八世徒孙海楞和尚于清道光十九年(1839)敬立在该寺中的《万年禅林历代源流碑记序》(以下简称《碑记序》)。这里的"万年禅林"便是今天的万年禅寺百岁宫。《碑记序》说:"公籍顺天府宛平县,来时廿四岁,由五台山祝发,法名海玉,字无瑕,生于正德八年癸酉,卒于天启三年癸亥。"这段文字明白地告诉后人,无瑕和尚于1513年出生在现在的北京市宛平县,于嘉靖十六年(1537)从山西五台山来到安徽九华山,于1623年圆寂于九华山摩空岭上的摘星庵，寿腊一百一十岁，僧腊八十六载。根据汉地的一些地方民俗，百岁以上老人满一百岁之后的寿辰每一年按两年计算，再加上老人一辈子历经的所有闰月，每十二个闰月折算为一岁。于是，九华山百岁宫无瑕和尚的寿岁便一直被后人传说为一百二十六岁，其在九华山修行的实际时长应该是86年。如果再加上增来的16年，前段文字所说"苦行百有二年"也是说得过去的。现存百岁宫中立于光绪七年（1881）的另一块碑的碑文中就直接将"百岁老祖"无瑕老和尚的世寿记为"至圆寂时百二十六岁"。

据上述《碑记序》载，无瑕老和尚坐化前留有示寂偈一首，曰："老叟形骸百有余，幻身枯瘦法身肥。岸头迹失魔边事，洞口言来格外机。天上星辰高可摘，世间人境远相离。客来问我归何处，腊尽春回又见梅。"这里的"星辰高可摘"告诉我们，他当时的修行场所便是摘星亭，后来和尚自己"诛茅为庵"才有的摘星庵。偈中的"洞口"显然是在告诉后人，他是常年在山洞中禅坐的。偈中的"老叟形骸百有余"则是对他自己百岁寿辰的最好诠释。偈中的"幻身"在佛教里指的是人的肉体，"法身"是指证得清净自性、不生不灭的自性身。在这里，老人家是在告诉后人，别看他身体这么瘦弱，但他修得的成果是丰硕的。

《碑记序》还载有无瑕老和尚入寂后，其"形骸"的收殓和对其身份的确认等几个重要环节。碑文记述老和尚入寂之际，曾"命徒慧广和尚将缸藏身"。还记有慧广等僧众"后见缸中屡放霞光。值钦差王大人来山进香，夜见霞光，因启视之，结跏趺坐，面色如生，于是，装金龛供，奉闻于朝，以崇祯三年，敕封应身菩萨，御赐额曰：'莲花宝藏'"。这几句碑文向人们传达了四个方面的信息：一是无瑕老和尚入寂后，是他徒弟慧广和尚为其装缸的，而不是后人传说的"肉身端坐洞中"；二是因为和尚所坐的缸中屡放霞光，才引来了替皇家前来九华山进香的钦差王大人；三是钦差王大人开缸发现无瑕老和尚金刚不坏之身后，为其装金供奉并上报朝廷；四是朝廷知悉后，于崇祯三年（1630）敕封，即由皇帝出面确认了无瑕老和尚为九华山地藏菩萨转世的"应身菩萨"，并御赐摘星庵为"莲花宝藏"。以上既是关于无瑕老和尚的行状，也是关于摘星庵过渡到百岁庵，再到百岁宫的演变过程。当年崇祯皇帝御笔敕封的"应身菩萨"横匾至今依然高悬在肉身菩萨龛室的正上方，匾上皇帝的玉玺"御笔之宝"如日中天地钤在横幅正中的最高处。关于"钦差王大人"来九华山进香一事，笔者在峨眉山洗象池的一通碑文中得到过印证。明朝后期确有过皇家派钦差赴佛教名山进香的记录。

无瑕老和尚在九华山摩空岭上自建的摘星庵中苦修百年。据传，他常以舌血和以金粉朱砂作墨，抄写完成了一整部《大方广佛华严经》，数十万字中无一错漏之处，可见其虔诚至极。老和尚了却世缘之后，本该掌心向上结跏趺坐示寂，但我们今天看到的老和尚肉身却以两臂抬起、掌心悬空向下的手印示寂。围绕无瑕老和尚这一殊胜手印，古往今来，传说纷纭。传之最广者当为"救火"之说。据老一辈僧人们口传，清代某年，寺遭火灾，几位僧人欲救和尚肉身出火，但平常可以轻而易举的肉身，当时却重如泰山，撼动不得。此时，举寺僧众齐齐跪倒在"肉身"前，表示愿与老和尚同留寺内，共抗回禄之灾。这时，老和尚悲心大发，将本来结跏趺坐掌心向上的双手蓦然抬起，并"覆手为雨"，将大火浇灭，救下了寺院及僧众。

笔者近几十年来，常常在老和尚龛前注目凝神。可我仿佛看到的是老和尚当年入寂前后的另一番情景：老和尚将自己用一辈子心血抄写在一大摞宣纸上的八十卷《大方广佛华严经》放置在自己结跏趺坐的双腿上，然后叠掌伏在纸摞上，下颚枕在掌背上，安然入寂。后来，慧广和尚同钦差王大人发现"肉身"后，赶紧将厚厚的一沓《大方广佛华严经》恭请出缸，装裱成册，再将老和尚肉身请出座缸，装金龛供。老和尚掌下的《大方广佛华严经》被取走了，从此便留下了九华山百岁宫无瑕老和尚这一叠掌悬臂，神秘难测的护经手印。当然，笔者的此番遐想是必须成立在确有"血经"之上的。

今天，金刚不坏的无瑕老和尚之所以能够安然无损地度过20世纪60年代，依然端坐在百岁宫中接受十方信众的顶礼膜拜，要归功于当年坚守在百岁宫中的惟能、晓悟二位老和尚，是他们二位于动乱之际，将"肉身"藏入老厨房屋基下方的一处小山洞中的。由于洞内终年阴暗潮湿，加之一藏就是十年，1977年请无瑕老和尚出洞时，其法体已然受潮变形。是惟能和晓悟二位老和尚睿智地将"肉身"仰面朝天供于顶楼通风干燥的楼板上，过了一个夏天后，又施以恭谨之举，才恢复了今天百岁宫中供奉的这尊庄严的"应身菩萨"。

无瑕老和尚"应身菩萨"真身起初是装过金的。据百岁宫现存的记事碑记载，康熙五十六年（1717）百岁宫火灾后，"惟存应身菩萨，金容如故"。可能是时间久远，或那十年在潮湿洞中度过的原因，其浑身的金箔已经荡然无存。笔者40多年前见到的"应身菩萨"是一尊上过土漆、颜色黑黢黢的真身。20世纪80年代初，香港大屿山的圣一法师朝礼百岁宫时发愿要为无瑕老和尚真身装金。1984年起，无瑕老和尚再以庄严的金身接受十方朝觐。

百岁宫寺额的变更

关于百岁宫在历史上的名称演变，实际上是有案可稽的。明朝嘉靖年间，在摩空岭上摘星亭中修行的无瑕老和尚在此诛茅结庵，形成了最初的"摘星庵"。此后的清乾隆《池州府志》称此处曰"百岁庵"，再后来的嘉道年间便陆续出现了"万年禅林"和"百岁宫"的称呼。道光元年（1821）成书的《九华纪胜》依然称此处为"百岁庵"，但同时又有"俗称百岁宫"的记述。这说明"百岁宫"一直以来是民间的俗称，当时的正规称呼是"百岁庵"。稍后便有了一直沿用至今的"万年禅林"或"万年禅寺"寺额。道光十九年（1839）海楞和尚敬立的《万年禅林历代源流碑记序》便是最好的佐证。经过这一系列的寺名变更，寓意百岁老僧在"宫"中修行的"百岁宫"这个俗称，终究还是最符合广大信众游人的心愿。百岁宫老山门上的竖幅匾额，其题写内容为"钦赐百岁宫，护国万年寺"，据说为明末崇祯皇帝所题。原匾毁于清康熙年间的百岁宫火灾。今天的匾额依然竖幅，内容也未改动，是民国初期百岁宫最后一次恢复重建时，方丈大和尚月朗法师托人请时任民国大总统黎元洪所题。在九华山百岁宫将近四百年的风雨历程中，其独立的宗门文化和独特的建筑风格，均在众多汉地"佛教圣地"中尽显其特。

百岁宫的"贾菩萨宗"及其后续的传承

九华山百岁宫僧团的宗系传承十分独特。在中国禅宗的开枝散叶过程中，九华山百岁宫僧团早年继承的是曹洞宗系。到清代中叶，百岁宫僧团在曹洞门下又自成一系，并受到教内普遍认可，还被禅宗的重要典籍《禅门日诵》收录在曹洞宗派下，谓之"贾菩萨宗"。创建"贾菩萨宗"的正是上述《万年禅林历代源流碑记序》的立碑人海楞和尚。据其在碑文中的自序，海楞和尚俗姓贾，名德春，湖北郧阳人，24岁时投九华山百岁庵德念老和尚出家，法名宏楞。嘉庆十九年（1814）受具并得法于德念祖师。得法归宗后的宏楞和尚法名改为海楞，并成为百岁宫慧广老和尚"立方丈"后的第八代传人。由海楞溯至慧广，其间的六代方丈在上述碑文中均有记载，先后分别是三乘、元照、本学、道高以及后续的圆昶和德念等六代祖师。

《禅门日诵》之所以将海楞和尚贾德春在九华山百岁宫创立的"贾菩萨宗"收在曹洞宗下，并单列一支，是有法理因缘的。但"贾菩萨宗"的创始人海楞和尚贾德春自己在上述碑记序中只字未提"曹洞"二字。笔者认为,这个中消息,要从九华山百岁宫僧团最早崇尚的修行法门开始探索。在百岁宫开山老祖无瑕老和尚的示寂偈中,人们似乎能读出其终身践行曹洞法理的内涵。注重"五位君臣"之说的曹洞宗,在阐释真如与实相世界的关系时,常用"偏正""回互"和"不回互"等概念来说明万物的所谓独立性和关联性,进而阐明万法与自性间的一体圆融。而无瑕老和尚偈中的"幻身、法身""天上、人间",以及最后的"腊尽春回又见梅",似是在为后人开示"回互"融合后的"一实相"。禅门洞僧无瑕老和尚的这首示寂法偈充满了曹洞法理。这应该就是当年百岁宫僧团提唱禅风,宗系曹洞而创立"贾菩萨宗"并追认无瑕老和尚为"开山老祖"的因缘,也是《禅门日诵》将贾菩萨宗载入史册的法理依据。

九华山百岁宫僧团的宗系传承本该是有序可依的,但与汉地大乘佛教易受世事左右的现象一样,九华山百岁宫曹洞门下贾菩萨宗的谱系传承也后继失序。特别是从晚清时期的住持宝身和尚到其徒孙开林和尚,再到清末民初的志海和尚和月朗和尚,虽然传承的都是曹洞宗,但未必均按贾菩萨宗谱系向下传承。其间,百岁宫走出了一位宝悟和尚,于咸丰年间任过金山寺首座。佛门中人将当时的宝悟、宝初、宝月、宝印并称为"江南四宝"。从民国到中华人民共和国成立后,百岁宫僧团的宗系传承已然无序可考。直到 20 世纪 80 年代后期,九华山佛教协会会长仁德大和尚才委派其弟子慧庆法师入住百岁宫。从此,百岁宫僧团的宗承又转为临济宗。从相关文物文献可知,禅门中的临济宗和曹洞宗在九华山中并列传承的现象延续了数百年历史。仁德大和尚是 20 世纪 80 年代中期在广东丹霞山别传寺从本焕老和尚手中接下的临济正宗第四十五代传人法卷的。仁德大和尚的弟子,九华山百岁宫现任方丈慧庆大和尚则是临济正宗第四十六代传人。

百岁宫的建筑

　　九华山百岁宫是九华山中唯一的一座由皇帝"钦赐"的寺院。明朝崇祯三年（1630）百岁宫受封之后，"应身菩萨"的弟子慧广和尚便在皇家的支持下，在无瑕祖师当年"诛茅为庵"的基础上，开始在摩空岭上大规模兴建百岁庵。从百岁庵到今天的百岁宫，一直以来，虽历经三毁四建，但其建筑风格之独特和工艺之精湛，均是皖南山区其他佛寺所不可比拟的。因为要在"宫"中供奉敕封的"应身菩萨"无瑕祖师真身，所以当年百岁宫的建设工程是在皇家的过问下展开的，派来的工匠也代表着当时的最高建筑水准。因为要在无瑕禅师当初修行的摩空岭上就地为其建寺，所以，明末清初的大工匠们只能在嶙峋怪石间将高就低，依山就势地展开布局。地势高亢的摩空岭是九华街周遭的环形"龙脉"之首，其西北一览众山小。面对每年秋冬季的西北季风，摩空岭首当其冲。鉴于如此复杂的自然条件，当年的工匠们不得不煞费苦心，睿智地将百岁宫设计为一座既能抗风抗震，又能防火防盗的城堡式一体建筑。这座城堡式建筑以三架人字拱顶将"堡"内分成三大进，三大进建筑外观等高，内空却因山岩凸凹而高矮不同。百岁宫近百间殿堂僧舍就分别布置在这三大进主体建筑和前门左右两侧的两落厢屋中。于山下仰观百岁宫，巍然一座天上琼阁；从高处鸟瞰百岁宫，昂然一尊振臂"巨人"，其堡体为"身"，两厢似"臂"。

　　百岁宫的建筑在历史上曾经三毁四建。最初由首任方丈慧广和尚于明朝崇祯三年（1630）开始陆续建成的百岁庵存在了 87 年，于清朝康熙五十六年（1717）毁于火灾，"惟存应身菩萨，金容如故"。这是成规模后的百岁庵遭受的第一次灾难。康熙六十年（1721），百岁庵由时任方丈三乘和尚恢复重建。这次重建的成果存在了 142 年。同治二年（1863），当时俗称"百岁宫"的百岁庵遭遇了第二次灾难。咸同兵灾之后，百岁宫又于同治六年（1867）至光绪二年（1876）间，再由时任方丈宝身和尚恢复重建，这次建成的百岁宫只存在了 34 年。宣统二年（1910），百岁宫又由于"寺运不振，诸职失察"而再次毁于火灾。这是百岁宫遭遇的第三次灾难。

今天的百岁宫"城堡"是清末民初的两任方丈，常修和尚与月朗和尚完全按原来布局和风格为我们留下的宝贵文物，距今百余年历史。百岁宫建筑呈南北向，由前中后三进组成，每进屋面采用的均是规格最高的五脊四披水的庑殿顶设计。在大门前乍看，百岁宫貌不惊人，仅两层平房，寺门仅容两人并行，并无"三门"。而在内空最高的第三进中，人们会发现百岁宫实际为五层，高 20 余米，需在寺外远眺方可领略其巍峨险峻。百岁宫寺基为船形，堡式主体前后长 42.7 米，中间最宽处 18.78 米，前檐宽 17.3 米，后檐最窄处仅 10.9 米。百岁宫大门前东西两侧均建有厢屋。东厢分两栋，总长 16 米，前栋宽 4.5 米，后栋宽 4.9 米。西厢总长 21.6 米，前一栋宽 8 米，后一栋宽 7 米。在百岁宫大殿前东西厢房与大殿的衔接处，当年的工匠们独到地将东厢的屋顶建得高于大殿前檐，西厢屋顶低于大殿前檐，从而成功地从视觉上满足了建筑风水里"青龙昂首，白虎低头"的要求。百岁宫主体建筑面积 2173.2 平方米，约合 3.26 亩。加上厢房，总建筑面积 2987 平方米。

依山就势，高耸入云的百岁宫，其内部的殿舍分布前高后低，逐级下降，虽一反常理，却合情合理。前门与后门间高差达 7 米之多。如此现象是百岁宫的一大奇妙所在。

百岁宫是一座典型的江南气候适应型建筑，"城堡"外观兼有"粉墙黛瓦小方窗"的徽派建筑风格。百岁宫的屋面也一反普通佛寺飞檐翘角和重檐歇山顶的宫殿建筑风格，采用的是防风防雨的直线条脊檐。同时，为防止山林火灾殃及寺院，百岁宫建筑的外表全部以砖石砌成，见不到任何木质构件。

门楣上的少许木饰件也只是外挂在墙上，与寺内的主体架构毫无联系。

当年的建筑师们对百岁宫"城堡"内三大进空间的配置利用是极为用心的。三大进的内部空间通过左、中、右三条梯道贯通，使寺内各部分之间通达无碍，而且佛事区与生活区是严格分开的。位于最南端的第一进，因为地势最高，且无隔层，而愈显宽敞高朗。于是这第一进便被设计为大殿，成为百岁宫寺院的核心部位。限于岩基的不平，跨过大门槛后，人们需要连下五个石阶才能进入大殿。百岁宫中间一进总共三层，其间有祖师殿、念佛堂、僧寮和藏经楼等。"堡"中的最后一进通高五层，上面两层是法堂与方丈寮，下面三层未隔，愈显宽敞明亮。这里主要被安排为生活区。

朝礼百岁宫要先从远处开始领略其伟峻，再从山门进入，逐层逐级地领会各处文化元素。百岁宫的寺额原本是崇祯皇帝题写的"钦赐百岁宫，护国万年寺"，原件早年毁于火灾。民国初期恢复重建百岁宫时，住持僧常修和尚仍然请到了时任中华民国大总统的黎元洪，为新的百岁宫题写了新的寺额，其题字内容与原件相同。促成这次题字因缘的人，可能是当时的财政总长周学熙。为了保护这件珍贵文物，百岁宫现任方丈慧庆大和尚近年又将黎元洪题写的寺额原件收藏在寺中，仅以仿制件悬于大门楣上。因为百岁宫中供奉着"应身菩萨"无瑕老和尚真身，所以百岁宫大雄宝殿大门上的对联恒常写着"百炼见道果，岁久现佛身"。

当年的工匠们将百岁宫第一进中的大雄宝殿布置得十分精巧如法。限于岩基的不平，人们进门需要下行才能进入大殿。无上庄严的南无本师释迦牟尼佛的佛龛就被高高地直接架设在大殿内突兀而起的摩空岭"龙头石"的顶端。原始的"龙头石"基本未经打磨，巨岩与佛龛浑然一体。佛龛上方是一座九品至尊的九龙藻井，这在民间是极为罕见的。此番设计和装饰尽显佛祖的至圣至尊，也昭示着百岁宫是沐浴过皇恩的。佛寺中的大殿是僧信们日常举行各种佛事仪式的聚集地，为了充分利用大殿的空间，当年的工匠们将百岁宫大雄宝殿中必须供奉的十八罗汉及其龛室用"骑楼"的方式高高地悬挂在大殿两侧的墙壁上，使殿内空间的下面两米部分显得格外宽敞，非常有利于各类大型佛事活动的举行。

百岁宫中间一进分上、中、下三层，中层与大殿同层，设有祖师殿和念佛堂，无瑕老和尚金身就供在祖师殿中。紧贴着金身龛室的背后，古人架设了两段通往上下层的木楼梯。下层为僧寮，西墙上开有一道腰门，通往寺外的一处山洞。洞内面积仅3平方米左右，现代人传说这里便是当年无瑕老和尚坐禅的山洞。根据20世纪80年代初常住百岁宫的敲钟老僧悟禅法师讲述，"无瑕洞"实际上位于当初的小厨房——今天的接待室下面。上层则是相对较为神圣的藏经楼和后人为纪念王阳明来过摩空岭而设的"阳明楼"。上层的空间又分前、中、后三部分，前部最大，坐北朝南设有一座娑婆三圣佛龛，龛正中是一尊极为珍贵的玉佛。玉佛之所以能够历经20世纪的劫难而未损，应当归功于当时的寺僧晓悟法师和惟能法师成功的藏匿。上首的观音及善财、龙女则是近年补充的，原有的两尊被盗于20世纪60年代中后期。而下首的地藏大士及道明、闵公三尊贴金圣像则是历史上遗留下来的珍贵文物。三尊塑像均塑工精湛，人物神态极为生动。地藏大士居中结跏趺坐，尊边的道明和尚左手行单掌礼，右手持经卷向左前方作迎客状，而次边的闵公长老则左手托钵，右手下垂，向右前方呈侍应态。地藏三尊之间的神态呼应，充分显示了佛教慈悲救度的大乘精神。这里的三尊塑像是笔者见过的最如法的地藏三尊。佛龛两侧各排列着一组立柜，柜门上赫然标着"大乘法宝"四个贴金大字。柜内珍藏的可能是清朝"皇光绪五年（1879）江南百岁宫老僧与徒开林"从皇家内务府请来的七千余卷《大藏经》。也有可能是后来常修和尚"复请"来的那一套。可惜，这部九华山上有据可考的最完整的御赐《大藏经》，于前些年被歹人盗走两册。二进三楼的中部是阳明楼，后部为大型法会的内坛。如此设计，百岁宫第二进的这三层空间被利用到了极致。

百岁宫的最后一进则主要是僧人的生活区。这一进通高五层，上两层未隔层，是宽敞的方丈寮和西侧的僧寮。当年九华山部分寺院庆贺月朗老和尚退居的"衣钵真传"大红匾额就高挂在方丈寮中。方丈寮楼下的中间部分没做隔层，因此内部空间较大。考虑到岩体保护，古人对这里凹凸不平的地面不加修整，任其古老沧桑。这一进中，最值得关注的是各处的落地木柱。这些木柱高矮不一，每每令人称奇。殊不知，这正是当年建设者们的匠心独运之所在。正是如此取长补短，才在百岁宫室内既保持了摩空岭的原始自然风貌，又成就了寺内僧舍整齐、仓储有序的僧团生活区域。

当年百岁宫的建设者们还在三大进殿宇之间设置了两处天井。此两处天井不仅可以配合建筑外墙上的几十处小方窗，为相对密封的"堡"内采光，又可以将屋顶的雨水引入"堡"内囤积起来，以防火患。两处天井下的消防池，完美地反映了工匠们利用糯米浆和生石灰砌石为池，从不漏水的精湛工艺。最后一进靠后门的两侧是百岁宫内最低洼的地方。紧挨后门内，西边布置的主要是后勤人员的宿舍和杂物间，而东边则是百岁宫中最神秘的供僧人闭关的"关房"。在最后一进底层的东侧，是百岁宫一百多人共用的东司。百岁宫的后门建在面朝正北的后墙正中，其位置远低于"城堡"的前门，二者间的高差达7米之多。当初的工匠们对后门的安装是极为考究的。这是一座门向北偏西五十度的"斜门"。这种设计极为智慧，非常有利于夏季的凉风从后山林中徐徐送入寺内，以普同供养常住大众。

在百岁宫的内部空间分配方案中，最独到的是在前、中、后三进的东侧"割"出了一条狭长而又宽窄不等的空间。中部最宽处的上层被隔成数间僧寮，中层是通过一道腰门，与大殿相通的"五观堂"。底层的后一长条向北直通东司与后门，中段是粮仓，南段是中厨。中厨的废水可直接向外排往后山坡上的密林中，毫无环境污染可忧。百岁宫厨外的这片坡地也是山鸡、白鹇、野猪和野猴们等待中厨泔水的天堂。每天早晚，这里俨然是一座小型动物园。

在百岁宫的后门外，与主体建筑相隔十米开外的百岁宫柴房被建设得极其独特而又合理。因为柴火是易燃物，出于寺院防火考虑，这座柴房远离寺舍，且从房顶到四壁清一色地采用大条石垒砌而成，永无火灾之忧。柴房面积多达 20 平方米，至今仍在使用。从柴房入寺院后门，通过底层的通道，可直接上至南端的厨房，全程距离不过 50 米，火头僧取柴，方便省力。

百岁宫的五百罗汉堂、新客堂、新客寮以及山门殿均为现代建筑。1985 年，九华山佛教协会委派慧庆法师住持百岁宫。面对规模如此宏伟、历史如此悠久的百岁宫，慧庆法师笃定了既保护文物，又发展寺院的信心。近几十年来，百岁宫僧众极为重视文物保护，特别是对寺内用火，管理得极为严格。举凡百岁宫"堡"内有非修不可之处，僧人们必然要求工匠们严格秉持修旧如旧的原则。当年的僧人们严格保护百岁宫文物，使百岁宫安然度过了 20 世纪后期九华山上的大拆大建之风。百岁宫于 2013 年被国务院公布在"第七批全国重点文物保护单位"之列。接着，住持僧慧庆法师也于 2014 年荣膺百岁宫方丈。文保升级，方丈升座，是百岁宫近年的两件大事。

百岁宫方丈慧庆大和尚

慧庆法师，安徽庐江人，1979 年在合肥明教寺出家。1980 年拜九华山仁德老和尚为师，并于后来成为仁德老和尚法子，临济宗临济法系的第四十六代传人。1982 年，慧庆法师入南京栖霞山佛学院进修。慧庆法师于 1985 年 1 月起主持九华山百岁宫，1997 年荣膺安徽凤阳龙兴寺方丈，2014 年 8 月升百岁宫方丈。慧庆法师是中国佛教协会在九华山佛学院举办的首届方丈执事培训班毕业生，于 2013 年 4 月当选九华山佛教协会会长，2019 年 12 月当选安徽省佛教协会执行会长。慧庆法师是九华山佛学院 2017 年恢复办学后的佛学院院长。

百岁宫历史上的大德与护法

九华山百岁宫自明朝末年禅僧无瑕开山以来，历史上涌现过不少大德与护法。他们有的在此苦修实证，演宗流派；有的在这里广开法筵，护寺安僧。四百年来，这些大德与护法们为百岁宫、为九华山、为佛法的弘扬，作出了无量的功德。

慧广和尚

慧广和尚是"百岁公公"无瑕禅师的弟子之一。据百岁宫现存的《万年禅林历代源流碑记序》记载，无瑕禅师于明朝天启三年（1623）示寂之际，曾"命徒慧广和尚将缸藏身"。由此可见，无瑕和尚入寂后，是慧广和尚为其收殓入缸的。老和尚入缸后的几年间，慧广和尚"见缸中屡放霞光"。天启之后的崇祯年间，慧广和尚和皇家钦差来山进香的王大人一起将老和尚的座缸打开，发现老和尚依然在缸中"结跏趺坐，面色如生"，于是他们将老和尚真身装金龛供。钦差王大人又将此事奏报给朝廷，这才有了"崇祯三年敕封应身菩萨"，御赐额曰"莲花宝藏"的记载。也是这位慧广和尚后来在无瑕禅师"结茅为庵"的基础上，就地"建佛殿，造戒堂，立方丈，法宇规模秩始具备"。立方丈后，在两序大众的拥戴下，慧广和尚自成为百岁庵的第一任方丈大和尚。慧广和尚曾亲自为常住大众立下寺规，规定"每日二时功课，六时念佛"，对于前来出家者则"审其来历，有根有愿方许入住，然后秉住持剃度"。对所有入寺受度的僧众，慧广和尚要求大家"须发苦行苦心，广募十方斋粮米帛，以资安单接众"，并叮嘱僧众，"凡我一派眷属，曲须尽心尽职，操持精进，此地十方常住，普天有份，不得尔我看待"。由此可见，继苦行苦证的无瑕禅师之后，从慧广和尚开始，百岁庵便正式成立了僧团。慧广和尚还刻意在百岁庵中实行十方丛林制度，为后来百岁宫家风的传承，僧团的延续奠定了永远的根基。

三乘和尚

三乘和尚是百岁庵第二任方丈。三乘和尚是继慧广和尚之后，对百岁庵作出极大贡献的老和尚。当年慧广和尚在无瑕禅师"诛茅结庵"基础上建起的佛殿、方丈、戒堂等寺舍，于慧广圆寂后的康熙五十六年（1717）被毁于火灾，唯存"应身菩萨"。根据百岁宫现存的《万年禅林历代源流碑记序》记载，三乘和尚在其任内的这场火灾发生之后，他矢志重兴百岁庵。仅仅四年时间，"至康熙六十年，殿宇佛像焕然一新"。

三乘和尚不仅对恢复重建百岁庵作出了贡献，还于乾隆年间将百岁宫西南华严岭上的华严庵创建为华严寺，亦即后人所称的回香阁。三乘和尚是九华山回香阁的开山祖师。乾隆二十八年（1763）三月，三乘和尚圆寂后，弟子们将其塔葬在华严寺后坡之上。

百岁宫方丈从康熙年间的三乘和尚之后，又传至玉照和尚，再传至本学和尚。本学和尚之后，又传至道高、道才、道法等"道"字辈的一代，然后再传到圆昶和尚以及后一任的德念老和尚。从慧广和尚在百岁庵"立方丈"开始，至此已传七代。其间，三乘和尚是百岁庵遭遇第一次回禄之灾后，为百岁庵的恢复重建作出极大贡献的一位方丈和尚。

海楞和尚

九华山百岁庵第八任方丈和尚海楞，湖北郧阳人，俗家姓贾，名德春。贾德春少时信佛，遍游名山，屡朝九华，且十分仰慕百岁庵，认为摩空岭上的百岁庵是"清净真修之所"。在他第三次前来九华山参访时，便决意不再游方，遂投在当时的百岁庵第七任方丈德念老和尚座下出家，披剃之后，得法名宏楞，字惠元。继而，宏楞和尚又于"嘉庆十九年受具而得法于德祖，因传衣钵法派"。受具得法以后的宏楞和尚又改称"海楞"和尚。由此至道光十六年（1836），海楞和尚苦修苦行，终成"曾放戒数次"的百岁庵方丈。这时的百岁庵已然成寺，有了"万年禅林"之额，嘉道之际，已有"俗称百岁宫"之说。

在海楞和尚亲自立于百岁宫内的《万年禅林历代源流碑记序》中，海楞和尚自谦而又自豪地记述道："海楞住持以来，虽道行浅薄，曾放戒数次。奈屋宇不宽，难以容众，爰不惮劳瘁，自道光六年，新建药师殿，八年修理厨房等处，九年造大悲楼，十六年起方丈，并幽冥铜钟及铜磬铜锅缸等件。"由此可见，海楞和尚继任百岁庵方丈后，极大地改善了百岁庵的基础设施，甚至僧团建设，并从官方为百岁庵争取到了"万年禅林"的寺额。他的这番功德受到了当时官方的极大重视。当百岁庵的以上建设工程"工竣之后，仰蒙中丞色名卜星额亲赐，赐额曰'觉路金绳'，又荷太守仇名恩荣赐额曰'龙吟法界'，并县主张名文斌赏示俾勒石"。《万年禅林历代源流碑记序》后面这一段文字告诉人们，海楞和尚主持的这项万年禅林百岁庵（俗称百岁宫）扩建工程始于道光六年（1826），彻底竣工于道光十七年（1837），历时11年。海楞和尚的这项成就，受到了当时的省、府和县三级行政主官的重视。其中安徽巡抚色卜星额，专门为万年禅林题写了贺匾，内容是"觉路金绳"。当时的池州太守仇恩荣也为万年禅林题写了"龙吟法界"四个大字，而青阳县令张文斌则以照准以上内容并勒石作记的方式肯定了海楞和尚的成绩。

海楞和尚为九华山万年禅林百岁宫作出了不可磨灭的功绩，受到了当时的官民两家、僧俗两界的广泛认可，特别是其"曾放戒数次"，使百岁宫弟子遍布四方，并受到了禅门曹洞宗系大德们的极大重视，以至将百岁宫传承下来的这一脉直接收录在禅宗的重要典籍《禅门日诵》之中，并依据开山老祖无瑕和尚的禅风，将百岁宫一脉列在曹洞门下，专派一宗，曰"贾菩萨宗"。《禅门日诵》在"曹洞源流诀"条下是这样记录贾菩萨宗的："九华山百岁宫从贾菩萨派下常字起演二十八字：'常持妙法胜庄严，果证无为道上玄。西来大意修般若，月朗中天振万年。'"

百岁宫第八任方丈海楞和尚，于清道光年间中兴了百岁宫，并在百岁宫僧团中创立了跻身史册的"九华山百岁宫贾菩萨宗"，为九华山地藏菩萨道场中曹洞宗系的发展和传承打下了基础。至于有学者认为九华山百岁宫的贾菩萨宗就是元代禅宗史上河北邢台开元寺万安广恩开创的"贾菩萨宗"，笔者认为此结论有误。

宝悟和尚

宝悟和尚（？—1875），浙江嘉兴人，在安徽九华山百岁宫出家并受具。宝悟比丘专修戒律，持头陀行并兼修禅门定慧，曾往江苏镇江金山寺、常州天宁寺、扬州高旻寺和苏州崇福寺参拜诸多大德宗师，并得到了高僧们的一致印证。咸丰年间，宝悟和尚在金山寺任首座期间，带领僧众提倡禅门妙旨，带出了一大批杰出的徒众。同治十年（1871），宝悟和尚退居宜兴铜官山，息绝外缘，专事禅观。宝悟和尚一生性情耿直，廉洁自律，不聚徒众，常常"辞信众皈依之意"，终生诲人不倦，善待学人求教之心。宝悟和尚虽一生不收留徒众，但对学人求教则每每循循善诱。同治末年（1874），大定和尚主持金山寺后,为图宗风再振,又迎请宝悟。宝悟和尚主事后,金山寺"衲子闻而至,室不能容"。光绪六年(1880)二月初六,宝悟和尚在金山寺为大众开示后,稍息片刻即偃息坐化。宝悟和尚生前偈语颇多,其留念九华山百岁宫的禅偈有:"春华锦绣翠玲珑,雪岭高撑映碧空。相晤灵山重一别,归来尤住九华峰。"在这首偈语中,宝悟和尚希望自己乘愿再来时,仍然能够住进九华山百岁宫中。宝悟和尚圆寂后,已然往生兜率,成为一位大阿罗汉。

据《虚云法师年谱》记载,虚云大师于一次遭劫后的三月初三日入定,十二日早醒来时,"觉才数分钟耳",并告诉侍者法云说:"速执笔为我记之,勿轻语人说,启疑谤也。"于是,虚云老和尚向侍者口授了他入定后在兜率天中的见闻。他说:"余顷梦至兜率内院,庄严瑰丽,非世间有。见弥勒菩萨在座上说法,听者至众。其中有十余人系宿识者,即江西海会寺志善和尚、天台山融镜法师、岐山恒志公、百岁宫宝悟和尚……"虚云法师的这番回忆说明,九华山百岁宫宝悟和尚是虚云法师的老朋友,且已经是升在兜率内院的大阿罗汉,宝悟和尚也因此被誉为"江南四宝"。宝悟老和尚于清道光年间在九华山百岁宫做过一任方丈。宝悟和尚是九华山佛教史上的一位高僧大德。

宝身和尚

宝身和尚是清朝同光年间九华山百岁宫方丈。据现存百岁宫中由宝身和尚本人撰立的《重建万年禅林记自叙》记载,同治三年(1864),世逢咸同兵燹,百岁宫"屋宇遭于兵燹,片瓦无存,师兄宝悟同常住眷属人等,委余照应。余见常住如此情形,焉敢推诿,不得不然而从命,于同治五年正月,山主吴府及合寺眷属人等,举进方丈位"。宝身的这番自述是在告诉人们,百岁宫于1864年被毁于兵灾,且受毁严重。在这种情况下,宝身的师兄宝悟和尚及全寺僧众公推宝身和尚升百岁宫方丈座。宝身和尚不得已受命于危难之际。在这段碑文中,宝身和尚一再申明是"师兄宝悟同常住眷属人等","山主吴府及合寺眷属人等"共同将他"举进方丈位"的。

《重建万年禅林记自叙》还告诉人们,宝身和尚升任方丈后,在百岁宫两序大众及大德护法的共同努力下,"重新建造前后等处屋宇,今日胜于往昔"。宝身和尚主持重建的百岁宫于光绪二年(1876)落成,并且新的百岁宫比原来的寺舍建得更好。在碑文的结尾处,宝身和尚还特别提及浙湖居士钟满修为此次工程募化了425块银圆和铜锅、铜磬、铜钟等件。

可能由于宝身和尚自撰的碑文内容中有"自叹己德"之嫌,抑或其他缘故,后人对宝身和尚的功德似乎并不在意,甚而另有别意。在百岁宫现存的清代文物中有一张千僧锅。在这张大铜锅周缘的铭文中,我们可以看到,主持募化的是比丘僧定泰及上述浙湖居士钟满修,所募款额为305块银圆。铭文落款为:"退院宝身,住持开林",时间是"大清光绪三年菊月吉旦"。但令今人不解的是,锅缘上的"宝身"二字,居然被人铲去,仅剩刮痕让人勉强辨出"宝身"二字。另外,在百岁宫东厢前壁上现存一块清朝末年的记事碑,碑文可能是为其右侧的一块功德碑作序的。这篇序文也向世人透露了当时官宦及寺僧们在提及宝身和尚时的回避态度。这通碑文载有,光绪五年(1879)百岁宫的一位67岁僧人,率领他的徒孙开林和尚赴首都,请求皇上为百岁宫颁赐《大藏经》的事。碑文中只字未提这桩大事的领衔人"宝身"的法名,反而记载了其徒孙开林的法名。而民国《九华山志·万年禅寺》条下明确地记载有"光绪五年,住持宝身诣燕都请清刻藏经"的事。由此可见,这次请《大藏经》的事,确系宝身和尚率领徒孙开林和尚去的京城,虽然这时的宝身实际上已经退居。撰立上述记事碑的功德主,晚清著名军事将领,时为清朝观察使的九华山当地人刘含芳居然刻意在碑文中回避了"宝身"二字,仅称"百岁宫僧"。按其当时的身份及在京城的威望,作为京官的刘含芳不可能不知道这次家乡九华山前来京城奉请《大藏经》的和尚是百岁宫的老方丈"宝身"

和尚。当年刘含芳的用意,更令今人费解。

刘含芳的碑文是这样叙述此事的:"皇光绪五年,岁在己卯,江南九华山百岁宫僧,时年六十有七,与徒孙开林诣京都,呈请内务部、礼部,奉请皇朝《龙藏经》全部,计七千余卷,光绪八年奉旨还山,尊藏于百岁宫……"在这里,百岁宫老住持宝身的法名被忽略。另一边百岁宫大铜锅上"宝身"二字被铲去。凡此种种,无不令今人疑惑,个中因由,讳莫如深。当然,其中极大的原因可能是后人不愿意继续颂扬宝身的请藏经功德,因为那套《大藏经》可能在 1910 年初百岁宫的那场大火中焚毁了。关于宝身其人,清朝的刘含芳态度尚且如此,何况笔者,肉骨凡胎,更不敢以牛羊眼妄测。

常修和尚

常修和尚是清朝光绪至宣统之际九华山百岁宫方丈。民国《九华山志》对其在九华山中的德望,用"山中尤嘉赖焉"以赞叹之。常修和尚在九华山中之所以享有如此声望,是因为他在百岁宫中兴方面,在九华山多处道场建设方面都作出了难以磨灭的成就。

1910 年初,九华山百岁宫遭火灾,为了中兴古寺,常修和尚曾于"民国初年复请藏经",又请当时的"黎大总统赠今额曰护国万年禅寺"。这块竖幅匾额的仿制件至今依然高悬在百岁宫大殿门楣之上。上述文物上避免文字提及宝身和尚的原因可能就出在"请藏经"问题上。百岁宫现存的《大藏经》应该是常修和尚于民国初年"复请"而来的。

常修和尚任百岁宫方丈期间的宣统二年(1910),由于"寺运不振,诸职失察"而发生的这场严重的火灾使百岁宫通前至后,"寸木摧毁,片瓦无存"。面对如此惨状,常修和尚当机立断,委派时任百岁宫知客的月朗和尚"担任募化重建百岁宫的化主"。经过两序大众的共同努力,特别是月朗和尚及当时目睹火灾的浙湖居士潘祥生等人的奔波,百岁宫"不数年间,顿复旧观"。

鉴于月朗和尚的操持能力，常修和尚于民国元年（1912）委任月朗为百岁宫住持。随即又于次年（1913）将百岁宫方丈位授予月朗和尚。常修和尚此次辞去方丈之举，充分显示了百岁宫十方丛林开明的道风，以及常修和尚本人举贤荐能的高尚德行。当然，常修和尚此举也可能有"引咎"之意，因为这次百岁宫火灾毕竟是在其任下发生的。

常修和尚将百岁宫灾后重建大任委予月朗和尚之后，随即又于1911年在九华街迎仙桥西北侧募化兴建了百岁宫下院，同时又凭其在山中的威德，督修了地藏塔前的"八十四级山头石"。20世纪90年代还能看到的月身宝殿前的"九九八十一档"石阶便是当年常修和尚督修的成果。

常修和尚在九华山中的修为，受到了社会各界的景仰。晚清洋务运动的主要帮办者之一，安徽东至人周馥于民国初年向"常修上人"题赠了一块挂匾，文曰"五蕴皆空"。挂匾落款为"建德周馥"，因为旧时代东至县的至德部分曾称为"建德"。这块大红匾额至今依然高悬在百岁宫念佛堂上，这是对常修和尚为僧一世的最佳总结和高度赞叹。

月朗和尚

在九华山东崖飞来观音峰寺院和百岁宫之间的插霄峰下，紧挨着石板步道，有一处风格兼顾僧俗、建筑一坟两穴的和尚墓塔。一百年来，这座僧人墓塔吸引了无数游人在此驻足。墓右穴葬的是民国辛酉年（1921）入寂的百岁宫首座志海老和尚。志海和尚俗姓俞，皖南太平人，初在九华山沙弥庵出家，后至百岁宫用功。墓的尊边，左穴中则葬着民国初期九华山上著名的百岁宫方丈月朗和尚。两穴中间共享着一块刻有"华藏世界"四个大字的墓表。墓表左右布章，为分述两位墓主人生平的墓志铭。月朗墓志铭正中大字刻着"传曹洞正宗第四十一世万年堂上上真下得月朗和尚墓"。当地人习惯上称此处为"月朗坟"。

据月朗墓志铭载，月朗和尚，俗家姓孙，江苏吴县人，生于清光绪六年（1880），八岁时父亲去世，母亲带着两儿子和祖母，一家四口仅靠母亲为人做针线活维持生计。因为母亲恩重难报，这位孙姓年轻人遂心生出家之意。其初心在于度亲孝亲。随后，他便依满修老和尚出家，得法名本曾，字开榴，别号月朗。月朗墓志铭主表的"上真下得"是月朗和尚按曹洞法卷得到的法名。依据月朗和尚的法名"真得"的字辈，池州学院尹文汉教授考证的结论是，真得月朗为曹洞宗云门系第四十一世。出家后的第二年，月朗和尚在灵鹫山受具足戒。在一次参学途中，月朗和尚遇到了九华山百岁宫的开清和尚，便随其来到了百岁宫。此后，月朗和尚任过百岁宫知客等职，民国元年（1912）任住持。其间的百岁宫方丈是常修老和尚。

据上述墓志铭，宣统二年（1910），百岁宫"寺被回禄，尽成灰烬"。这时，月朗和尚"慨然发愿，担任化主，不数年间，顿复旧观"。关于这次化缘的细节及其接任百岁宫方丈等信息，月朗和尚在自己建立的《万年水陆缘起乃恢复万年禅寺基础根据概志》碑上均有记述。百岁宫火灾的起因是"寺运不振，诸职失察"。火灾发生的时刻是宣统二年（1910），"三月念四日申刻"。这场火灾的恶果是"大殿、藏经楼、斋堂、方丈直达后殿、寸木摧毁，片瓦无存，佛像庄严，前功尽弃"。事发时，适逢浙湖居士潘祥生在九华山启建水陆法会。目睹这场火灾，潘祥生慨然应允，帮助百岁宫募化重建。当时的百岁宫方丈常修和尚随即委任月朗和一位法名中带"碧"字的法师陪伴潘祥生居士回到上海。抵达上海后，一行人随即展开募化活动。潘祥生把九华山百岁宫的火灾情况"遍告诸老护法，如蔡府、施府、盛府等，承蒙赞助，数日间似有眉目。碧师先行返山，稍置日用法器等件，并现洋千二到山复命"。在月朗和尚和上海众居士的努力下，火灾后的第二年，"来年辛亥（1911）建造大殿，庄严佛像"。月朗和尚在取得这些成就之后，"于民国壬子年（1912）春二月，朗则顺从众意，出任是职"，即接替常修老和尚，出任百岁宫方丈。时任新生的国民政府财政总长、安徽东至人周学熙为新近恢复落成的百岁宫题写了一块"大雄宝殿"大红匾额。此匾现今依然高悬在百岁宫大雄宝殿正中。安徽东至县周家与佛教，与百岁宫善缘深厚。周学熙的父亲"建德周馥"早先也为百岁宫方丈常修和尚题过赠匾。

民国二十年（1931），退居后的月朗老和尚还在百岁宫传授过一次三坛大戒。当时的九华山祇园寺方丈宽扬、甘露寺方丈妙霖和妙山老和尚等三位同贺的"戒珠常明"红匾现在仍然高挂在百岁宫大雄宝殿的上首。九华山聚龙寺、华严寺、神秀庵、二圣殿和龙池庵的僧人们共贺的"衣钵真传"大红匾额，则悬挂在百岁宫的方丈寮中至今。月朗老和尚为九华山百岁宫的第四次建设，为百岁宫僧团的发展作出了不朽的功德。我们今天看到的百岁宫正是月朗和尚及其前任常修老和尚为我们留下的珍贵文化遗产。

月朗和尚生于清光绪元年（1875），民国元年（1912）担任百岁宫住持，同时升任百岁宫方丈，民国十四年（1925）退居。月朗老和尚圆寂的具体时间是民国二十五年（1936）季秋月初八未时。月朗和尚是九华山近代历史上的一位著名僧人。风格迥异的"月朗坟"是九华山上的一处著名的历史遗迹。

刘柏

刘柏，山东济宁人，清乾隆年间安徽廉使，亦即主管刑法事务的按察使。据现存九华山百岁宫中的一块诗碑记载，乾隆二年（1737），刘柏在江宁完成公务后，在返皖（省会在安庆）途经青阳时，曾"登九华山游东岩之天台，信宿僧寺，得二十韵"。碑文中的"信宿"是"连住两夜"的意思。"僧寺"指的就是百岁宫，因为这时的东岩禅寺已不复存在，是后来的同治九年（1870），才由僧人定慧"复募建殿宇"。这块诗碑铭刻的主要内容是刘柏在百岁宫中所得的二十韵。这是一首九华山赞美诗。这二十韵是这样的：

"周览江上山,九华更缥缈。尖峰露奇秀,悬崖复夭矫。去年过五溪,未能恣幽讨。苍翠在空濛,悠然映清沼。今岁重行后,秋典已粗了。式敬盟此心,山灵堪默祷。仰观四宇清,肩舆寻窈窕。涛声漱青松,云影入翠篠。曲折经古寺,眼底尘埃扫。禅关颇寂静,佳境易昏晓。更上东崖东,众山培塿小。搜兹烟霞窟,疑是神仙岛。结茅凌清虚,天台出云表。飞雪挂流泉,俯仰澄怀抱。翼然天籁轩,吴君题句好(天籁轩中吴七云先生铭句甚佳)。淡淡一坞云,寂寂千林鸟。深山如太古,净土生瑶草。昔年不可即,莲花乃杳杳。揽胜历层颠,奇观相与绕。始知深妙处,不可凭远眺。"

当年的诗作者刘柏以安徽廉使的身份,在百岁宫连住两夜,并题诗赞美九华山,赞美"结茅凌清虚"的百岁宫,无疑是对九华山、对百岁宫极大的护法之举。刘柏的护法属于坚固大众菩提根本的爱语布施。

上述诗碑现存于百岁宫大殿东厢前壁之上。

浙湖居士潘祥生和上海居士祝大春夫妇

潘祥生,浙江湖州人,佛教居士,居于上海。清宣统二年(1910)三月十四日傍晚时分,正当潘祥生在九华街上某寺启建水陆法会之际,摩空岭上的百岁宫突然起火。据百岁宫现存的《万年水陆缘起乃恢复万年禅寺基础根据概志》碑记载,当时的潘祥生"惶恐万状,目睹大殿、斋堂、藏经楼、方丈,直达后殿,寸木摧毁,片瓦无存,佛像庄严,前功尽弃。所奇者,三次寺遭回禄,而吾祖百岁金身巍然跏趺"。见此情形的潘祥生深受感动,于是,慨然应允,协助僧团募化重建百岁宫。

在时任百岁宫方丈常修老和尚的安排下,潘祥生陪同时任百岁宫知客的月朗和尚与一位被记述为"碧师傅"的百岁宫僧人一起共赴上海,并随即展开募化活动。其间,潘祥生及月朗和尚一行将百岁宫火灾的情形"遍告诸老护法。在上海县蔡府、施府和盛府"几家大户的捐助下,此次募化活动,"数日间，似有眉目"。此后募化活动便顺势展开。在九华山百岁宫的最后一次灾后重建过程中，潘祥生居士做出了无量功德。

同样为上海居士的祝大春和其妻陈氏，于百岁宫火灾八年后的民国七年（1918）四月十四日，前来九华山启建水陆法会，当他们在百岁宫中，"目睹敝寺清修乐道，安单接众，但敝寺向无饭僧之产，故慷慨乐输大洋一千二百圆，辅置田产，所有收下花息，作永年梁皇忏道场之资，每年十一月十七日至二十三日止，二十五众梁皇忏七天，起忏日单台焰口一堂，中斋，清晨供天。二十五众圆满日，三法师焰口一堂，银锭一两，以为永远恒例，代代勿替，永远流传，此功此德，当与万年常住共垂不朽尔"。"祝公后于民国八年九月间携夫人陈氏来山进香，适逢启建功德堂，又捐一千圆。"

祝大春夫妇在民国初期的乱世中，向九华山百岁宫一再慷慨捐输，为当年的百岁宫僧团安度困境，以及寺院的道场建设均做了巨大贡献。

晚清合肥籍军事将领唐定奎

唐定奎（1833—1887），安徽合肥（今肥西柿树岗）人。初以团首身份加入淮军铭字营，跟随同为合肥籍的淮军将领刘铭传转战皖鲁豫多地，镇压捻军，并积功累擢副将，赐花翎，黄马褂，官至福建陆路提督。因为家乡九华山百岁宫修建寺院，唐定奎遂领衔在晚清军界中为百岁宫募捐。参与这次募捐活动的军官从各路提督到多位总兵和副将，总共五十七人，共捐银四千八百零二两。这次捐输者名单被当时的寺僧们刻在一块功德碑上，并将石碑砌在百岁宫大殿前东厢的前壁上，但奇怪的是这块功德碑碑文没有标题，没有落款，更没有缘起序言，使后人倍感蹊跷。南侧与这块碑紧邻着另外一块记事碑，其记事者是同为晚清著名军事将领的九华山当地人刘含芳。刘含芳原籍贵池，但其因病辞官后，居于九华山下庙前镇。刘含芳在这块碑中记述的是光绪五年（1879），百岁宫退居方丈赴京城呈请内务府颁赐《藏经》的事。这两块并列的石碑之间有无联系，后人不得而知。

百岁宫北面打鼓岭下的沙弥庵

在百岁宫以北的打鼓峰与云外峰附近有一座三昧庵，山民谐音称作"沙弥庵"。此庵由清朝时期来自九华山百岁宫的两位沙弥共同创建。一位沙弥是山下贵池城中陈家的儿子，在九华山阴骘堂祝发后住百岁宫的心彻，另一位是泾县茂林人，在百岁宫出家的开传沙弥。二位在百岁宫见面后志趣相投，遂决定不住丛林寮房而另辟禅室。于是二人勠力同心在九华山云外峰（今称沙弥峰）下的大山深处，于唐代著名道士赵知微所创的延华观故基上，翦棘结茅，建成了九华山中著名的沙弥庵。随后，二人在沙弥庵中息绝外缘，潜心修行，直至无病而终。心彻寿腊七十有九，开传寿腊八十有四。沙弥庵确实是由两位不曾受过具足戒的沙弥合力建成的，所以，将三昧庵俗称为沙弥庵是

沙弥庵

合理的。民国八年（1919）六月初十日，著名的佛教旅行家高鹤年大居士曾在沙弥庵中度过了一个漫长的雨夜。

百岁宫和东崖一线的分野和地貌概略

九华胜境自唐朝"诗仙"李白与高僧金地藏开山之后，历经唐人费冠卿、宋人周必大、陈岩以及此后诸多文人们的反复咏唱和深情赞颂，从明朝开始，登临和游览九华山便在墨客官宦中渐成风气，而于方外僧道，更是纷至沓来。其间，既知而又能言的文人们为九华山留下了大量的文学作品。其中不乏从各自视角和喜好出发，或漫游细品，或深度审视九华山的诗歌和游记。

在历史悠久、作品荟萃的九华山文籍中，对如簇的峰峦进行分野，对异趣的地貌进行概括者，当属明朝人吴同春和清朝人周赟。吴同春分野得最早也最好，周赟概括得最简也最佳，这二位为我们留下的文字，对今天的文人游客和旅游业者均不无启迪。

吴同春，明朝南汝人（现在的河南固始县），明万历二年（1574）进士。曾任刑部主事。明朝崇祯《九华山志》录有吴同春的《游九华记》。吴同春于万历七年（1579）二月来青阳召开司法会议，由于参会人员没到齐，尚需等待几日，所以他决意游览一次他向往已久的九华山。吴同春对这次上九华山是有充分准备的。在他的《游九华记》中，他这样写道，"濒行置九华志于笥"。这是说，动身前，他将《九华志》放在了自己的竹编行李箱内。吴同春这次从青阳上九华山的日期是二月二十四日，路线是越西洪岭，过石龙口，经桥庵、定心石、望江亭一线，上至九华山化城寺住宿的。在其二十五日游东岩时，在东岩之巅，几位同行的僧人向他介绍了东岩周遭诸峰。吴同春于此总结出东岩南向对面的古仙峰、云门峰、钵盂峰和"对岩稍西而最高者，此天台，他峰类是皆外峰也。自神光岭而晏坐至棋盘石而北，则内峰也，皆拱向化城，宴坐岩一名东岩，登是岩，则内外诸峰皆在几席岩额"。（明崇祯《九华山志》引文中的"宴"字为明朝人刻字错误，应为"晏"字。）这段文字告诉人们，东岩以南对面诸峰是九华山的"外峰"，而从神光岭，经东岩至棋盘石（当时无百岁宫）一线诸峰应该归为"内峰"。立东岩之巅远眺内外诸峰，外峰尤置桌几之上，内峰似在坐席之侧，于此环顾九华，诸峰一览无遗。吴同春在他的《游九华记》中多次提及内外峰之说。他认为"自县来化城，途所见独高莲花等峰与九子岩、狮子行道、罗汉面壁等峰不止百数，皆外峰之绵亘"，意思是说，从县城到九华山上，沿途所见的大小百余峰都可以纳入九华"外峰"之列。如此，明朝人吴同春以内外峰之说，大致划分了九华山的地形大势。

关于九华山的地貌特色，清朝人周赟总结得最为鲜明。周赟，字子美，别号山门，安徽宁国人，清同治三年（1864）举人，光绪十二年（1886）任青阳训导。受知县华椿委托，周赟领衔总纂《青阳县志》，光绪十七年（1891）修成。后又主持纂修《九华山志》。他在《九华山志·杂记》中高度赞美九华山，认为"青阳九华之胜，胜于杭州西湖不知几百倍也，胜于杨之蜀冈不知几千倍也"。在概括九华山地貌地形时，他认为"九华九十九峰，东石而西土。人所常至，化城及芙蓉诸峰，皆西北土山耳。东南石山，峰愈高径愈险，而景亦愈奇。即天台莲花诸峰，登者已鲜。其余皆人迹所不至"。周赟对九华山"东石西土"的这番高度总结，显然是受唐人费冠卿的启发，也是对费冠卿《答萧建》诗的诠释。费冠卿在描述九华山最高处的风景时，有"涧蔼清无土，潭深碧有龙"两句，这里显然描述的是"东石"的特色；而紧随这两句之后的则是"畲田一片净，谷树万株浓"，这两句描述的自然是从山顶俯瞰山下"西土"之上的繁荣景象。有土就有人，有人就有文化，所以，九华山的人文旅游资源大多分布在西坡上下。

以上明朝人吴同春在九华山上东岩之巅，为九华群峰进行的分野，和清朝人周赟对九华山地貌的高度概括，为九华山后世的发展提供了极为重要的启发。九华旅游的发展，就自然资源而言，应当着眼于以"东石"为特色的外峰诸景点；就人文资源而言，必须立足于"西土"之上的内峰一线。当然，大自然的造化，是最根本的前提。

东崖与东崖禅寺

东岩，旧称东峰，顾名思义，即为九华山开山祖寺化城寺东面的一座山峰。实际上，东岩是东峰上的一块不裂不缺的巨石。此岩长60余米，宽约30米，两头尖圆，顶上极为平坦，周遭呈九十度壁立于东峰之巅。每当东岩两侧山谷中云海平面升至东岩半腰，人们从天台、花台等高处俯瞰，东岩酷似一叶扁舟浮于海上。于是，就有文人在东岩西壁上刻有"云舫"二字。由此，"东崖云舫"之称一直延续至今。据传，当年金地藏初入九华时，曾在此参禅打坐，后人遂称此处为"晏坐岩"，实际上，有史可考的"晏坐"者是明正德年间的南京兵部尚书王阳明。其间，又有人因赞叹金地藏由王子舍身出家，而在东岩南端壁上摩崖石刻了"舍身崖"三字。"东岩"之称的由来，实际上是王阳明在此晏坐期间，在其记文里将此处定名为"东岩"的。古往今来，无论东岩、东崖、东崖云舫，抑或舍身崖，无不体现了人们对化城寺东面山上这块巨岩的无限赞美。"东崖"意为化城寺东面的山崖。东崖一线是九华诸峰中内峰与外峰的分野线。于东崖之巅环顾，可得"仰观宇宙之大，俯察品类之盛"的无限妙趣。

在东崖上建筑寺宇的历史始自明朝万历年间。当时的僧人在山下老田吴家的杰出人物吴文梓的资助下，将东岩上旧有的"环奇亭"改建为佛殿，并"以岩名而名其寺"。这便是九华山东崖禅寺的缘起。后来的东崖禅寺屡遭灾难。清朝同治九年（1870），僧人定慧复建过一次东崖禅寺。关于这次重建"东岩佛殿"，清光绪年间曾任安徽滁州和六安等地县令的熊祖诒，于光绪十二年（1886）二月登临东岩，并为岩上新建的"东岩精舍"作《重建东岩精舍碑记》（以下简称《碑记》）。据该《碑记》载，当年的东岩佛殿，"自经丧乱，遗迹尽矣"。在此基础上，在东岩上结茅的定慧和尚决意恢复重建佛寺。定慧和尚是四川蓬溪县人，自幼学佛，曾效仿善财童子五十三参而遍行名山，参至九华时，便在东岩上住了下来。为恢复重建东岩佛殿，定慧和尚曾"赤足走东南数行省，丐施金钱，积其所得，召匠鸠工，以同治九年（1870）冬落成"。关于东岩上这次恢复的佛寺名称，《碑记》载为"东岩精舍"。而且，这次建成的"东岩精舍"比以前的"东岩佛殿"，"其规制视昔为有加焉"。亦即建筑规模比以前有所增加。其中当然也包括那座由明朝人吴文梓修建，再由清朝康熙年间池州田别驾命名的"天籁轩"。只可惜，昔日美丽的"天籁轩"以及定慧和尚重建的"东岩精舍"，民国二十二年（1933）冬，在一场令人浩叹的火灾中被毁，不复存在。火灾发生时的东岩精舍已经改称"东崖禅寺"，时任主持是容虚法师。容虚法师的前任是民国初年住持东崖禅寺的心坚和尚。

心坚和尚（1872—1952），湖北阳新县人，袁姓，讳觅先，自幼失怙。光绪十七年（1891），19岁时依月霞法师披剃出家，翌年在武汉归元寺受具，得法名心坚，成曹洞门人。继而就读于翠峰"华严道场"，随月霞法师专门研究华严。此后，在月霞法师举荐下，心坚和尚于民国初年出任九华山东崖禅寺住持。民国十二年至十七年（1923—1928），任九华山佛教会会长。心坚和尚在九华山期间，于宣统元年（1909）添建了东崖禅寺下院（下院现仅存一栋建筑在东崖宾馆院内），又于民国四年（1915）募建了九华山法华寺并任住持。另外，心坚和尚为九华山还做了两件对后世极具影响力的大事。一是代表九华山教界，通过法律诉讼并胜诉，从而彻底解决了山下几大世族势力干预九华山教务的问题。因为当时山下几家大族后人，自恃祖先功德，干预甚至把持九华教务。二是开禁比丘尼在九华山建寺修行。因为此前历代均禁止比丘尼来山修行。心坚和尚此举，成就了今天的九华山"闵园尼庵群"，由此可见，九华山所有尼庵的历史均不长。

民国期间，心坚和尚曾频繁盘桓于时为省会的安庆市和九华山之间。1905年起，心坚和尚任安庆迎江寺住持，其间主持了迎江寺历史上最大的一次灾后重建。随后，又于1935年应两序恳请，为七百余信众传戒。其间，逾千人过堂的盛况，是安徽省建省以降之最。心坚和尚对近代九华山，乃至安徽省佛教的发展均影响很大。心坚和尚于1952年圆寂，次年，其徒达实和尚及一众徒孙将其塔葬在他自己兴建的九华山法华寺后坡之上，并由其皈依弟子、黟县人江达益出资立塔树碑。

继心坚和尚后，民国六年（1917），东崖禅院方丈为筱月和尚。再后来，担任东崖禅寺的住持者为容虚法师。容虚法师曾于1929年在化城寺开办过"江南九华佛学院"。容虚法师住持东崖禅寺期间，寺内香火特别旺盛。但民国二十二年（1933）冬季，东崖禅寺遭遇火灾，全寺被焚。到民国二十六（1937）年，印光大师开始重修《九华山志》时，东崖禅寺尚在"筹集修复"中。东崖禅寺这次修复重建未果，仅存东崖下院的一栋建筑，其周围现今为东崖宾馆。东崖禅寺曾经是九华山七大丛林之一。

东崖下院于1909年由心坚和尚建成。1934年初，东崖上院毁于火灾后众僧皆迁来下院。其时，下院住持僧为渡航，监院为广修。1944年住持僧为义方。1946年住持僧常玉。1953年住持僧智云。1956年开始，这里成了青阳县林业部门的护林队驻地。1980年东崖下院变为东崖宾馆，宾馆营业至今。

改革开放后，九华僧团于1995年开始在东崖上院原址上恢复重建东崖禅寺，禅寺现任住持为果慈和尚。果慈和尚修持极为严谨，几十年来，基本足不出户，长年息绝外缘。

历史上与九华山东崖和东崖禅寺有关的名人不在少数。明朝著名的"三不朽圣人"王阳明先生，曾于弘治年间首次登临九华山。正德十五年（1520），王阳明在柯乔（九华山柯村人）等学生的陪同下，再游九华山。其间，王阳明在东岩晏坐石上结识了在此修行的周金和尚，二者机缘甚契，为此，王阳明曾为周金和尚作过一首偈文。据史料记载，这首偈子仰刻在"晏坐岩，悬石倒覆处"。偈文是这样的："不向少林面壁，却来九华看山。锡杖打翻老虎，只履踏破巉岩。这个泼皮和尚，如何容在世间。呵呵，会得时与你一棒；会不得时，且放在黑漆桶里偷闲。"落款为"正德庚辰三月八日阳明山人王守仁到"十六个字。

关于周金和尚，王阳明曾在向他赠诗的诗注中说"岩僧周金，自少林来，坐石窦中，且三年"。旧志称"周金，太平山僧也，嘉靖七年（1528）金还太平山，未久跏趺而逝"。也有旧志称周金"嘉靖戊子去九华不知所之"。实际上，周金和尚的晚年是有据可考的。《池州杏花村志·卷之三》载，"嘉靖戊子，金自九华还罗汉寺（当年在贵池城内），一日告众僧曰：'千圣本不差，弥陀是释迦。问我还乡路，日午坐牛车。'语毕跏趺而逝"。周金和尚墓在贵池杏花村西庙前。以上旧志所称的"太平山"指的是贵池太平罗汉寺。

九华"山主吴府"及其佛缘深厚的族人吴文梓和吴襄

九华山世界地质公园以"峰—丘—盆"地貌著称。一亿两千多万年前，从古扬子海下抬升起来的花岗岩名山九华山经历沧海桑田之后，在其北坡下造就了一块长约9千米，平均宽不到3千米的谷间盆地。从汉朝起，这块盆地就开始有人居住。公元前 1 世纪中期，西汉宣帝元康年间，河南桐柏人吴栋材出仕为官，任六安县令，后弃官隐居于当时的陵阳县九子山北，亦即今天的青阳县九华山北麓。自此，吴氏族人开始在当地耕樵渔读，繁衍生息，渐成江南望族。当初吴氏族人于汉代在这里开辟的良田被后人称为"老田"，这便是今天九华山下"老田吴家"的渊源。

随着大唐的崛起和在周边小国中"宗主国"地位的巩固，儒佛两家备受尊崇，周边藩国开始大批派遣学生留学大唐，学习治国安邦之道。其间，唐开元之际，新罗国王也曾派遣其"金氏近属"（亦有王子之说）金地藏前来大唐首都长安学习。其间，金地藏一边研习大乘佛法，一边充当宫廷宿卫。此后，金地藏于 8 世纪中叶卓锡九华。金地藏在九华山修行期间，受到过"老田吴家"的供养，并从此开启了九华山佛教与山下老田吴家之间从古至今的世代善缘。

老田吴家世居九华山下。唐朝最基层的行政区划单位为"里"。老田吴家的村落在唐朝时被称为"松阳里"。松阳里吴家在九华山北麓，有良田美池、桑竹之属，且世代注重和睦乡里，乐善好施。与金地藏结缘后，吴家人常以上等的米粮接济金地藏。

老田吴家后人在九华山与佛家广结善缘，世代不替。这在九华山上的化城寺、百岁宫、祇园寺和东崖禅寺现存的相关文物碑记中随处可见。吴家族人中护持佛法最虔诚者当属明代的吴文梓、清代的吴尔俊和吴襄。

吴文梓（1536—1620），号南台，安徽青阳人，明万历五年（1577）进士。史料载，吴文梓"历官兵部都给事中，以言事降崇善县典史，卒于家。天启初，褒录先朝之建言被斥者，赠文梓太常寺少卿"。明朝除"六部"外，又设"六科"，每科均设"都给事中"。吴文梓出仕后，曾因为向皇上或上级提意见而被贬往遥远的广西崇善县任典史。"典史"是县令下掌管缉捕和监狱的小官。

万历帝驾崩不久，天启皇帝即位后，为前朝那些因提意见而受到打压的人平反。其间，朝廷赠给平反后的吴文梓"太常寺少卿"的称号。吴文梓致仕返乡后，终老在家。吴文梓墓坐落于九华山下庙前镇星星水库西侧的一座土山高坡上，墓园形势庄严，坐西朝东，以九华独秀峰为案。墓碑上赫然一行大字碑文曰："太常寺少卿兵部都给事中吴公南台之墓。"吴文梓母亲一生育有八子，八子皆得功名。据此，老田吴家这一支的后人便在穿村而过的玉带河上游内弯里建了一座著名的"八桂堂"分祠。吴文梓母亲的墓园坐落于青阳县杜村乡五阳村河南自然村中，墓穴堪舆形势极为显赫，墓碑十分庄严厚重，碑文依然清晰。

吴文梓退休在家期间，经常在九华山上盘桓，曾经在化城寺与阳明祠之间建了一处供族人读书时居住的"南台精舍"。吴文梓钟情于九华山水，尤爱东岩风光，并与在岩下修行的一位法号为普通的和尚结下善缘。吴文梓与普通和尚此次结缘，开启了九华山东岩史上的一番建寺弘法、利益千秋的盛事。

吴文梓曾为东岩上初建的佛殿留下过一篇《东岩佛殿碑记》（以下简称《碑记》）。《碑记》一开头，就赞叹了东岩之上优美的自然环境，并告诉人们，从东岩之巅"俯瞰数百里，泉飞岫立，如列掌纹，真九华一大观也！"接着又分析了东岩与开山祖寺化城寺之间距离以及游人对二者的关注度。通过长久的观察和细心的分析，吴文梓注意到，尽管"四方之登山者，岁不下十万……其陟东岩者百无一二焉，夫东崖去化城高不逾二里许"。这句中同时用到了"东岩"和"东崖"，显然，"东岩"指的是东峰上的那块巨石，"东崖"指的是化城寺东面的山崖，即东峰。这句记文主要告诉后人，明朝万历年间，九华山的年游客量已达十万人，但登临东岩者极少，一百人中，仅一两位而已。正因为如此，当时在东岩上修行的僧人普通和尚萌生了就地建寺以吸引信众的想法,并将其告知了自己的道友吴文梓。鉴于二人之间有"檀护之谊"(护持和被护持的友谊),吴文梓决定为筹建东岩佛殿发起募化。就募化的方式,吴文梓分析,"语人以山水,人卒莫之解,惟借佛力以倡焉,自有群起而应者"。他认为,仅仅向人宣传东岩的风景会无济于事的,只能借助佛力才能成功。于是,吴文梓便将老田吴家族人召集到一起,向大家讲述了当初吴家先祖与金地藏结缘,并始终护持佛教的事迹。他告诉大家,作为吴家子孙,"与地藏之子若孙,夙有因缘,又何惜片地,不力新之,以彰神圣之遗迹。诸父老咸感此语,欣然解囊"。这句的意思是,我们吴家子孙与九华山上这些金地藏的徒子徒孙们向来就有佛缘,我们为何不能捐出一小块地方,让他们将这块地方焕然一新,并在这里弘扬佛法呢?当时九华山东峰两侧均为吴家山场,在吴文梓的说服下,族人将东岩及周边山场捐入佛门。同时,大家又纷纷为建寺捐款。这便是东岩佛殿最初的用地和启动建寺工程的缘起。关于东岩佛殿最早的布局和建设过程,吴文梓在《碑记》中也作了记述。在父老乡亲为东岩建寺欣然解囊之后,"不日而工役聿兴,先为之殿,次为之堂……复面东为楼,楼下为轩,以憩游客"。亦即殿、堂、楼、轩是次第建成的。这次建的"轩"后来特别著名,但当时尚未命名,直到清康熙年间才被当时池州知府的副官田别驾命名为"天籁轩"。

当东岩佛殿建成之后,吴文梓曾亲自登临,并游览了崭新的东岩佛殿。在《碑记》的结尾部分,他记下了自己对东岩佛殿及纷至沓来的登山客的思考。他分析,"海内佳山水,每盛于一二香火仙佛之宫,而游人之筇屐日多,山灵之声价反日减",意即在登临宗教名山的大批客人中,大多重观光、轻朝圣,仅以简单的烧香形式去代替朝圣的参学目的。所以,吴文梓担忧,"吾恐殿成之后,其宽敞足以纳客,金碧足以炫人,梯航来者,于于登焉,安保他时,东岩不如化城喧杂,以致香火盛而山水掩也乎"。他担忧东岩上新建的佛寺如此雄伟绚丽，将来会像化城寺一样失去清净；他又担忧将来人们只顾欣赏寺院而忽略了周围的美景。因此，他要求将他上述的这番提示语刻在石头上，以提醒后人，在看风景，赶热闹的同时，不可忘却自己前来修学地藏精神的初心，要观景朝圣两不误。在《碑记》的结尾部分，吴文梓希望，"勒此语于石，愿后之来游者，因法王之圣迹，以探岩壑之幽奇，庶与地藏卓锡清净之初心不至相左也"，即希望后人来菩萨道场探幽的同时，还要参悟菩萨救度众生的初心。吴文梓撰写的这篇碑文完成于万历四十七年（1619），碑刻于同年九月落成。

吴文梓在上述《碑记》中记载的东岩佛殿东楼下的"轩"，到了清朝康熙年间才有了正规名称。康熙年间的一位田别驾来游九华山东岩时，为此轩题有"天籁悠然"四字，由此，便有了"天籁轩"这一无比隽永的称呼。别驾是州刺史或知府的副官，依例不与刺史同车出行，而另驾一车，故称"别驾"。上述别驾姓田，故称"田别驾"。

东岩佛殿建成后不久，明万历年间南京户部尚书、池州建德（今东至县）人郑三俊前来九华，登临东岩，并留下了一首《登东岩》七言诗，以盛赞新建的东岩佛殿和东岩之巅的雄奇险峻。诗曰："东崖云构参天起，铁壁朱栏闲可依。萧萧万壑生冷风，长啸一声毛发指。"

吴文梓及老田吴家族人是九华山东岩佛殿最早的功德主。

九华山下老田吴家的另一位大护法是吴襄。吴襄（1661—1735），字七云，号悬水，幼名沙弥，清康熙五十二年（1713）进士。吴襄入仕后，曾任翰林院编修、侍读学士、礼部尚书等官职。吴襄生于顺治十八年（1661）十月初四日酉时，系老田吴家的第六十七世。吴襄出世后不久，其父吴日光即以佛门中"沙弥"二字作为吴襄的幼名，因为吴家祖上世代信佛。吴襄自幼聪颖好学，20岁时便在当地的诸生考试中名居榜首。康熙五十二年（1713）中进士后，于雍正朝"值南书房"期间，吴襄曾多次为朝廷出谋划策，并得到皇帝的肯定和采纳。雍正元年（1723），吴襄曾为发源于的河北邯郸磁州境内的滏水治理一事，向朝廷奏呈治理方案，皇帝采纳了吴襄的意见。由此，吴襄得到了朝廷的重用。雍正九年（1731）春，皇上命朝臣商议皇家祭祖典礼的事。其间，吴襄提出将原来的享殿改为更高级别的献殿作为祭坛，并将原来的瓷器祭品换成铜质祭品。吴襄认为这样的改进既符合旧制，又契合时宜。吴襄的这一方案又一次得到了皇帝的认可。为此，吴襄于雍正十一年（1733）得以随驾谒祭景陵，同年十二月二日又奉特诏紫禁城骑马。雍正十二年（1734），吴襄晋礼部尚书兼都察院左都御史。

老田吴氏宗谱

为了夸奖吴襄，雍正皇帝还专门赐御制五言诗一首，诗中有"文章归大雅，学术在纯金"两句，以评价吴襄的治学精神。此后，皇上又赐给吴襄"老成端谅"四字匾额一块。匾文中的"端谅"是正直诚信的意思。吴襄为官期间，著有《锡老堂集》和《梅花诗百首》等诗文集。此前，吴襄还受过康熙皇帝嘉奖，参加过皇上为宴请六十岁以上老人而举行的"千叟会"。

吴襄当年迎娶的是工部主事陈明晰的曾孙女陈润。陈润生于顺治十四年（1657）十二月十八日未时，长吴襄四岁。嫁入吴门后，陈润为吴襄生了三子二女。陈润卒于康熙三十八年（1699）九月初四日辰时。由于夫妻感情甚笃，吴襄在夫人去世后，决意不娶不纳。雍正十三年（1735）正月初八，吴襄因处理公务，到天快亮时才回到家。在与小儿子吴兆雯谈论过要报答国恩的话题

129

之后，到了初九日寅时，吴襄"息短气微，端坐而逝"。吴襄因操劳过度逝世后，皇帝"晋赠光禄大夫"称号，并与"晋赠一品夫人"的陈润合葬于池西二保上河村虎形山（今贵池城涓桥金星村）。吴襄墓地之所以选在长江之滨的贵池城西，而没能葬在九华山下的原因，可能是其逝后的下半年，尸骨溯江运抵池州之际，恰逢雍正皇帝驾崩，受"民间停止一切娱乐祭祀"活动的影响而不得不就近尽快下葬。吴襄逝后，皇帝赐给吴襄的谥号为"文简公"。有清一朝，但凡大臣逝世后的谥号中能带有一个"文"字，那便是至高的荣耀。吴襄墓旁有庄屋一座，庄屋门匾上的"墓莊"二字，为当时在朝廷中负责文史编撰的侍读学士汪由敦所题。

吴襄墓庄于20世纪中叶受损，吴家后人吴明芳、吴承奎等人于2010年试图将墓冢移回老家。奈何，碑基座的赑屃已被当地农户砌入墙脚，一行人只请回三块石碑残片。这些刻有满汉两种文字的吴襄公墓碑残片，被九华山二圣村大愿陵园的事务主持人、摄影爱好者李勇先生谨慎地收藏在大愿陵园内。

吴襄自幼钟情家乡山水，礼敬九华僧伽。当他得知自己的小儿子兆雯，在老田吴村西南的吴公尖上建了一处读书庄，曾专门为其作诗一首："吴公尖下景荒凉，抱卷童年就草堂。忆得山厨供饮啖，松花饼软笋羹香。"吴襄在登临九华山东岩后，作有《东岩有感》诗一首。诗曰："松石斗嶙峋，奇山逢故人。往来天际路，吟啸梦中身。三月雪犹冻，一岩花不春。泉声云处落，洗尽十年尘。"同时，吴襄还为其先人吴文梓在东岩上建的"天籁轩"作有《东岩天籁轩铭》。铭文曰："东岩之东，翼然轩庑，倚洞若负，瞰岩而俯，日月当牖，烟霞启户。天台瀑悬，闵溪流聚，触石争鸣，乘风乍鼓。簹滴苍岚，松飞白雨，鸟寂千林，云归一坞。列翠成屏，凌虚结宇。芥子安居，莲花坐数，身接层霄，神游太古。天籁在心，悠然领取。立洗尘根，来皈净土。"

吴襄的"悬水"字号为其"自号"。吴襄特别喜欢老田吴村东面山上的浮桃涧，即今天的桃岩瀑布。他喜爱自己家乡"悬挂"在山崖上的瀑布，于是，他便给自己起了这个美丽的字号。

吴襄是清朝历史上的一代名臣，同时也是九华山佛教史上的一位大护法。

祇园寺

　　祇园寺,原名"祇树庵",为九华山"七大丛林"之一,是"全国重点寺院",和"全国重点文物保护单位"。祇园寺位于九华街水口上古老的迎仙桥东头。明朝万历年间,这里最早建有一座供游人小憩的"怀贤亭",后来,这里才有了"祇树庵"。清康熙年间,祇树庵被列为化城寺的东序寮房之一,此后一度

祇园禅寺

衰败。清嘉庆年间，九华山佛教史上著名的安徽郎溪籍僧人隆山和尚入住祇树庵之后，祇树庵一度中兴，且初具丛林规模。咸丰年间，九华山遭遇兵灾之际，隆山和尚身后的祇树庵，"祖堂尚存，真身如故"，并未受到根本的破坏。

咸丰兵灾后的祇树庵旧址旁曾建有"接引殿"。《九华纪胜》作者陈蔚实地考察九华山时记载："陟望江亭，抵江山一览亭，路南下，左折，过迎仙桥为接引殿，即旧怀贤亭址。"从 20 世纪初的老照片来看，这里曾有三处宗教建筑，即祇园寺山门，及其西侧并列的接引殿（又称铁佛寺），再往西的百岁宫下院。百岁宫下院为清末百岁宫方丈常修和尚所建。咸丰兵灾后，恢复重建祇树庵并改称"祇园寺"的僧人，是清朝同光年间的"祇园后裔"大根和尚。大根和尚原本是甘露寺中兴祖师法源老和尚的弟子。法源老和尚后来曾应邀担任过祇园寺住持。应法源老和尚安排，参学归来的大根和尚跟随师父也入住了祇园寺，并协理祇园事务。

今天人们看到的这座山中大寺"祇园禅寺"，其各大殿宇建成的时间各不相同。韦陀殿系光绪十八年（1892）住持僧常缘重建。山门殿于清宣统元年（1909），由住持僧海量和尚主持重新修建。祇园禅寺的大雄宝殿是 1929 年由僧人宽扬与宽慈募建。大殿后侧东南坡上的光明讲堂为 1936 年扬州高旻寺了愿法师募建。了愿法师是时任祇园寺方丈宏志大和尚的挚友，因而有缘协助宏志法师募建了光明讲堂。

根据民国《九华山志》记载，祇园寺曾经三度中兴。清朝乾隆年间在甘露寺住持传灯和尚的主持下，祇园寺得到了第一次中兴。关于祇园寺后两次重要的中兴，在大根和尚于清光绪八年（1882）八月立于寺内的一块《重建祇园碑记序》中记载得比较翔实。这块石碑目前被闲置在化城寺后院中。这通碑文主要记载的是清咸丰前后"祇园"的两衰两兴的因缘。其中一次是嘉庆年间隆山和尚住持期间，另一次是光绪年间大根和尚住持期间。

　　关于祇园寺最早的名称，大根和尚在碑文中记述道："以我祇园禅林，在昔名之曰祇树庵……"据大根和尚在文中分析，这可能是当初地藏菩萨认为九华山与佛当年说法的"祇园"非常相似，后人遂据此以"祇园"名寺；也可能是因为最早的"祇树庵成于众善之增修，为其更名曰祇园"。关于这个问题，大根和尚当年还专门做过考察，却无果。他在碑记中说："凡此皆未可知，间尝询诸二三父老，博采舆论，金曰是庵之建立也，由来久矣。"

　　古老的祇树庵，到了清嘉庆年间，因为一直没有合适能干的住持和尚，"以致香烟冷落，梵宇率多倾坏，佛像半数凋零……往来目击者靡不窃窃然忧之"。在这种情况下，"维时合山僧众，邀集柯吴山主商议"，公推出当时在老虎洞中修行二十年不曾出洞，且"面壁得道于三藏法中"的隆山和尚。这位众望所归的隆山和尚入住祇树庵后，便着手计划"恢宏祖志，大振宗风"。在僧俗两界的大力支持下，"产业因此渐增"，并且还"结午缘于朝山僧众"，即向前来九华山的僧人提供午餐。这时的祇树庵已然成为三宝具足的"祇园寺"了。其间，九华山下柯村柯家和老田吴家族人均有贡献。这时的祇园寺丛林规模初具，并开始安单接众。此后，隆山和尚曾有过开坛传戒的愿望，奈何"无如志欲偿而缘已满，事不果而身告归"。隆山和尚告归之后，其弟子们遵其遗愿，龛缸三年。三年后开缸时，老和尚"形容如旧"，寂然示现金刚不坏之身。隆山和尚寿腊八十有四，其肉身是继唐朝金地藏以及明朝无瑕和尚之后的又一尊显圣的"肉身菩萨"。隆山和尚肉身毁于20世纪60年代。

　　根据祇园寺后世僧团的传承情况和至今依然悬挂在祇园寺法堂中的"道发隆山"贺匾分析，从隆山和尚发端，到20世纪仁德老和尚入主之前，祇园寺僧团一直宗承的是禅宗"一花五叶"中的临济宗和曹洞宗。清咸丰年间的中兴祖师大根和尚是曹洞正宗第四十四代祖师。1934年的祇园寺住持宽明和尚也曾经接过曹洞宗洞山法系的法卷。1937年，宽明和尚将法卷交由法徒宏志，宏志又交其徒惟和保管。笔者当年与惟和法师很熟悉，但关于"法卷"，却错过了就教之机，十分可惜。

1984 年，仁德法师当选九华山佛教协会会长，随后又于 1986 年 10 月荣膺祇园寺方丈。仁德法师于 20 世纪 80 年代初，在广东丹霞山别传寺得法，成为临济宗临济法派第四十五代传人。仁德法师的入主，是祇园寺恢复十方丛林选贤制的成果，标志着祇园寺僧团继承临济宗的新纪元，更是祇园寺新时期再次中兴的开端。

祇园寺历史上最重要的第三次中兴，是清朝同治初年在时任住持大根和尚主持下开始的。

据《重建祇园碑记序》载，咸丰兵灾之际，九华山上"烽烟顿起，劫火频加，凡净土惨见为焦土，我祇园幸未作荒园"。同治初年，"干戈顿息，环宇胥平"之后，祇园寺"裔孙大根朝海回山，伤心惨目"。在大根和尚唏嘘之际，其在甘露寺常住时的师父，时任祇园寺方丈的法源大和尚要求大根留在祇园寺，以协理寺务。在大根的协助下，法源大和尚于同治七年（1868）主持重修了祇园寺。此后不久，大根和尚接任祇园寺住持。大根和尚在他撰写的碑记里记述他领衔中兴祇园寺时称，"幸赖同参兄弟，众位僧徒，各矢善心，共持苦志"，又"幸得祖师之感应，各僧徒之竭诚募化，带十方贵官长者，志士仁人，各开方便之门，舍朱提于衲，广种无量之福田，倾血银于囊中，越数年而宝殿辉煌，金身炫耀，再数年而法堂整肃，方丈庄严，以及钟板梆声，禅堂齐备，从此挂单接众，大开不二法门"。至此，祇园寺于光绪八年（1882）再次中兴。在大根和尚住持下，焕然一新的祇园寺，"朝山仍接午缘，切事悉循旧制"。

万事俱备之后，大根和尚决然继承隆山祖师未逮之遗愿，在祇园寺中登坛传戒。此次传戒是祇园寺历史上的首次，也成就了大根和尚祇园寺禅宗史上"曹洞正宗第四十四世大根灵禅师"之称号。根据相关史料分析，这时的祇园寺已然成为"十方丛林"。大根和尚圆寂后，祗园僧众专门在寺院西北三里的凤形山中为其起塔安葬，并在塔上建有屋宇。随后，此处逐渐形成祗园寺的西塔院。

祗园寺西塔院的室内布局秩序严谨，大根和尚灵塔居中，与其并排尊边的是合葬祗园寺已故首堂和尚的灵塔，次边是已故大僧们的普同塔。大根和尚塔的左前方是二僧塔，右前方是沙弥塔。五座塔风格相同，中间主塔较高，其余四塔略矮。祗园寺后世弟子圆寂后绝大多数都葬在西塔院内或附近山坡上。

九华山祗园寺"道发隆山"，继法源、大根师徒三次中兴之后，光绪十三年（1887），祗园寺住持僧为淮海。光绪十八年（1892）住持僧常缘。宣统元年（1909）住持僧海量。1923年住持僧应道。1929年住持僧宽扬。1933年住持僧宽慈。1934—1937年宽明和尚与宏志和尚相继担任住持。1939年前后祗园寺方丈为宏社大和尚。1940—1949年住持僧宏瑞。此前的宽明和尚接过曹洞宗洞山法系的法卷，是洞宗第四十七世传人。宽明和尚之后，祗园寺可能一度成为子孙丛林。直到1986年仁德法师升任方丈后，又试图恢复祗园寺为选贤制的"十方丛林"，祗园寺现任方丈为道源大和尚。

九华山祗园寺以其优越的地理位置和优美的自然环境及华丽的寺宇建筑，素享"九华山七大丛林之首"的美誉。游人在赞叹祗园寺时，常有"远看山裹寺，近看寺裹山"之说。大小数百间寺舍，合理而有序地分布于摩空岭西坡之下，使祗园寺成为九华山中规模最大的一座古刹伽蓝。祗园寺在九华山现存的99座寺院中，其寺舍最多，规制也最为完整。从主殿到配殿，从堂口到僧寮，均依制具足，且布局合理。佛事区与生活区严格分开，无论是僧众修持，信众礼拜，还是游人参观，祗园寺都显得非常之如法如愿。

祗园寺的建筑布局依山就势，错落有致，建筑风格则以佛教宫殿式建筑与徽派民居式建筑相间为特色。因为佛寺是培真养慈之处，是广大信众开无上智、结增上缘之所，因此，祇园寺的殿宇建筑，从山门开始，直至后坡上的僧寮和花苑，均呈逐级抬升之势，其间无稍低者。信众游人在寺内进香礼拜之际，不觉间，脚下的位置便在步步高升。待到礼拜完毕，客人们来到大殿后侧最高处的禅堂门前，蓦然回首，化城祖寺及屋舍俨然的整条九华街市赫然在目，瞬间令人心生欢喜，廓然无碍，其朝山进香之初心亦便自然圆融现实。这也是当年祖师们建设祇园寺的初心。初心与初心相印，出世与入世相契，演绎的正是大乘菩萨精神之实际。

山门清净绝非虞，檀越归来增福慧。九华山祇园寺是观光客进入"莲花佛国"九华街时，见到的第一座寺院，而首先映入人们眼帘的则是祇园寺山门。在通往山门的石板道中部，原来嵌有一大块方形石刻，题材为当年祇园寺方丈宏志大和尚设计的一朵硕大的圆形莲花，题材寓意为客人们已然"步入莲花佛国"的方圆之间。踏着这朵大莲花进入祇园寺，即标志着游客迈出了走进"莲花佛国"九华山的第一步。宣统元年（1909）的祇园寺住持海量和尚在建设祇园寺山门及山门殿时，极为用心。为了体现寺院的庄严清净，祇园寺山门与山门殿被设计得极为罕见，呈现出一体建筑、两种范式的独特风格。整座三间两进的山门殿，采用的是徽派民居范式，但中间一大开间被子然挑高两小层，建成三檐翘角的亭阁式山门楼。楼殿虽一体，风格却迥异，山门楼仿佛是"栽植"在山门殿正中。祇园寺山门并不宽大，但朝向极好，是一座为南偏西三十度的"斜门"，巧妙地避开了对面的化城峰顶。祇园寺山门上写着一副对联，联曰："祇树荣光盈宇宙，园林春色满人间。"楹联巧妙地将寺额"祇园"二字藏于联头。

祇园寺山门门楼是一座三重飞檐的建筑小品，嵌建在山门殿的正中一间。门在殿中，楼在屋上，朴素与华丽兼而有之。三重的半坡屋面上均覆以金碧辉煌的黄色琉璃瓦。三重飞檐的六处翘角下均悬有风铃。三重歇山式山门的各层梁柱及斗拱撑拱上均饰有内容丰富、寓意隽永的雕绘图案。

祇园寺山门门框上方自右往左排列着四块烧制而成的青花瓷瓷板，板面写着"祇园禅寺"四个青花大字。在山门第一层的正梁下方，右侧清楚地写着"皇清宣统元年岁次阳月，大护法信女郑法名慧本敬酬"字样，左侧落款为"住持海量阁院两序大众师建修仝立"。在这一层的八处斗拱下，分别饰有"八仙"题材的半浮雕"撑拱"。正梁正面正中的雕刻题材是"唐王迎经"图，其右侧的内容是唐王李世民带领一干大臣在桥头送别玄奘的"沙桥饯别"图，左侧呈现的是唐僧玄奘师徒及白龙马在西天雷音寺受佛祖封赐的"雷音受封"。在第一层的二道梁正中部位雕有"长生殿"上的场景，二道梁上方的衬板上雕绘的是《水漫金山》图。

祇园寺山门门楼第二重中间的冬瓜梁正面上，雕绘的是《文王访贤》图。图中的周文王及两位随行在一位向导的指引下，见到了正在渭水垂钓的姜子牙，画面人物神态十分生动。本层檐下的四处撑拱分别是四位寓意"福、禄、寿、禧"的人物雕刻像。

祇园寺山门门楼的第三重檐下镶嵌着中国佛教协会会长赵朴初先生于1992年题写的"祇园禅寺"寺额，落款时间是"壬申年仲夏，赵朴初"。第三重檐下两侧的两处撑拱上雕刻的是"二龙戏珠"图案。祇园寺山门在九华山所有寺院的山门中，是最为庄严、最为华丽的一座山门。

祇园寺山门门楼所依的山门殿，又称哼哈殿，殿内两侧供奉有密迹金刚的一尊两像，东边的一位一直在哼，西边的一位永远在哈。哼者左手挥扬，右手托杵。哈者右手下按，左手托杵。该金刚的两副面容神态皆凶恶无比。山门殿正中供奉的是九华山地藏菩萨的护法专司——灵官菩萨。三目灵官天眼圆睁，面露凶恶，右手高举金刚降魔杵，左手结通灵诀手印，神态凛然，令人肃敬。

灵官菩萨龛外两侧的包柱对联写着"举目仰瞻何必生几分怯意,低头猛省还须存一点忠心"。灵官菩萨在左右金刚的拱卫下,使得整座山门殿无比严肃庄重。这里作为祇园寺入口,凡戏虞不敬者,抑或心术不正者,到此无不不寒而栗,毕恭毕敬,而之于往来善信,则倍感护佑,心生欢喜。在灵官龛室的背侧板壁上,今天人们依然可以看到当年祇园寺老方丈仁德大和尚于 20 世纪末题写的开示偈语"慈悲做人,智慧做事"八个笔力遒劲的大字。为了抬高门槛,祇园寺山门殿的台基高于门外车马大道 1 米之多。

祇园寺山门殿与后一进殿宇之间是一处相对规整的正四方形院落。每当寺内举行重大佛事活动,寺僧们就在这里排列仪仗,整装待发。院落西侧还专设一间空寮,以作僧众搭衣整装之处。20 世纪七八十年代,这间房内住着一位一条腿不方便的老僧悟超法师。笔者与悟超法师非常熟悉,冬天常见其浴着阳光,在祇园寺山门外空地上扇着红泥风炉做饭,愈发悠然自在。悟超法师对国家推出的改革开放政策赞叹不已。每当有陌生人好奇地问及和尚的法名时,法师总以四句偈回答——"我的名字叫悟超,一脚矮来一脚高。而今斋饭实在好,香油炒来麻油浇"。言罢,笑声灿烂。法师终身信仰坚定,性情豁达。

祇园寺的第二进殿宇依制为天王殿,殿宇呈重檐歇山式,上覆普通黛瓦。进殿须登五级石阶。殿额"天王殿"三个行楷大字,系本世纪初书法名家周慧珺所题。根据寺院的整体布局和地势要求,当年的僧人们将弥勒殿、韦陀殿与天王殿合三为一。进殿迎面的当然是一直在此恭迎的笑面弥勒。行到此处,访客无不心生欢喜。天王殿内东西两侧,靠壁供奉着手持宝剑、琵琶、宝伞和天龙的四大部洲"四大天王"。在弥勒龛背后,又设一龛,与弥勒菩萨背靠背地供奉着韦陀菩萨。作为佛祖的护法菩萨,龛中的韦陀面朝大雄宝殿,双手紧按金刚宝杵,帽饰三戟朱缨,格外威风凛凛。这一进殿宇的台基比山门殿台基又拔高了 1 米。

出天王殿后门，穿过一处小院，人们又须再登十七级石阶，高攀 3 米，上到大雄宝殿须弥座下的过道。在这处石阶的上方，原先有一座圆门，门头嵌有一块扇形石刻门额，额上刻有"入三摩地"四个楷体大字。门与额相映，十分优雅。90 多年来，此处景致曾吸引过无数文人雅士和达官显贵们的驻足。此处圆门于近年寺院维修时被拆除。现今此处，只留石阶，不见圆门。

穿过天王殿及其后院，登十七级石阶至坡顶，祇园寺大雄宝殿便赫然在目。因为大殿与前面的山门殿和天王殿不在同一轴线，初上九华的登临者在"近看寺裹山"的祇园中穿行时，对大雄宝殿的方位毫无预期。当人们到达大殿须弥座前仰观之际，无不愕然。

祇园寺大雄宝殿是一座红墙黄瓦、重檐歇山式宫殿建筑，耸立在高大的须弥座上。须弥座宽 28 米，深 22 米。在周围多处粉墙黛瓦的徽式配殿的簇拥下，大雄宝殿尽显"唯我独尊"之势。到这里，大殿的地基已被逐级抬升了 6 米之多。

祇园寺大雄宝殿距今最近的一次重建是在时任方丈宽扬大和尚主持下，于 1929 年开始的。4 年后，于右任先生于 1933 年秋季前来九华山看望僧众，并与僧众结缘五百大洋。于先生来访期间，正值祇园寺大雄宝殿落成，及宽扬老和尚退居之际，宽扬、宽慈二位老和尚便乘机请老先生为新大殿题额。于老先生欣然允诺，回南京后题字制匾，又派专人送上九华山。于右任先生题写的匾额至今依然高悬在大殿正门上方。额上"大雄宝殿"四个行楷大字愈显老先生深厚的书法功底。目前的祇园寺大雄宝殿，建筑历史 90 余年。

祇园寺大雄宝殿脊高 25 米，面宽 25 米，进深 19 米，殿外环廊宽 1.5 米，廊外均有石板护栏。大雄宝殿的红墙黄瓦使大殿愈发雄伟壮丽，歇山顶上下的飞檐翘角，使建筑尽显优雅灵动。第一重檐下的所有斗拱两侧均饰有两两相对、内容相同的四块彩绘木雕，上一对雕绘内容为仙鹤，下一对为苍松，喻意"松鹤延年"。第二重檐下所有斗拱两侧则饰以同款雕刻，但绘画题材改为"龙凤呈祥"寓意的龙凤水藻纹雕板。上下两重八角的挑梁梁端被雕为吐水克火的螭吻。挑梁下的所有吊柱均被雕为芍药花钵。一重檐下四维高墙上方均嵌以石框拱顶玻璃大窗，而上一重檐下的窗户则均为传统风格的方格玻璃窗户，如此采光设计，使大殿内终日敞亮。祇园寺大殿的殿脊由数十只青花瓷方瓶罩护着脊瓦，两端依例饰有两条擅跳龙门的吞脊鲤鱼。殿脊正中脊刹为三戟宝瓶，谐音"平升三级"。

祇园寺大雄宝殿殿内一应像设塑造得极为精美。大殿正中的大理石神台高1.8米，宽10米，神台之上供奉着三尊慈眉善目的贴金大佛。居中者为南无本师释迦牟尼佛，其左为南无东方净琉璃世界药师佛，其右供奉着南无西方极乐世界阿弥陀佛。三尊大佛连同莲花宝座和背光雕件，总共高7.5米，是九华山中现存历史最为久远的金身三尊大佛。在三尊大佛神台的左右，隔着通道，又另立两座神台，上首供着坐青狮的文殊菩萨，次边供的是骑白象的普贤菩萨。

大雄宝殿中三尊大佛的背后，是常见的"海岛观音"。祇园寺的"海岛"，连同1.7米高的神台，总共高15米，宽8米。90多年前的造像师们在塑造祇园寺"海岛"时，非常用心。整座"海岛"上的善财童子五十三参造像十分生动，且分布得疏密有致。立于正中，"独占鳌头"的女像观世音菩萨，像好庄严，身姿绰约，衣着华美，眉目慈善。"海岛"顶端的大鹏金翅鸟现展翅天人像，寓意十分丰富。大殿两侧供着十八罗汉金身，每尊罗汉龛下均有本尊简介。三尊大佛对面的殿堂右上角架着一面硕大的法鼓，鼓面周缘写有"民国二十二年岁次癸酉秋季，宏社等敬募"等字样。殿堂左下角钟架上悬着的铜钟为现任方丈道源大和尚置办。

祇园寺大殿的内部空间被设计利用到极致。当年的大工匠们在殿内后两处角落里，别出心裁地隔出了两处斗室，供大殿中各种佛事活动存放各类法器或物料。此举既解决了严肃的大雄宝殿中的杂物存放问题，又为施工时减少了凿石。减少开凿确保了大殿须弥座的稳固，因为大殿基座后缘紧连后坡山体，两处斗室的基石与殿外山岩是浑然一体的。三尊大佛左后侧的斗室石基余留1米之高未凿，僧众须登六级石阶方可入室，而右边对应处的小室室基仅高30厘米，登三级石阶即可入室。两间斗室相向开门，二者左高右低，天然地契合了佛家的尊左制度，同时，斗室门前的两处牌位供台，也便顺乎自然地形成红色长生牌位依例供在左侧尊边，而黄色的往生牌位侧供在右边台上。

祇园寺大雄宝殿募建时，正值抗日战争前夕。1931年到1934年，受当时世界经济危机的冲击，加之列强对我国的经济侵略，中国经济的发展势头一度受到遏制。估计是受这种大环境的影响，祇园寺大殿当年的建筑质量不佳。其屋架部分用料强度不够，多处梁柱材料单薄。虽经其后不久宏志大和尚主持的一次加固，和20世纪80年代九华山建筑公司万有来师傅等几位著名大木匠的"偷梁换柱"，但祇园寺大雄宝殿的架构现状依然令人担忧。现存祇园寺大殿内那条高大而又雕刻精美的佛前供桌，是20世纪80年代青阳县著名建筑木雕大师刘本荣的作品。

面对祇园寺大雄宝殿的殿宇原先是客堂和僧寮杂处的局面，道源大和尚近年将这里改建成一排十余间宽大的平房。新建筑被隔成三座殿堂。自南往北分别是药师殿、观音殿和念佛堂，各间地面距离天花板均达4米。药师殿开间为三间半，进深两间，题额者为邹德志。药师殿正中供奉着由楠木雕刻而成的药师如来及日光菩萨和月光菩萨。药师殿北侧，大雄宝殿正对面的是五大开间的"观音殿"。殿额由苏士澍所题。观音殿正中供奉着千手千眼观世音及善财和龙女两位侍从，三尊均由楠木雕刻而成。观音殿两侧神台上供奉着"观音菩萨三十二化身"，整座殿堂可容百人。观音殿再往北并列着"念佛堂"，念佛堂正中供奉的是西方三圣像，殿堂可容数十人念佛，念佛堂门头上的匾额为仁德老方丈所题，念佛堂往北，与五观堂隔廊相望，中间的廊道下行直通祇园寺西后门。

祇园寺西后门开在一座高约3米的平台上。平台平地而起，实砌为一梯形"菱角台"，"菱角"

法华老法师

两侧建有两条供人上下的石阶梯道，梯道宽约2米，从两侧下行均可落到寺院西后侧平地。这座后门是寺僧们平时出入的主要生活通道。后门里左右设有僧寮。20世纪70年代末至80年代初，这里住着一位鹤发童颜的老僧，法名法华。法华法师四季着同一件棉袄，夏不觉热，冬不觉冷。可见其对"一切唯心造"悟得何其之深透，对待炎凉是何等的淡定。法华法师年逾古稀时，却依然童心不泯，常与九华街上的儿童们嬉戏。今天，九华街上50岁左右的居民们回忆起"祇园寺老法华"，无不心生欢喜。

念佛堂北面的斋堂改南向开门，门头上的"斋堂"匾额由仁德老方丈于乙卯年辛未月所题（题字时间似有误）。祇园寺斋堂可容纳百余僧众同时过堂，方丈座面东而设。斋堂东壁开一腰门，通往居士斋堂，居士斋堂可容200

人同时用餐。由居士斋堂往东北再穿过一道腰门，便是祇园寺中厨。中厨内原有一口大铜锅，这口铜铸大锅，口径为173厘米，高56厘米，每次可煮400斤干米的米饭，人称"千僧锅"。锅缘铭文注明该锅归属"九华山祇园寺"，铸造于中华民国二十一年（1932）夏，是当时的祇园寺住持宽慈法师主持募化的，功德主为"顾倪化道率子云皋，子云鹤，女陶顾婉珍，婿陶国佐，媳顾马玉英，孙石麟敬助"，铸造厂家是"上海南码头街许志大冶厂造"。千僧锅目前被陈列在九华山历史文物馆内。

祇园寺大雄宝殿北侧并排着地藏殿，殿额为居士林希炎所书。地藏殿正中供奉着地藏菩萨及道明、闵公二位侍者。殿两侧壁上嵌有半浮雕的"十殿阎王"石雕图。殿中常年设有专供焰口佛事的一应排场。这里曾经是祇园寺法堂，"道发隆山"匾额当年就曾悬在堂上，近年寺院维修时，将法堂易处设立。地藏殿楼上现今为玉佛殿，殿中供奉着玉雕彩绘释迦坐像一尊。地藏殿和玉佛殿楼下楼上共拥一栋。这栋楼宇北面，隔着一条走廊，最近又新建了一栋崭新的僧寮。

出大雄宝殿后门，左折可以登上寺院后坡，这里原来错落着一座退居寮和几处大寮。原先大殿右侧有长廊道通往退居寮，左侧廊外有石阶通往后坡。通过近年的整修和扩建，现今的大殿后坡之上，自北向南整齐地排列着僧寮"静"园、万佛殿和卧佛殿。北首坡外错落的几处僧寮建得极其美观。这几处独栋僧寮组成一处院落，院落入口是一座圆门和一垛粉墙。圆门旁大书一个"静"字，与粉墙一起，将僧人生活区和南侧的配殿区严格地分隔开来。

大殿后坡上并列的两处配殿之间是一条石阶通道，上坡直通后坡花苑。通道北侧的万佛殿正中神台上供奉着九华山上罕见的铜铸五方佛。五方指的是东南西北中；五佛分别是中央的毗卢遮那佛、东方的阿閦佛、西方的阿弥陀佛、南方的宝生佛和北方的不空成就佛。神台周围供奉着数十尊中等高度的汉白玉佛像。大殿两侧数百处小型佛龛里清一色地供奉着冰清玉洁的德化白瓷佛像。殿堂中间，常设着专供祈福法会的佛事排场。

大殿后坡南侧屹立着耆旧的光明讲堂。建成于 1936 年的光明讲堂是当年宏志大和尚的道友、高旻寺首座了愿和尚的功德。讲堂楼下现今辟为卧佛殿，楼上改称般若堂。祇园寺卧佛殿中供奉的是一尊现涅槃像的卧佛。卧佛长约 4.8 米。其周围立着诸多与佛诀别的弟子，弟子们神态各异，各自都在表现着对佛涅槃的感悟。此组像设均为紫铜铸像，造像艺术高超。根据笔者在印度和缅甸一带南传佛教国家考证，卧佛像分为不同的两尊。卧睡的"卧佛"一般独尊独处，左脚整齐地叠加在右脚之上。涅槃的"卧佛"，其周围立着多位哀恸的弟子，且其左脚前掌是耷拉在右脚脚面上的，这一艺术处理，寓意非同凡响。祇园寺卧佛殿中的卧佛现的是涅槃像。卧佛殿楼上的般若堂未改原来光明讲堂的用途，依然是佛家讲经的教室。多年来，笔者偶尔也在堂上为信众们讲故事。卧佛殿门额为老方丈仁德大和尚所题。

祇园寺大雄宝殿南坡上耸立着一组一正两厢、黄墙黛瓦的配殿建筑群。因为这群建筑建在寺内的地势最高处，无论人们在寺内或寺外仰观，这里都显得格外的高峻。配殿建筑群的正负零高度在大殿须弥座上又拔高了 13 米之多，与山门间的高差达 15 米之多。这组建筑的主楼分三层，分别被设计为三处殿堂。佛寺中至高至要的藏经楼当然在顶楼。这里是祇园寺寺舍的最高处。在藏经楼前廊上俯瞰九华街，道路屋舍如列掌纹。藏经楼下是为大型法会常设的内坛。主楼的基层是禅堂。祇园寺禅堂是九华山上改革开放、落实宗教政策之后，最早恢复的禅堂。笔者当年有幸在这里最早地接受过禅僧的指教，并多次在这里尝试结跏趺坐，且收获颇丰，对自己后来的行止大有裨益。世纪交替之际的 20 年间，笔者曾多次向欧美游客推荐此处禅修，客人也多次表示赞赏。特别是法国东方文化传播中心的健身学员们，他们一年一度，来九华山修禅,坚持20余年,其间因缘,便启于祇园。主楼的两厢为两栋僧寮。三栋建筑围成的院落是寺内俯瞰红尘翻滚,坐看云起云舒的绝佳去处。

祇园寺的客堂、法堂和方丈被设计建造在一座极为紧凑、至为精致的多功能建筑群里。这组建筑是近年来在道源大和尚主持下新建而成的。客堂大门拱向大殿,殿前广场宽阔,广场右侧石壁上刻有憨山大师的《醒世咏》。石壁下方镶嵌着禅门调伏人心的《十牛图》,十幅石雕,画面生动,寓意隽永,旨在以教化人。客堂的门额由道源大和尚亲题,新客堂比老客堂宽大,彻底解决了老客堂与僧寮混杂且空间逼仄的局面。

祇园寺的法堂与客堂一体建筑,却改向开门。法堂朝西,客堂朝北。法堂门道开于二楼堂前,入法堂须拾级而上。楼下是客堂的一部分,楼上则是法堂。法堂大门为一整座砖雕牌楼,雕工极为精细,画面内容无比丰富,是一件十分值得驻足观赏的艺术精品。法堂上的匾额为沙孟海之子沙更世先生所题。法堂门斗内两侧有僧寮,堂前有天井。围绕天井,二楼为走马通廊,道源大和尚的方丈室便设在楼上南侧。楼下是接待客厅。

祇园寺最南端的建筑群是20世纪仁德老和尚主持兴建的"上客堂"。上客堂在道源大和尚主持祇园寺后,又进行了一次更为如法的改建。堂匾为赵朴初先生所题。为确保佛寺后勤接待的如法,道源大和尚十分重视上客堂员工的佛教常识培训,曾接连三年邀请笔者担任培训教师,如今的上客堂员工,从前台到后厨,从楼层到保洁,工作人员们人人了解佛教,个个会说九华。如今的上客堂设备现代,功能齐全,侍应合礼,待客如法。

祇园寺现任方丈道源大和尚于1971年4月出生在江西省九江市,1989年2月在九华山祇园寺出家。1989年赴苏州灵岩山佛学院求学,1992年7月毕业回祇园寺任知客。1997年任祇园寺监院,2001年8月任住持。道源法师得法于祇园寺前任方丈仁德老和尚,是临济宗临济派第四十六代传人。道源法师于 2017 年 11 月荣膺祇园寺方丈。

祇园寺寺额中的"祇"字与"其"同音。不少初上九华的客人误将其读为"祇"的简体字"只"。其实，此处"祇"是土地之神的名字，兼有"安心"的意思。笔者在九华山从事导游工作以来，为很多客人纠正说明过这个字。即便有时面对贵宾的误读误写，而又不便当场纠正时，也尽力以善巧变通之法，以求贵宾释然，并曾得到过贵宾的赞赏。

祇园寺地理位置优越，历史地位重要，一直以来都是来山客人的必到之处，也接待过很多文化名人和国内外政要。

建筑辉煌、历史久远的九华山祇园寺，是历代僧人、无数信众共襄盛举的结晶。百余年来，这里举行过无数次旨在为国祝禧、为民祈福的各类法会，接待过无数位国内外政要和普罗信众。九华山祇园寺古建筑群目前保护较好。

祇园寺的大德与护法

隆山和尚

隆山和尚，安徽郎溪县建平镇人，俗家姓朱，年轻时随僧游历五台山、峨眉山、普陀山等佛教圣地，受佛教感化，遂发心于乾隆四十一年（1776）削发为僧，得法名隆山。皈依佛门后，隆山拜在禅门嵩高老祖座前，后居洞庵和尚住过的九华山老虎洞。其间，隆山和尚修头陀苦行，砍柴种菜，事必躬亲。据说，隆山和尚在老虎洞中闲时诵《法华经》之际，总有一巨蟒盘坐听经。隆山和尚后来担任过九华山祇园寺住持。九华山祇园寺的中兴祖师大根和尚在其《重建祇园碑记序》中记载了隆山和尚出任祇园寺住持前后的详细情况。"根祖隆山皈依嵩高老祖已历有年，所甘居虎洞廿余年不出，上愿继上祖洞庵之志，下以尽为子孙者之心。师尊在堂，备尝艰苦；师尊圆寂，倍切忧勤。一生之刻励，堪钦半世之清修。不懈厥后，功深面壁，得道于三藏法中；志切三乘，受法于十二部内。僧俗周知，咸称有道。维时，合山僧众邀集柯吴山主商议，曰：欲兴祇园者，非隆山师莫当其任。于是，合至虎洞，迎入祇园，月给油米，供佛及僧，乃欲恢弘祖志，大振宗风，师徒共相惕励，产业因此渐增，结午缘于朝山僧众，待传戒于老至之春秋。无如志欲偿而缘已满，事不果而身告归，自知圆寂，嘱人龛缸，越三载而启视之，形容如旧，立一龛以供奉也，感应倍神。自此永传香火，广进僧徒，瞻拜者昼夜无分，午餐者络绎不绝，美斯尽矣！"

大根和尚的这段碑文详细记述了祇园寺祖师隆山从出家拜师，到长居虎洞，又因德行圆满而应邀出任祇园寺住持，以及其住持祇园寺后的一番中兴祇园的梵行。大根和尚还记述了隆山祖师于道光二十一年（1841）留下全身舍利的圆满功德。隆山祖师圆寂之前曾召徒众训诫："严持净戒，毋负余志。"隆山和尚入寂时，寿腊八十四，戒腊六十六。清咸丰年间，祇园寺被毁，唯隆山和尚肉身独存。隆山和尚肉身殿毁于20世纪60年代。隆山和尚的先后事迹，令人赞叹，教人敬仰。隆山和尚是祇园禅寺青史留名的一代中兴祖师。祇园寺法堂上的"道发隆山"匾额是对隆山祖师之于祇园寺的最佳总结。

大根和尚

大根和尚，清光绪十八年（1892）以前在九华山甘露寺出家，拜时任住持法源老和尚为师。法源和尚中兴甘露寺后，大根和尚一度离寺外出参学，曾朝礼过南海观世音菩萨的道场普陀山。大根和尚朝海归来之时，适逢法源老和尚移座祇园之际。缘此，大根和尚便遵师命，留居祇园，协助法源和尚料理寺务，直至成为祇园寺的一代中兴祖师。

关于大根和尚与祇园寺，清朝光绪年间进士、安徽歙县人汪宗沂在其《重建祇园庵记》中作了较详细的记述。汪宗沂当时是安庆敬敷书院的主讲。敬敷书院是安徽最早的高等教育机构、国立安徽大学的前身。汪宗沂为九华山祇园寺作记的因缘是在其登临九华之际，应时任青阳县训导周赟之邀，为正在编纂的《九华山志》中重建祇园寺一节作记。汪宗沂在记文中为大根和尚着墨较多，且赞扬有加。记文在记述祇园寺隆山中兴之后，接着写道："其禅裔大根上人，本仁孝之性，以抒其皈依之诚，白足击柝，叩募十方。其忍饥渴，犯风霜，几历寒暑，乃得集巨款欤，而兴大功，其愿力之宏，诚不在须达多长者之下。琳宫宝刹，即复旧观，至其开坛宣戒。传灯于高座淮海。及今年阐扬法华要义，又其余事。"关于大根和尚，汪宗沂详细地记述了他为重建祇园寺而作出的一番苦行。当年的大根和尚，赤着脚，敲着木鱼，冒着寒暑，忍饥挨饿地走遍十方，志在募足重建祇园寺之资金。对于大根和尚的这番苦行，汪宗沂认为大根和尚对九华祇园的功德，与当年给孤独长者对佛陀祇园的功德不相上下。记文还记述了大根和尚功成之后，曾开坛传戒，并将方丈位传于淮海和尚。汪宗沂甚至认为，他当时在祇园寺看到僧团弘扬《法华经》要义的宗风，也是在继承大根和尚的遗愿。大根和尚原本是先后任甘露和祇园两寺方丈的法源和尚弟子，所以在这段文字的开头，称大根和尚是隆山和尚的"禅裔"，而不是"弟子"。在记文的结尾，汪宗沂着力赞扬大根和尚，曰"余谓如大根者，真释氏之孝子慈孙矣"。

大根和尚在祇园寺圆寂后，依其法系，得禅门"曹洞正宗第四十四世大根灵禅师"称号。祇园僧众在祇园寺西北凤形山中为其起塔安葬。自此，彼处渐成祇园寺西塔院。此后的祇园寺子孙圆寂后大多安葬在大根和尚塔周围。

宏瑞法师和宏志法师

九华山祇园寺近现代史上，同时有四位僧人原本在俗时为同胞兄弟，其中两位尤为著名。一位是1937年升任住持的宏瑞和尚，一位是1933年升为方丈的宏志和尚。宏瑞在俗为兄，宏志出家为弟。

20世纪三四十年代，九华山上流传着"四兄弟齐心念佛"的佳话。故事的主人公是当时来自安徽的四位同胞兄弟。这四位亲兄弟是当时合肥北门著名讼师"边矮子"的四个儿子。"边矮子"大名边怀清,回族人,于清朝末年随其父从祖籍陇西南迁,先至安徽寿州,后定居于庐州府(今合肥)北门盐叉子。边怀清在合肥参加朝廷科考,被选为贡生,候补山东莱阳县知县。候任期间,边贡生成为合肥城善于雄辩、代人出庭的著名讼师。当朝廷快马督其上任时,边贡生不幸因病去世,年仅 39 岁。边怀清身后留下四儿一女及寡妻。几年后,其妻携第四子改嫁。从此,边家三儿一女失怙无依,唯一的女儿嫁进了肥西县分路口王氏药铺。关于边家四儿一女后来的事迹,边家三儿子边宝新的两位女儿在回忆父亲的《妙手佛心边正方》一文中记述得十分详细,极为动人。她们二位分别是合肥新城中学教师边玉俊和合肥通用职业技术学院教师边玉鸾。边家二姐妹的回忆录,是研究九华山近现代佛教史不可或缺的珍贵资料。

失去父亲,母亲又带着最小的弟弟改嫁,边家剩下的三兄弟只得投奔姐姐婆家的王氏药铺谋生。此后,兄弟中的大哥边宝廉(1896—1967),即后来的九华山祇园寺住持宏瑞法师,在屯溪高等学校三年级肄业。当时,20 岁刚出头的边宝廉毅然加入孙中山领导的讨袁战争。讨袁失利后,边宝廉遭缉拿,遂上九华山避难,初在九华山警察分驻所任职,并改名边正刚。1921 年,边正刚在祇园寺出家,1923 年拜祇园寺住持宽明为师,得法名宏瑞。同年,宏瑞沙弥在宁波天童寺受戒而成为比丘僧宏瑞法师。1927 年,宏瑞法师住持含山县清溪镇佛慧寺和太湖寺,同年冬,九华山佛教会改组,宏瑞法师被选为该会监督。1929 年宏瑞法师为祇园寺常住。1930 年,宏瑞法师又去巢县西云寺参加当地人民组织的自卫团,任上士文书。该团被打散后,宏瑞法师再回九华山祇园寺,并于 1937 年升任住持。1948 年,宏瑞法师被选为九华山佛教会常务理事。中华人民共和国成立后,宏瑞法师拥护新政府,并于 1962 年在九华山佛教协会第一次代表大会上，被推举为该会的第一任会长。当时的副会长为守田和尚与正善和尚。宏瑞法师还曾担任过安徽省政协委员。宏瑞法师参禅打坐之余，于中医方剂亦有专攻，尤工痈疽肿毒及水火烫伤，常以秘方为僧人与村民疗疾。20世纪60年代中期，宏瑞法师还为九华街上的一位儿童医过炭火烫伤。当年的那位儿童、现已年过半百的九华山乡民何清，每每忆及宏瑞法师的医道，总不免感恩和感叹。宏瑞法师于1967年示寂于祇园寺。

宏瑞法师德学服众，爱国爱教，两度从军，一再为僧，为民族进步和佛法振兴皆付出了毕生的努力。

长兄边宝廉上九华山之后，正在姐姐家药铺中当学徒的两个弟弟从邻人口中得知大哥在九华山的消息，两人便带上在继父家过得并不如意的四弟一起，投奔大哥，上了九华山，并齐齐在九华山中削发为僧。从此，就演绎出了九华山中"四兄弟齐心念佛"的佳话。依据现存相关史料分析，三人奔上九华山的时间应该是大哥宝廉1923年拜师出家之后，闽南佛学院1925年创办并筹备招收第一届学僧之前的1924年。

边家四兄弟中的老三便是后来著名的宏志法师。宏志法师（1904—2000），俗名边宝新，后自改名边正方，寓"方方正正做人"之意。边正方出生于清光绪三十年（1904）。边家三兄弟上九华山投奔兄长之前，边宝新于16岁开始，在肥西分路口王氏药铺的姐姐家当学徒。上九华山后，随着兄长，同样拜在时任祇园寺住持宽明和尚座下为徒，得法名宏志。宏志沙弥于19岁时，与其在俗在僧均为兄长的宏瑞沙弥一起，在宁波天童寺受戒。受戒后，二位法名依旧。根据临济宗临济派的"常演宽宏"字辈分析，兄弟二人的法名均得自九华山祇园寺。从葬在九华山莲花峰上的"莲花堂上演明老和尚"塔，及其立塔人宽诚和尚，再到宽明和尚及宏瑞、宏志法师，可以分析出祇园寺僧伽在 20 世纪三四十年代的宗系传承肯定是临济宗系。由明至清，直到今日，临济宗和曹洞法一直并行于九华山僧团之中，其间的祇园寺也不例外。

宏志法师受戒几年后，约于 1928 年，与当年同上九华的两位兄弟一起，同赴厦门南普陀寺闽南佛学院进修佛学。其间，宏志法师与来自九华山祇园寺的另一位著名书画僧懒悟和尚，以及后来成为中国佛教协会副会长的巨赞法师成为同窗，且友谊深厚。巨赞法师是 1949 年 10 月 1 日登上天安门城楼见证中华人民共和国诞生的唯一一位僧人。因为先入学后出家的巨赞法师是 1931 年才在杭州灵隐寺拜却非法师出家，所以笔者分析，宏志法师三兄弟赴闽南佛学院就学的时间应该在 1928 年前后。宏志法师在闽南佛学院就读期间，还是对面厦门大学中文系的旁听生。法师此番勤奋，极大地提升了自己的文学功底，也为其日后的著书立说打下了坚实的基础。

因为当时的祇园寺方丈宽扬法师赏识宏志法师的文采，便于 1932 年召其回山，协理寺务，并先后委任其为祇园寺知客和监院，直至将方丈衣钵传于宏志法师。宏志法师升方丈时，年仅 29 岁。此后，宏志法师将祇园寺务操持得十分妥帖。宏志法师任祇园寺方丈期间，曾接待过时任国民政府主席的林森，并与之谈话颇为投机。其间，宏志法师还与张治中等国民党政要有过往来。

升任方丈之后的宏志大和尚，继承先师之未竟事业，亲自出门化缘，力图再兴祇园。为了消除以前因经济困难而形成的大殿用材不佳的隐患，宏志法师亲自钻研建筑，经参阅大量相关维修资料，最后拿出了加固祇园寺大殿的维修方案。方案决定在原来的木柱外围再箍一圈整理成形的围柱，之间空处填以类似水泥或油漆腻子的材料，使之内外合二为一，外层再裹以夏布，涂上生漆，从而能较长时间地排除大殿木柱不济之隐患。20 世纪 80 年代，祇园寺大殿再次维修，一番"偷梁换柱"之后，依然留有几根这样的二合一大柱。

宏志大和尚一生待人慈悲。1931年，一位安徽桐城籍居士"徐门汪太孺人"前来祇园寺参加宏志大和尚主持的佛七法会，听大和尚讲《弥陀要解》和《十六观经》后，顿空世事，皈心净土。此后，徐汪氏委托宏志大和尚在九华山钵盂峰下为其购买山场，搭建茅蓬。这片山场十分广阔，刻有"祇园静德"的界石至今依然指示着这座尼庵的范围。然人生无常，仅两年后，徐汪氏便于1934年往生。弥留之际，这位居士又以身后安葬事委托宏志大和尚。宏志大和尚慈悲应诺，在今天的九华山大觉寺以南约一里的坡上为其买地筑墓，并亲自以"听香室主宏志"的款识为其撰书墓志。这座居士墓于近年被大觉寺住持和尚宗学法师发现，宗学法师邀池州学院佛教文化研究中心主任尹文汉教授勘考。尹教授抄录整理了宏志法师当年"撰文并书丹"的墓志铭。

　　1937年全民族抗战爆发，宏志法师在上海潜修数年，后于1941年到安徽芜湖任芜湖佛教会会长。1946年秋，佛教会所在的芜湖东能仁寺被国民党军队强占，宏志法师无寺可归，愤然还俗。还俗后的边正方先生重操旧业，以悬壶济世为生，其间著有著名的详解伤寒论的《伤寒扫尘论》一书，书名中的"扫尘"二字极具佛学意义。先生从医期间，主要是在全椒县人民医院坐诊。并为新中国的中医事业带出了一大批优秀的中医人才。1994年，为庆贺边老九十大寿，全椒县政协专门编纂了一本《听香室诗书画》，以志纪念。近年，南京著名中医教授黄煌先生在国际经方大会上列举了我国几十位近现代中医大家，安徽省的边正方先生赫然

著名中医边正方先生

在列，因为边老有多部中医专著遗世。

边先生于从医之际，依然关注佛教，晚年曾任安徽省佛教协会理事。其间，曾为九华山佛教协会会长仁德法师出访东南亚准备讲义，草拟行程。1986年，仁德法师在九华山祇园寺升座，曾邀请边正方先生参加庆典。当时，九华山人口口相传："老菩萨把九华老和尚送回来了！"笔者参观了此次庆典，可惜当时年轻，与先生"无缘对面不相识"，而今忆及此事，抱憾不已。

宏志大和尚还俗后，依然与僧俗两界的大批名人保持着往来。因为先生的书法功底深厚，安徽省艺术学校曾邀请先生担任书法教师，但先生并未赴任。先生还俗之后，与巨赞和尚依然保持诗书往来，与书法家林散之先生亦有翰墨情缘。先生一直支持政府的医疗卫生政策，1986年，成为安徽省首批受表彰的"从事科技工作五十周年"的80名科技专家之一。

还俗后的边正方先生，育有二男三女。其中一位继承父亲衣钵成为全椒县新一代名医，一位成为机械工程师，其余三位成为教书育人的人类灵魂工程师。

在将其一生收藏的全部书画作品捐赠给九华山佛教协会及仁德法师之后，96岁的边正方先生于2000年在合肥寂然西归。仿佛与仁德法师有约，二人入寂后均以佛家的最高礼仪，塔葬在祇园寺西塔院。边正方先生与佛门因缘深厚，宏志法师与九华山究竟圆融。

过后方知君伟大。笔者幼时听到边正方先生的大名，是由酷爱书法、崇拜边先生的兄长费业森告知的。那时只是好奇这世界上还有人姓旁边的"边"。初中时，又从邻家一位在滁县地区行署工作的管姓兄长处得知：边先生是滁县地区著名的中医，治人伤寒好生厉害。待到自己1980年巢湖师专毕业被分配来九华山工作后，有一次在九华山慧居寺门前为外宾讲解古寺时，猛然发现题写寺额的作者款识是边正方。那个繁体字的"邊"字，让笔者激动不已。因为，此前笔者对边先生的了解只限于边正方先生——这位集医学造诣与书法艺术于一身的大家，是上九华山之后才知道边正方就是著名的宏志法师。

边正方先生在合肥逝世后，时任九华山祇园寺方丈的仁德大和尚随即将先生的骨灰迎回九华山，并以隆重的佛家仪规将其归葬在祇园寺西塔院内的"比丘僧塔"内。宏志法师是汉地佛门的一代宿耆。边正方先生是安徽省一代书法巨匠，又是中国中医界医治伤寒病症的一座高山。信众们祈愿宏志法师不舍众生，乘愿再来。

宽成和尚

宽成和尚（1874—1969），字镇颠，俗名朱荣康，安徽桐城市汤沟镇（今属枞阳县）人。朱荣康在俗家兄弟中排行老五，故汤沟镇上人称其为"朱老五"。朱荣康读过8年私塾，但由于晚清政局不稳，只得在家务农，平素喜爱绘画。1905年，因为一桩纵火案，绰号"朱老五"的朱荣康因与纵火犯朱老五的绰号相同，而被误抓入狱，关进桐城县大牢。借助一位送饭妇人带给他的半把钢锉，朱荣康得脱，并逃往徽州齐云山当了道士。其后，风声稍息，朱荣康于1906年返枞阳，途经九华山时，正值九华庙会，遂生礼佛之心，拜在祇园寺松崖法师门下，披剃为僧，得法名宽成。此后，宽成沙弥在镇江金山寺受戒为比丘。受戒后，宽成法师曾云游普陀、天台、五台等佛教名山。

宽成法师受戒参学归来时，适逢十方丛林祇园寺选贤，宽成法师被选中，成为继师兄宽慈之后的祇园寺方丈。据说，宽成法师就任祇园寺方丈的时间是1912年。在其任内三年，宽成大和尚扩建了斋堂和僧寮，还开始积极筹划重建大雄宝殿，并亲自为之化缘。任期届满后，宽成法师带着仅有的十元大洋离开九华山，开始在上海募化兴建九华山华天禅寺。在沪期间，宽成和尚应该是住在一座被称为华天寺下院的地方。九华山华天禅寺建成后，宽成和尚的挚友、"公车上书"四君子之一的康有为题写了"华天禅寺"寺额,并为华天寺法堂题"善住堂"三字。在善住堂匾额的款识中康有为说明了此番题字的因缘,即"镇颠开士创建华天禅寺,予为题此额"。"华天禅寺"这块做工精细的匾额至今依然悬挂在华天寺山门上。康有为与宽成法师友谊深厚,曾专门为宽成法师所绘的四幅《墨兰图》题诗赞叹。其中一幅的题诗是"葳蕤芳恣迈等伦,月明湘水吊诗魂。美人不解离骚恨,纫佩余香伴此身"。后面的款识为"镇颠开士,逸性高超,俗尘不染。特出手写墨兰四帧,嘱题并以小诗应之。康有为记"。改革开放后,这幅《墨兰图》曾长时间展出在化城寺九华山历史文物馆中。

宽成法师将九华山华天禅寺建成并交由弟子管理后,又于1925年回到上海,将此前建成的华天寺下院改建成九华山地藏禅寺。同时,宽成法师还

华天禅寺

积极为九华山祇园寺大雄宝殿工程奔走募化，使该大殿于 1933 年得以顺利落成。1940 年，日寇盘踞上海期间，宽成法师在上海参加了"上海慈善团体联合救灾会"，并驻会办公。时为中国佛教会主任秘书的赵朴初先生曾任该会常务委员。该会参与救济难民，还为新四军输送过物资、药品和人才。

宽成法师两驻上海期间，与沪上名人康有为、吴昌硕、张大千、戈湘岚等一大批文人墨客过从甚密，收集了一大批名人字画及古董文物。同时，宽成法师还在上海及下江周边县市积极为九华山诸多寺院建设募化善款。1936 年抗战前夕，宽成法师愈感世事难料，时局不稳，遂于该年春夏之交，用 36 个大白铁箱子，将其所有收藏的古董字画打包装箱，经水路运到铜陵大通镇上岸，再雇请 18 位彪形大汉，将 36 个铁箱挑上九华山。此后，九华山僧俗两界就一直流传着宽成法师当年押着 18 个挑子回九华山的故事。这一年，宽成法师 63 岁。送回文物后，宽成法师依然在九华与上海之间盘桓多年。宽成法师收藏文物之举，成就了后来的九华山历史文物馆，为今天九华山的文化传承作出了贡献。

中华人民共和国成立后，地方政府成立"九华山文物古迹保护委员会"，宽成法师将其所有藏品，包括字画、经书、佛像、玉器、瓷器等千余件文物全部上交给了人民政府。在今天的九华山历史文物馆中，百分之九十以上的展品都是当年宽成法师从上海运回九华山的收藏品。

1953 年，宽成法师 80 岁高龄时，从上海回归九华山，回山后，曾一度担任过月身宝殿住持，后又退居华天禅寺。1956 年，九华山僧众及各界人士一致推选宽成法师为青阳县政协委员。宽成法师一生爱国爱教，拥护政府。1969 年，宽成法师 96 岁高龄时，在九华山入寂，法师的遗蜕由当地僧俗在祇园寺东塔院附近举火荼毗，草草掩埋，没有塔墓可以凭吊。

仁德法师

仁德法师（1928—2001），江苏泰县人，俗名李德海。李德海幼时体弱多病，其母於氏于1938年六月初三日，即佛门中韦陀菩萨生日这一天，将其送往附近的太尉庵，依松琴长老披剃出家，得法名仁德。这一年李德海11岁。出家后，仁德沙弥于1948年在南京古林寺受三坛大戒。受具后，仁德刻苦用功，释儒并参，打下了良好的佛学基础和文学功底。1949年，仁德法师担任禅宗名刹扬州高旻寺知客，渐悟"迎来送往"之禅机，进而熟悉禅门教务之料理，初尝"不倒单"之禅悦和"持午"之法乐，1955年9月，仁德法师离开高旻寺，赴终南山莲花洞打过七天"饿七"。其间，仁德法师结识了当时同在终南山修道，后来成为九华山慧居寺住持的悟禅老和尚。1957年，仁德法师赴江西云居山亲近高僧虚云老和尚。同年9月，仁德法师乘船返扬州高旻寺，途经铜陵大通镇时，在码头上的一家客栈偶遇了自己的老同参——扬州高旻寺的首座了愿法师。受了愿法师之邀，仁德法师随了愿和尚上了九华山。因为了愿法师是曾经的九华山祇园寺方丈宏志大和尚的挚友，为祇园寺募建过"光明讲堂"，所以，随了愿法师上九华的仁德很快便在祇园寺融入了九华僧团。此后，仁德法师又在了愿法师的一再推荐和劝说下，去了九华后山，接管了九子岩华严寺。从此，仁德法师与九华山地藏菩萨道场之间结下了近半个世纪的不解之缘。

仁德法师居后山期间，适逢三年困难时期，宗教修行和物质生活均极度困难。为维持生计，法师常以山上随处可见的毛竹，制成竹椅等家什，拿到山下的朱备镇上出售，换些油米回寺安度时光。

1962年，九华山佛教协会成立，仁德法师在第一次佛教代表大会上当选为副秘书长。1965年，在第二届僧尼代表大会上，仁德法师当选为副会长兼秘书长。1979年，九华山第三届僧尼代表大会恢复召开，会上，仁德法师当选为副会长，并入住前山旃檀林，与会长普全法师合处办公。1984 年，在九华山第四届僧尼代表大会上，仁德法师当选九华山佛教协会会长。1986 年，仁德法师荣膺祇园寺方丈，并于此后多次传授三坛大戒。从此，仁德法师正式走到了九华山佛教发展大舞台的中央，开启了其后半生的弘法利生之旅。

关于仁德法师一生的梵行，九华山佛学院客座教授、校刊《甘露》杂志主编黄复彩先生曾呕心沥血，凭其精湛的文字功夫以及与仁德老和尚多年深交的因缘，于世纪交替之际，著就了一部《仁德法师》。该书大部分史实为仁德法师口述的回忆内容，以及法师弟子们的所见所闻，是记录仁德法师生平行止最详细的一部著作。仁德法师于 2001 年 8 月 23 日 8 时 20 分在九华山祇园寺退居寮安然示寂，寿腊七十三岁，僧腊六十二载。仁德大和尚圆寂后，祇园僧众专门在西塔院后坡上为其起塔安葬，并在塔上建殿供奉，殿内还陈列着不少老和尚的遗物。仁德法师留给世人的禅偈是"慈悲做人，智慧做事"。

笔者于 1980 年上九华山任中学英语教师之后，与仁德老和尚多有往来，往来所事主要是就教于老和尚或为其处理部分涉外事务，故而，为纪念仁德老和尚示寂廿周年，笔者曾作有一篇纪念文章，现附录如下。

国际文化交流中的仁德大和尚

佛家弘化，从不吝法，始终秉持的是无庶施教，之于人天，更无分族群与国别。作为传播人类文明的使者，中国的和尚们一直将弘扬无上妙法作为第一要务，把增进国际友谊视为优良传统。两千年来，在佛法东渐和汉文化圈的形成过程中，涌现出了一大批高僧大德。其中杰出者，甚至影响过一个民族乃至一个国家的命运。摄摩腾、竺法兰之于中华，康僧会之于越南，玄奘之西行，鉴真之东渡，高僧们演绎了一幕幕波澜壮阔的外交大戏。到了 20 世纪后半叶，安徽九华山佛教协会会长仁德大和尚在弘法利生、增进友谊的国际大舞台上，在人间佛教的天幕上，将自己示现为一颗璀璨的文化星宿。

仁德法师于 20 世纪 50 年代初卓锡九华，此后便与这座圣山结下了终身的善缘。安住九华之后不久，凭借其坚定的信仰和圆融的修为，仁德法师很快便受到全山僧众乃至全国僧信的拥戴，并在党和政府的关心下，于 1984 年 12 月份召开的全山僧尼代表大会上，当选为九华山佛教协会会长。自此，仁德大和尚开始在汉传佛教这个大舞台上一次次地显现出了他的无上智慧，一步步地推动着九华山向前迈进，乃至走向世界，从而为九华山的发展作出了前无古人、永惠后世的巨大贡献。在中国佛教的对外交流领域，在呼应国家外交大政方面，仁德大和尚的功绩也是有目共睹的。

从 20 世纪 80 年代初到其示寂的廿年间，仁德大和尚乘着国家改革开放的东风，在国际佛教交往领域中活动频繁，且高潮迭起。笔者因为工作关系，有幸目睹甚至参与过其中不少次的活动。仁德大和尚的外交形式和外交对象各分三种三类。外交形式主要是政府发起的各类文化交流活动，上级宗教团体组织的各种国际研学活动，以及法师自己发愿的历次教研参访活动。外交对象也大致分为三类人士。在大和尚接待和拜访的国际人士中，一类是相关国家的宗教文化官员；一类是世界各地的高僧大德；一类是海内外的广大信众及友好人士。其中海外华侨、港澳台同胞及亚裔人士居多。

在外交活动过程中，仁德法师总能以一个佛教徒的身份，以其卓越的时事敏锐力和深厚的佛学功底，紧扣当时的国家多边外交政策和宗教国际交流这两个主题，利用各种机会和场合，不遗余力地为中国改革开放发声，为九华山的建设发展呼吁。在接受日本

NHK（日本放送协会）和韩国KBS（韩国广播公司）等多家媒体采访时，他宏论汉传佛教对世界和平和全球生态的贡献，以及九华山金地藏和尚的大乘菩萨精神对人类进步的激励；在各类国际宗教文化交流的讲坛上，在历次接触海外教界人士时，他或而随缘说教，或而追忆先贤，一次次地唤起了各国人士对汉地人文宗教的敬仰，和对中国名山祖庭的向往。在仁德法师的所有外交活动中，最值得关注的是他促成了"新罗王子金乔觉展"在韩举办。这次历时数月的活动，见证了九华山走向世界。

20世纪90年代初，随着我国外交政策的调整，在外交领域进一步重视"多边外交"。在此基础上，中韩两国关系开始出现"破冰"的迹象。

两国交往，文化先行。1988年至1993年间在任的韩国民选总统卢泰愚十分重视与社会主义国家的关系。1991年韩国还与朝鲜一起携手走进联合国。在这样的大背景下，韩国一些文化人开始与中国方面进行试探性接触。1990年春，一位韩国文体记者朴泰根先生，通过南京一家旅行社的安排，来到了九华山。此后，此人频繁造访九华山，研究九华山，并于1990年6月20日前后在韩国一家当时并不引人注意的文化类报纸的副刊《体育课》上，接连十四期，图文并茂地向韩国民众全面系统地介绍了九华山。此后的1991年秋季，韩国《文化日报》又选派了40位新闻及摄影记者前来九华山采访。这批记者回国后，开始在韩国的主流媒体上广泛宣传九华山。

九华山佛教界十分重视韩方的这个宣传动向。由此，九华山管委会专门指派了当时的副主任叶可信和笔者本人一起赶赴北京，在位于外贸大厦中的韩国驻华办事处内，我们向韩方工作人员李起范先生介绍了九华山与韩国的这层特殊关系，并希望引起韩国官方对九华山的关注。此刻，我们并不知道中韩建交在即。因为仁德会长和九华山管委会捕捉机遇及时，在中韩两国于 1992 年 8 月 24 日正式建交之后不久，九华山与韩国相关方面的诸多文化交往活动便迅速拉开帷幕。

九华山文化界于 20 世纪 90 年代初就开始重视研究当地文史，并成立了最早的"九华山金地藏研究会"。研究会每年举行一次研究活动。1994 年秋，在韩籍华侨鞠柏林先生引见下，韩国佛教学者、东国大学教授曹永禄先生，和社会活动家徐淳一先生一行前来九华山参加研讨活动。其间，仁德法师和研究会会长叶可信先生，以及韩方一行学者开始动意举办"九华山佛教文物赴韩展览"事宜。当时韩方最关注的是九华山"慈明法师肉身"赴韩应供展示一事。后经双方将近三年的努力，这项韩方称为"新罗王子金乔觉展"的国际文化交流活动，最终于 1996 年 10 月在韩国首尔古老而又著名的景福宫内民俗博物馆中开幕。这项活动的主要承办单位是首尔市西大门的"修孝寺"和中国安徽省九华山"金地藏研究会"。为促成这次活动，仁德法师多次往来于中韩之间，历尽艰辛，数次冒着水土不服和饮食不规律的健康风险。

"新罗王子金乔觉展"先后在韩国首尔和大邱两市展出，历时将近 10 个月，入馆观众近 50 万人次。展出的文物主要是九华山文物馆的藏品，达数十件。其中有明代的金佛像，明万历皇帝为九华山颁赐《大藏经》的《圣旨》，部分珍贵的历代书画作品等。活动受到大韩民国曹溪宗宗务院宋月珠会长的重视和宗务院下属的十一个教区的大力支持。各教区采用分期分批、预约日期的方式有序地组织信众前来参观。此外，每日入馆参观的普通民众也极为踊跃。笔者与当时的九华山文化馆馆长刘根才先生以及安徽省博物馆馆员王丹丹三人一起组成展览工作小组。我们在韩工作将近3个月，其间受到了韩国曹溪宗宗务院院长宋月珠及比丘尼佛教会会长李光雨法师的重视，受到伽耶山海印寺住持世敏法师以及一些僧人和信众的关心。首尔修孝寺住持无垢法师一直在关心着我们的工作和生活。这项活动还受到韩国政府方面的高度重视。当时的韩国国会代议长金命润先生还专门接见和招待了赴韩参加开幕仪式的中方代表团全体成员。此次活动，在韩国民众中引起了极大的反响，并催生了后来持续的"九华山旅游热"。中国东方航空和韩亚航空两家航空公司甚至还开通了首尔至合肥的包机和仁川至合肥的定期航班，为中韩两国间的文化交流，为安徽省的地方经济发展作出了巨大贡献。

在各界人士的大力支持下，仁德法师为九华山和韩国佛教界及文旅界开创的大好局面，一直延续到今天。二十多年来，中国与韩国间在工商贸易和宗教文化方面实现了诸多交流合作。池州市与韩国求礼郡结为友好城市。九华山历史文物馆与韩国首尔修孝寺合作，于1996年秋冬季在韩成功举办了历时数月的"新罗王子金乔觉展"，展后不久，中韩两国的相关航空公司还开通了中国合肥至韩国仁川的固定航班。2015年韩国庆州市邀请池州市相关领导参加了"庆州丝绸之路文化节"。一直以来，围绕传统文化，中韩两国间的宗教和民间往来持续不断。这些都是仁德老和尚当年"因地种花生"的善缘。每每看到这些，想到这些，都让我们不由得对仁德法师肃然起敬。

在九华山1000多年的发展史上，新罗高僧金地藏以示现菩萨，弘扬孝愿精神的方式，开化了九华山；明末的蕅益大师以法理求证和系列创举，弘化了九华山；而当代的仁德法师则以其非凡的智慧和毕生的不懈努力，推动了九华山的国际化。当代的九华山，其国际影响力和知名度能如此之广大，在九华山的历史上是未曾有的。这些成就的取得，与仁德法师是分不开的。当然，仁德法师的这些外交成就，与时代的发展，与国之大运也是分不开的。

多年来，每当仁德法师示寂纪念日，九华山各大寺院均举行相应法会，缅怀法师对中国佛教、对九华山所作出的丰功伟绩。每每忆及仁德法师，我们无限感慨，也倍觉荣幸。感慨的是仁公之于九华，功莫大焉。荣幸的是，我们这代人生逢盛世，能与九华结缘，甚至能与仁德法师同事，善缘难得。

天台寺

　　九华山天台寺，位于九华山天台峰之巅。寺因峰得名，峰因寺入胜。1983年国务院批准公布天台寺为汉地佛教"全国重点寺院"。海拔1306米的天台峰顶周边有僧人居住的历史，最早出现在人们的传说中。据传，唐开元年间，

天台寺

新罗僧人金地藏初到九华山时，是在山顶西北侧崖下的一处被后人称为"金仙洞"的洞中"岩栖涧汲"、安禅打坐的。与金地藏同时代的九华隐士费冠卿，在其《答萧建》诗的后半部分中有"野客登临惯，山房幽寂同"两句。当年登山的"野客"们登临的可能就是九华山的最高处天台，幽寂的山房可能就是当时山顶上僧人居住的茅蓬，但这些仅是推测而已。

"天台"二字确切的文字记录及其有僧人居住的历史，可上溯至900多年前的宋代。高僧宗杲和尚在其《游九华山题天台高处》诗中的"踏遍天台不作声，清钟一杵万山鸣"两句就说明了南宋时期，这座"高处"已被称为"天台"，并且早有僧人在此禅居敲钟了。在后来的相关史料中，统称这一带的数处僧人修行场所为"古天台寺"，再后来还出现过"天台丛林"之说。

因为九华山中的这座"高处"，像是离天最近的一座莲台，所以古代的佛教徒们把这座高峰称为天台峰。天台峰仿佛是上天专门为九华山、为佛教徒们造就的一处天然佛殿。此"大佛殿"以苍穹为盖，"殿"中的天台峰俨然是一座天然的佛龛，其主峰巍然一尊"稽首天中天的"大佛端坐于"佛龛"正中，两边对称地矗立着"两支"大小合适的蜡烛峰，"大佛"脚下的钟磬峰，如同一口专门配设在"殿内"的大钟。石钟上方，天台峰与其北侧南芙蓉峰之间的豁口宛如一座天门，门内有一块惟妙惟肖的金鸡石。在天幕的映衬下，那"雄鸡"长年向着东方引颈啼唱，被游人和山民们呼作"金鸡叫天门"。天台"佛龛"仿佛专为佛教徒们做早课而设。黎明时分，金鸡叫开天门之后，天台峰顶一年四季都是游人们来九华山观看日出的必到之处，以至有人在天台顶上专门建立了一座"捧日亭"，以供人登高远眺，守候那一轮喷薄而出的红日。古往今来，文人们围绕天台日出吟诵的诗文举不胜举。九华山的"天台晓日"是著名的九华十景之一。

关于天台峰及其周边建寺的历史，根据史料推断，宋元时期这里已经有寺，且寺在天台峰东坡谷中。因为天台峰西侧为悬崖，自然条件有限，所以天台顶及其西坡下出现有寺院的记录也就相对较晚。明朝时期，天台一带的佛寺开始有了确切的文字记录。

据《青阳县志》记载，明洪武元年（1368），青阳县南阳乡居士陈履泰捐山场，由僧人昭莲在这里重建寺院，并于后来成为丛林。陈居士当年捐献的山场应该就是今天的"天台山老常住"所在地一带。明万历二十三年（1595）进士、南京户部侍郎、福建籍诗人曹学佺在其《游九华记》中记述道："岭上以天台峰为最高，其下有寺，更越岭数里，始到。僧皆苦行，境色清绝。夜中始闻钟磬梵音，真离一切垢浊，而入寂乐国矣。"由此可见，曹侍郎当年曾夜宿天台，其记述的这处"寂乐国"，当时已经是一处规模相当的佛寺了，而且其位置是在天台峰的下方。

明末崇祯年间的安徽青阳籍贡生、九华山下老田吴家族人吴光裕在其《游天台记》的一开头，就告诉读者，"九华之中，盖亦有天台，云天台于九华为最高，其境苦寂，非人所能久居，其径又非人所能常行。去化城寺，尚二十里程也，旧有丛林浸废，近复开山，静室二十余处，多行僧居之，名稍稍闻。予山之人也，壮哉"。作为九华山当地人，吴光裕在文中自豪地告诉人们，在天台这样高峻险要的大山深处，僧人们居然建起了一处拥有二十余处寺舍的佛教丛林，且已逐渐蜚声山外，这是何等的令人骄傲啊！从一应史料来看，要不是远离人世，冬日苦寒，天台峰下后来必然又是一处"九华街"。

从唐代金地藏的金仙洞，到宋代宗杲和尚笔下的"天台高处"，再到明代的"静室二十余处"，九华山天台峰下的天台寺在明朝之前即已经成为一座山中大寺了。

至于天台寺旁的天台峰，作为一座山峰的峰名，其最早的记录除宋僧宗杲诗中的"天台高处"之外，要数明万历年间《九华山志》的记述了。万历《九华山志·峰类》中记有"天台峰，在天台寺之侧，寺以此得名"。关于古天台寺上方的天台峰，明崇祯《九华山志》在其"华东第九景天台寺之图"的图解部分称，"寺之上有天台峰，故得名焉。九华由拾宝岩登莲花甚高，可数百仞至天柱峰，则莲花已在其下，至仙姑尖则天柱又下，至天台则仙姑尖益下，此盖九十九峰最高处也。登高四望苍茫一色，惟黄山三十六峰与之拱揖，俨若宾主。嵬矣哉！涉其巅者，如乘凉风出浮云，恍不觉其翔于千仞之上矣。其下为黄石溪，溪之穷处有龙湫。幽莫潏汩，龙所宅焉。涧口瀑飞砂激，若晴雪满山，凉心肌骨。天造佳境，惜乎隐于深僻闲寂之乡，不得与雁宕之二湫齐名也"。这段图解文字从青阳县城外的拾宝山开始，以递进的笔法，对依次升高的莲花峰、天柱峰、仙姑尖，再到天台峰进行了生动的描述，并绘声绘色、身临其境地介绍了天台峰南坡下的黄石溪和溪上著名的龙潭。这座龙潭被九华乡民称为恶龙池，可见其地势和水势之凶险。

天台峰上的玉屏峰和峰侧的捧日亭向人们展示了人文与自然的完美融合。玉屏峰实际上是天台峰的峰上峰，指的是今天捧日亭所在的天台之巅。玉屏峰顶有一处如削的平台可供游人览胜或观日出，这处平台才是严格意义上的"天台"。古今文人对天台胜境屡有赞颂。

清朝乾隆年间的池州知府李暲于公务之余，曾两次登顶天台。前一次是巡视石台县和青阳县时，途经九华山，从南面先登天台，后上东崖的。第二次是乾隆二年（1737）闰九月间，其因公至青阳，从北麓登上九华山的东崖，而后上天台峰的。正是这第二次登临，李知府对天台之巅的玉屏峰产生了浓厚的爱慕之情，并决定自行捐资在这里"度地建石亭"。这座石亭便是今天的捧日亭。

关于李知府的两次登临九华山，在天台渡仙桥畔原来有一处碑刻，详细记载了这两次的相关信息。史书上称这处碑刻为李暲《年岁游历记》。在这通碑记中，李暄认为他第二次登九华山的时间，即"乾隆二年（1737）闰九月，考自前明崇祯壬午（1642）至今丁巳（1737），百岁始得一闰重九，真人生不易遇之日，岂可虚掷？"正是这百年不遇的吉祥之月，促成了李知府捐资建亭的善举。李知府此次九华之行，在山中住了两宿。作此文的那天晚上，知府住在真如庵。李暄在其《捧日亭颂有序》中记录了捧日亭的建造因缘。《捧日亭颂有序》曰："余于乾隆丁巳（1737）闰重阳登九华，经再宿，九华佳处在东崖、天台，而天台尤高，其玉屏峰之顶，极目千里，心旷神怡。念此大观不可无以挹之，因捐资建石亭，名曰捧日，创始戊午（1738）三月，至七月而竣。愿后贤随时修葺，勿为风雨所剥，以长保此胜。爰为之赞。"李暄认为天台风景优美，但不可没有一处观景台，因而，他想在此为游人们建造捧日亭。李知府在《捧日亭颂有序》中希冀的"后贤"，果然于 159 年和 190 年后又相继修葺了天台捧日亭。

据笔者考证，李暄知府创建的九华山天台捧日亭，于 159 年后的光绪二十三年（1897），由"金陵刘益卿重建，亭呈六角形，梁柱、屋顶全为麻石结构，高 3 米，亭内供有石雕佛像，佛像前有神台和石香炉"。为确保游人安全，捧日亭所在的"天台"周遭原来架设有铁链缆索，今人则将铁缆索改为防护墙了。

李暄捐建捧日亭 190 年之后，民国十七年（1928）再次主持重修天台捧日亭的"后贤"是当时"天台正顶"的住持僧明辉和尚，化主是常悟和尚。近年嵌入亭上的"捧日亭"三字匾额的功德主是合肥居士蔡亮和赵晶晶夫妇。

自 1897 年屹立至今天的天台捧日亭，其正面亭内的佛龛是这样布置的：佛龛正中上方是高不盈尺的浅浮雕"地藏三尊"，下方托以一排五位的举杵阎罗，再下面是一行大字"南无大愿地藏王菩萨"。这行大字下有一方斗室，室内又供有立体的地藏三尊雕像。此三尊供奉系现代人所为，室外封有玻璃隔板。龛壁内侧对联为"愿天常生好人,愿人常行好事"。龛外侧的对联是"众生度尽方证菩提,地狱未空誓不成佛"。龛壁上首款识有"天台正顶住持明辉、化主常悟",下首落款为"香港王鸿梁、程雪燕阖家"。

民国十七年(1928)这次修葺为今人留下的这座捧日亭,未改变其光绪年间的全石结构原件,八字开门的亭门前依然保留着原来的神台和石香炉。清朝人设计的捧日亭,整体架构极为精巧,特别是内部的石梁柱和石卯榫。古老的天台捧日亭,整体为一座高3米有余的六角形石亭,顶刹是一只一尺多高的石葫芦,葫芦周围向6个亭角辐射出6条石脊。这六条石脊被打磨得酷似三对明朝官员官帽两边的"帽翅",在角尖处微微翘起,使亭翼然。当年九华山石匠们的智慧,使得全石结构的捧日亭,显得既沉稳而又灵动。捧日亭是九华山中一处重点保护的建筑文物。"天台晓日"之所以被列为著名的"九华十景"之一,就因为捧日亭前观日出确实是九华一绝。

明朝末年就拥有近20处"静室"的天台寺"旧丛林",进入清朝之后,其成就愈加斐然。随着官宦文人和僧侣信众们越来越频繁地光顾、传颂和卓锡,清代的天台寺有了很大变化。清康熙五十九年(1720),一位法号为尘尘子的行脚僧来到天台峰上,在玉屏峰西侧的天台冈上结茅而住,并将茅蓬称为"活埋庵",寓意将自己隔绝人寰,活埋于此,以求凡心死,志在道心生。这是九华山天台峰顶上建寺的开始,距今300年有余。此后,僧人们又陆续在天台峰下的东坞里恢复建成了护国庵(俗称老常住)、德云庵(俗称正常住)和招隐庵(俗称中常住),天台一带俨然成为再一处深山佛国。

天台峰,就其地理位置而言,只是个宽泛的名称,包括峰顶上的天台冈、玉屏峰和云峡。天台冈即后人所谓的"青龙背",其龙头所在的"天台"便是玉屏峰顶。云峡即今天的一线天。古代的天台寺也是个笼统的概念,包括不同时期在天台峰上下出现的天台丛林及其所属各寺,更包括在峰顶上先后出现的活埋庵、天台寺和地藏禅林等。关于天台顶上的活埋庵、天台寺和地藏禅林，印光大师在民国《九华山志》中称，"名虽分三，其地则一，不过随时更改，称谓不同耳"。除了寺院，天台峰上的人文建筑还包括捧日亭和渡仙桥。

天台峰上的一线天，古称"云峡"。陈蔚在《九华纪胜》中曰："摩崖'云峡'二大字，旁署'西江朱大器书'。在峡口内'一线天'三大字，旁署'康熙三十六年季春月，观察使三韩朱作鼎题并书'。"经笔者查证，《九华纪胜》在此处记述的"三十六年"有误，应改为五十六年。因为康熙五十五年（1716），朱作鼎才升任安徽按察使。可能是"五"字中的两竖被苔藓覆盖，陈蔚先生将其误辨为"三"字。前辈诗人吴国靖的《云峡》诗，把一线天咏叹得非常贴切而又优美。诗曰："深山岂无鬼，斧迹何可寻。百巧开蒙秘，一线通晴阴。乍入起寒色，轻呼流空音。星衔疑蚌剖，风荡作龙吟。非无幽赏士，难知造化心。悠悠孤岑顶，对峙独至今。"

天台峰上的青龙背，古称"天台冈"。实际上，今天的人们称这里为"青龙背"则更为贴切而生动。凡留意过青龙背的人都会发现，那"青龙"蜿蜒地卧在冈上，滚圆的龙身与冈头岩基之间有一道通前至后的凹槽，"龙"匍匐于"冈"，仿佛二者是一动一静、截然不同的两个主体。龙首自南向北昂至最高处时，猛然回头南顾，在龙头顶上形成一处如同刀削一般的平台，即所谓"天台"。龙头上的天台平整而高峻，龙头下花岗岩风化而成的龙眼、龙舌、龙须均栩栩如生。"龙珠"则是"吐"在一里开外的"龙珠石"。这整个"龙头"便是玉屏峰。游人们在天台寺山门外的青龙背下，四下里细品，最能领悟"鬼斧神工"的内涵，更能懂得"天台"二字的由来。这大概也算是一种"了悟当下"。

天台峰上建有一座渡仙桥，实际上是为了将玉屏峰顶的"天台"与其东面的天台冈连接起来，目的是扩大天台峰顶寺院的建筑平面，以求建设更为庄严的佛殿和僧寮。同时，建桥也为了方便游人从天台冈登临玉屏峰上的捧日亭，因为这里原本是一道罅隙。关于捧日亭前"仙人桥"的规模，《九华指南》的作者、民国期间青阳县著名学者、九华山下杜村籍教育家姜孝维先生曾作过精确丈量，即"桥高一丈四尺四寸，阔五尺三寸"。券建渡仙桥是为将神仙般的游人们渡上天台。桥下不见水流但见人流，因为渡仙桥下的拱洞同时又被设计利用为古天台寺的山门。巨石拱券而成的巨大桥洞，既是渡仙桥桥孔，又是天台寺山门。山门的弧形券顶正上方，摩崖石刻"中天世界"四个金色大字高悬，山门内蹲守着一对威严而又可爱的石狮子。山门东侧崖壁上的摩崖石刻"非人间"三个贴金大字表明，游人们已经从人间来到了天堂，这里已经是"天上"了。题书这三个大字的人与"一线天"三个字的作者同为一

人，即"观察使三韩朱作鼎题并书"。经笔者查询北京扫叶公司古典数字工程，根据《江南通志》卷一〇六，朱作鼎，镶白旗人，监生。根据《清圣祖康熙朝实录》，康熙五十五年（1716）二月，朱作鼎由江南盐驿道升任安徽按察使司按察使。"观察使"是民间对"按察使"的雅称。

天台寺古山门门楣

天台峰顶的寺院大体经历过四次较大规模的建设过程。第一次当然是清康熙年间尘尘子结茅而成的"活埋庵"。第二次是清代后期僧人们在一线天前建成的"面阳阿中，印信石畔，旧有天台寺"，即在山顶阳坡上一座形似印章的巨石旁建成的天台寺。到了清末光绪十六年（1890），当佛教旅行家高鹤

年大居士登上九华山天台时，看到的只有捧日亭，而那些寺舍则"余室被焚"，这里的"焚"应该指的是"咸丰兵燹"。这说明，清朝光绪年间天台顶上是没有寺院的。第三次是民国九年（1920）天台寺住持彻德重建的"颇为整齐"的佛殿，并在大殿门头悬有"天台正顶"四字直幅匾额。第四次则是现任住持宏学法师带领两序对天台寺的彻底重建。关于天台寺的第三次重建，民国《九华山志》记载道，"民国九年，彻德住持，乃重建佛殿。寺前额曰：天台正顶。规制较昔，颇为整齐"。这里的"天台正顶"是这次新建成的天台寺的寺名，而不是天台峰顶的意思。直幅的"天台正顶"寺额一直悬挂到20世纪80年代中期。天台正顶寺院的后墙下是一处高约20米的绝壁，壁下是九华山著名的古金仙洞，即今天的地藏洞。彻德和尚主持重建的"天台正顶"落成于1923年秋季，其正规称呼应为"地藏禅林"。

笔者40余年前见到的"天台正顶"，其寺额依然是直幅原件，寺舍呈徽派建筑风格。其基础崎岖，但利用得当；寺舍低矮，但结构精巧。从"中天世界"山门进入寺院后，立即往右旋转，拾级而上至建在渡仙桥上的万佛楼，楼中梁上密匝地供奉着上千尊高仅尺许的木雕释迦佛像，故名此楼为"万佛楼"。万佛楼东侧是大雄宝殿，殿壁为砖石结构，地面均为木板铺就。殿内正中龛上供奉着佛祖及二胁侍。大殿内一块宽大的"大雄宝殿"贺匾告诉后人，"天台正顶"是"中华民国十二年（1923）仲秋谷旦"落成的，这次重建的功德主领衔人是"江苏常州万胜老会王秉海"，立匾人为"上海信士周溶深、杨柳氏、杨□源敬立"，款识末尾的"宛陵章益荪"可能是题字人。

"天台正顶"的大殿与万佛楼之间是僧寮和中厨，中厨地势稍高。僧寮和厨房间有一处小敞厅，敞厅北侧木板壁下有一处长方形可以揭开的木地板。地板揭开以后，是一条长长的木板梯道，循梯道而下可以进入楼下的杂物间。此处杂物间，实际上是由几座古老的一柱多梁架构在乱石间撑起寺宇时，形成的地下室。这种特别的梁架结构，是在同一座粗木柱上，根据需要向不同方向伸出挑梁的伞骨状木架构。这种结构在山区乱石间建造房屋时，非常适用。天台峰半山下的朝阳洞内，现今依然能见到这种梁架。

围绕"天台正顶"寺内的那条木楼梯及楼下的杂物间，20 世纪 40 年代后期，这里发生过一则可歌可泣的革命故事。故事的讲述者是 20 世纪 80 年代依然健在的天台寺住持普光和尚。听口音，普光和尚是安徽本省人，中等偏矮身材，声音略嘶哑，支气管不健康，膝关节炎症较重，每至寒冬，必以棉絮绑于膝关节周围。笔者当年在九华山学校任教期间，偶尔会被九华山管理处接待科"借"去充当导游员。整个 80 年代，因为没有缆车和通往中闵园的公路，很多有兴致的登山游客会在天台寺过夜，以求次日凌晨观日出。其间，有几次笔者与几位同事在天台寺过夜。夏日的夜晚，天台峰上十分凉快，甚至让人感觉寒冷，几位导游员常聚在楼下的杂物间里玩牌。普光法师会为大家送来几根硕大的牛油蜡烛和一小桶干锅巴及两瓶开水。一夜下来，一帮导游们个个面容憔悴，鼻孔中抠出的全是黑糊糊的烟煤，因为那时的牛油蜡烛，质量较低。在一次准备洋铁桶装锅巴之际，普光和尚向笔者讲述了下面这则动人的故事。

20 世纪 40 年代后期，中共皖南游击队在九华山一带活动，当时的天台寺住持义方法师经常以粮食接济游击队。一个夏日的傍晚，正当四五个游击队员准备在寺内过夜之际，突然来了一小队国民党军青阳常备队的士兵，他们是来搜捕游击队员的。当时的义方法师急中生智，将几名游击队员藏进了楼下的杂物间内，并将地板上的楼梯口盖板毫无痕迹地盖了起来。这天夜里，天台寺内同时住着国民党军和中共游击队员。次日晨，青阳常备队的小队长告诉和尚们，因为天台山凉快，他们不走了，准备多住几日。此后的两三天里，这帮人在寺内白吃白喝，享受着天台山上夏日的清凉。可躲藏在楼下的几位游击队员的吃喝和安全就成了义方法师的燃眉之急。这几天里，义方法师每到深夜，都安排其弟子普光和尚送一洋铁桶干锅巴和一桶清水给战士们。为了防止上下木楼梯动静太大，普光和尚想了一个好办法，他将楼板盖揭开以后，用一根绳索将铁桶吊下楼去。如此数次，大约三天之后，常备队士兵们终于离开天台寺，游击队员们才得以重见天日。普光法师谈及此事时，满面红光，兴高采烈地说："我们天台寺对革命是有贡献的！"也因为这些，今天的九华山天台寺不仅是一座国家级重点寺院，更是"全国第一批宗教界爱国主义教育基地"。

天台寺周边是九华山中摩崖石刻艺术作品最为集中的地方，达十余处之多。把图文直接刻在山崖石壁上称为"摩崖"。九华山的摩崖石刻以书法作品为主，题材大多涉及佛教和一些励志的诗文锦句，且大多出现在通往天台寺的大道两侧，目的或为永志不忘，或为催人奋进。其中规模最为宏大者要数天台峰青龙背西侧的几处作品。从拜经台拾级而上，接近天台寺山门时，首先映入眼帘的是一幅激励登山客人的著名唐诗锦句石刻——"一览众山小"，原句出自唐代诗人杜甫的《望岳》诗，落款为"光绪辛丑年，东至谢徽、怀宁马琨游天台题"。前行十余步，右手边崖壁上接连叠加着三处摩崖题字。最高处是佛道两家均有提及的"龙华三会"。对于佛教徒，这是在祝福登临天台的人们，在未来佛弥勒佛主持的龙华会上，大家都能成为同堂罗汉。"龙华三会"的下方是道家"至圣先天老祖"名号。再下面便是九华山中最大篇幅的一处摩崖石刻，其撰题者是原国民革命军第八十八师师长孙元良，其内容为"高哉九华与天接，我来目爽心胸扩"。天台寺山门上方的石刻寓意：这里是已经脱离红尘的"中天世界"。山门东侧是一处与之呼应的"非人间"三个贴金大字。天台寺后云峡内的"一线天"与此处的"非人间"两处的题字人同为前面提到过的朱作鼎。很显然，朱作鼎当年是怀着对同乡人金地藏的深深敬意而登上九华山最高峰并欣然题字的。

通往天台寺的石板大道旁尚存多处摩崖石刻，分别为朝阳庵山门下方的"既是仙界"和庵后的"天梯"二字。因为朝阳庵后面的石板路是登天台途中最为陡峭险峻的一段，当人们走完这一段，在高处小憩时，左边的崖壁上赫然"天梯"两个大字告诉人们，通往天界的阶梯已经在人们的脚下。这处题字的作者是创建天台捧日亭的功德主、清朝乾隆年间的池州知府李暲。"天梯"附近、吊桥庵下方的另一处石刻书法作品是"江南第一山"，作者是安徽池州人、曾先后任民国时期安徽省省长和国务总理的许世英。由此向上，分别还有"渐入蓬莱"和"为善为宝"等摩崖石刻作品。

九华山天台寺 1920 年的住持是彻德和尚。1921 年住持是兰田和尚。1927—1938 年住持是明辉。1939—1949 年住持是义方法师。天台寺近几十年的几位住持和尚，先后分别为普全、晓悟、普光、慧文、意彻、普导和现任住持宏学。因为工作关系，笔者与以上七位均有交往。中华人民共和国成立之际的天台寺住持义方法师，后来修行成为一名海内外知名的爱国僧人。

义方法师（1914—1959），是 1939—1949 年间的天台寺住持，是九华

吊桥庵

山佛教现代史上的一位爱国爱教的著名僧人,其最大的功德体现在阅藏、支持革命和整肃道风等方面。接任义方法师出任天台寺住持的是其弟子普全法师。

普全法师(1921—1991),安徽寿县人,俗家姓王,1939年在九华山天台寺礼义方法师落发出家,1942年11月在江苏宝华山隆昌寺受具,此后,住过芜湖、南京的两处小寺院。1945—1956年回九华山住天台寺,随义方法师修行,1956—1958年在中国佛学院学习,1958年底回九华山,先后住过双溪寺、旃檀林,1960年再回天台寺任住持,1970—1984年任旃檀林住持,此后还短期住持过月身宝殿。普全法师1961年之后曾担任过佛教生产大队副队长和大队长,九华山佛教协会副秘书长、副会长和会长。普全法师1984年当选为第四届安徽省政协常委,1988年当选为第五届安徽省政协常委。1991年在立庵圆寂。

普全法师自1949年起接替义方法师,担任天台寺住持,此后断断续续地一直住持到1970年。在1979年召开的九华山全山僧尼代表大会上,普全法师被推举为九华山佛教协会会长,直到1984年底卸任。驻会期间,普全会长常住在旃檀林寺内东侧的二楼上,楼下便是"食堂"。会长长年自己下楼取饭菜,然后回到房间门前的过道上,在一方骨牌凳上用餐,从不麻烦他人。普全会长还练就了一身适应环境的本领,且道心一直没有稍亏。普全会长在非常时期,为天台寺僧众,乃至九华山全山僧尼的生存作出过不少艰辛而又卓越的努力。

笔者与普全法师早期的接触,有过两次深刻的印象。一次是1980年秋接待新加坡光明山普觉禅寺住持宏船法师。另一次是1982年下半年接待香港宝莲寺住持圣一法师。后期的接触机缘则更多。普全会长于20世纪90年代初在九华山立庵圆寂,天台寺僧众将其塔葬在天台寺对面龙珠石下的天台寺塔院中，其舍利塔并排在义方法师塔的下首。普全法师之后的天台寺住持是晓悟法师。

晓悟法师于 1970—1974 年住持天台寺。晓悟法师是一位爱国爱教、修为刻苦、待人慈悲、处世超然的老修行。笔者自 1980 年上九华山教书至老和尚示寂，这二十六年间，与晓悟法师交情甚笃，故事颇多。

1974—1994 年，天台寺住持是普全法师的师弟普光法师。普光法师是安徽芜湖人，中华人民共和国成立前便上九华山依义方法师剃度出家。普光法师入住天台寺后，终身未曾离寺。普光法师住持期间，因为天台寺被公布为"全国重点寺院"，九华山管理处于 1983 年为天台寺维修了殿宇，僧人们为佛像重新装金。在海拔 1306 米的天台寺里，普光法师始终刻苦修行，不畏艰辛，慈悲待人，和睦僧俗。普光法师于 1994 年 10 月在天台寺内示寂。随后，其弟子们将其舍利塔葬在天台寺对面龙珠石下的天台寺塔院。普光老和尚舍利塔并排在师父义方法师和师兄普全法师舍利塔的下首。

天台寺 1988—1993 年的住持分别是慧文、意彻和普导三位法师。慧文法师是仁德法师于 20 世纪 80 年代初剃度的一批年轻僧人中的一位，初住旃檀林，后任天台寺住持。意彻法师与慧文法师同参同辈，是仁德法师早期的弟子之一，其在天台寺任住持后不久，又被九华山佛教协会安排在小天台寺任住持。其间，意彻法师还短期担任过九华山佛教协会后山分会会长。意彻法师出家较早，爱国爱教，为人忠厚，持家勤劳。天台寺后来的住持普导法师是江苏张家港人，初出家时，在九华山佛学院求学，是九华山佛学院第一届毕业生。毕业后，受佛教协会指派，一度担任过祇园寺上客堂负责人，后至天台寺任住持。此后不久，僧人普导便离开了九华山。

天台寺现任住持宏学法师是安徽省庐江县金牛镇人，俗家姓张，出生于 1955 年。1981 年，天性善良的张姓青年在九华山天台寺依止时任天台寺住持的普光和尚披剃出家。依禅门临济支宗"宏开清静眼"字辈，宏学法师得了这个寓意饱学、饱参的法名。为了全面了解汉地佛教，系统学习佛学知识，宏学法师出家后，曾朝礼四大名山，遍参四方古刹。归来之后，宏学法师曾在庐江县矾山镇的祠山殿住寺三年。1994 年 10 月，普光法师圆寂，九华山佛教协会和天台寺僧众召宏学法师回山料理老和尚葬礼。礼成之后，宏学法师便被留在天台寺住持寺务至今。宏学法师在住持天台寺、翻新天台寺殿宇的同时，还恢复重建了位于山下庙前镇的天台寺下院、又在肥西县三河镇恢复重建了万年禅寺，并于 2017 年荣膺该寺方丈。

天台峰是九华山的著名景点，天台寺则更是闻名遐迩，自 20 世纪 80 年代初国家改革开放之后，随着宗教政策的落实和旅游事业的日益兴旺，天台寺的香火收入状况一度大有改观。由此，天台寺僧们乘机启动了天台寺近百年来的第一次改旧翻新工程。长年处于极端气候中的天台古寺，由于年久失修，严重危及游人安全。这次翻新，先是 1992 年扩建了部分僧寮，又于 1998 年 10 月拆除了老殿，重建了新殿。

新建的天台寺大雄宝殿是一座由现代建筑材料构成的重檐歇山式宫殿建筑。铁瓦盖顶、飞檐翘角的天台寺新大殿，矗立在天台之巅，尽显兜率雄姿，愈发琼楼之气。天台寺徽派风格的老大殿虽矮，但其融合自然、古朴适用的特色十分明显，教人怀念；天台寺飞檐翘角的新大殿，其建筑雄伟，天上琼阁的英姿尤为突出，令人惊叹！

在九华山天台峰上的捧日亭前，于朝暮时刻，环顾四周，最能领略唐诗中"见说九华峰上寺，日宫犹在下方开"的意境。关于这首诗的出处和赏析，笔者前些年有过作文，现呈献给广大读者参阅。

一首唐诗绘就的九华山游览图

安徽九华山是众所周知的汉地四大佛教名山之一，是大愿地藏菩萨的道场，是驰名中外的旅游观光胜地。联合国教科文组织执行局 2019 年 4 月 17 日批准中国九华山列入"世界地质公园名录"。

关于九华山的人文，最早见诸文字者，非唐人费冠卿的《九华山化城寺记》莫属。这篇文章是在九华山金地藏比丘示寂仅十九年后的唐元和癸巳年（813）秋天写成的。该文收录在《全唐文》第六百九十四卷。《九华山化城寺记》是今人研究九华山、研究金地藏最可靠的原始文史资料。费冠卿无疑是记录九华山、宣传九华山的鼻祖。然而，本文将要与读者诸君分享的不是他的《九华山化城寺记》，而是他的一首《答萧建》诗。费冠卿利用这首十八行一百八十字的五言诗，为好友萧建及其朋友们，也为一千多年以来的读者们，绘就了一幅生动而又全面的九华山观光导游图，并为读者们做了一次九华山导游员，带领人们在诗中神游了一次九华山。

费冠卿，唐代著名隐士，字子君，别号征君，江南青阳人。唐元和二年（807）及第进士，居长安待授官职，悉母病危，不及告假，即星夜驰归。至家闻已安葬，悲恸欲绝。遂于母墓旁结庐守孝三年。嗣后，隐居九华山少微峰下。长庆二年（822），唐穆宗征召费冠卿入京，任右拾遗，费冠卿婉辞不就，终身绝迹仕途，逝后，葬于鸡母山拾宝岩。后人王安石、苏辙、杜荀鹤等多来此凭吊。费冠卿擅长诗文，在九华山隐居期间，与当时许多文人互有唱和，其中与唐穆宗时期的礼部侍郎萧建之间的诗文问答饶有趣味。

费冠卿的好友萧建，兰陵人（今山东临沂市境内）。登进士第，终礼部侍郎。萧建是费冠卿参加科考时结识的诸多同科考生中的一位。一些考生及第为官后，都十分关注同科及第而又未能为官的费冠卿。当他们听说费冠卿的家乡九华山是著名的"佛教圣地"，遂托同科进士、礼部的萧侍郎"代书问九华亭",且点明要求费冠卿必须以诗文为大家描述九华山。这便催生了费冠卿的这篇千古佳作《答萧建》诗。萧建是这样咨询并要求费征君的:

代书问费征君九华亭

见说九华峰上寺,日宫犹在下方开。

其中幽境客难到,请为诗中图画来。

萧建和他的朋友们都听说九华山山顶上有佛寺,山顶高到连太阳神的宫殿似乎都建在寺院的下方。这样的险远之处,对普通客人来说是可望而不可即的。所以要请费冠卿为大家描述一下,并且点明要用诗文作答。收到萧建的这首要求特别的"咨询诗"之后,费冠卿决定以一首十八行的五言排律为之作答。诗题直接就称"答萧建",从而带领他的朋友们在九华山中做了一次全境全景的神游。

笔者在九华山中从事导游工作40余年,在学习费氏本家老祖先的这首导游诗时,不免联想到自己从事的职业。今天的导游员们在介绍一处景区时,首先是"景区概况介绍",然后沿途讲解,其间还要不时地与客人互动调侃以热闹气氛,结尾必须有个"感谢合作""欢迎再来"的环节。现代导游的这套程式在古人的写景诗词中一直是如影随形的。《答萧建》诗也是这样环环相扣,为我们设计了一整套导游的范式。

诗的开头,是这样介绍九华概况的:"自地上青峰,悬崖一万重。践危频侧足,登堑半齐胸。"这两句是在告诉大家,九华山是沿江平原上拔地而起的一座层峦叠嶂、群峰耸翠的名山。并且提醒人们在山路上攀登时,下行到险要处,要侧着下脚;上行到陡峭处,那面前的阶石高到与前胸平齐。这后一句在导游讲解环节叫作"游前提示"。接下来，诗人开始介绍游览途中的见闻和体验。

"飞狖啼攀桂，游人喘倚松。入林寒瘁瘁，近瀑雨濛濛。""狖"是一种长尾猴。这句是在描述猴子们自由自在地在桂花林中啼啸飞荡的场景，而与此同时，登山的游人们却累得气喘吁吁，靠着松树在小憩。山中的气候也十分特别，行至浓荫蔽日的森林深处时，人们会不禁打个寒战。诗中的"瘁"，意即寒战。走到瀑布附近时，即便是大晴天也会有小雨濛濛的感觉。诗人在这后一行诗中用叠字的方法绘景状物，更加突出了景物的特征。经过一番艰辛的攀登之后，就可以到达半山腰上山谷中的几处台地了。接下来，诗人利用六句的篇幅着重向大家介绍了九华山中特有的佛教人文景观。

"径滑石棱上，寺开山掌中。幡花扑净地，台殿印晴空。胜境层层别，高僧院院逢。泉鱼候洗钵，老玃戏撞钟。外户凭云掩，中厨课水舂。搜泥时和面，拾橡半添穜。"这几句诗告诉人们，在湿滑而相对平坦的"山掌"上，修行的僧人们建起了寺院。长长的经幡在寺前的净土上拂拂；高高的殿宇在晴空中映辉。在九华胜境中登临，移步即可换景。人们在各处寺院里朝礼时，随处可以遇见法相庄严的高僧。在寺前的流泉里，自在的鱼儿们总在等着前来洗钵的僧人，因为僧人的钵里总能为它们洗出一些食物来。在佛寺的殿宇中，无畏的老猴们，竟然也学着和尚们嬉闹地撞起钟来。山间的寺舍茅蓬，常年掩映在缭绕的云雾中。寺院厨房的水碓全靠雨季的水流来舂米。荒年少粮之际，僧人们只能找些观音土来充饥；谷物晚熟之前，只能拾些橡树的种子来添作食物。诗中的"泥"，指的是九华山中的一种土，山民们称其为"观音土"。饥荒时，人们用这种土掺和少许粮食可以充饥。费冠卿在他的《九华山化城寺记》中描述金地藏生活艰苦的情景时说"唯白土少米烹而食之"。说明九华山中僧人每逢粮食不足时，就会出现以"泥"充饥的情况。后面的"橡"指的是橡树果子，这种可食用的树栗子，在今天的九华山上依然随处可见。"稙"指的是晚熟的谷物。

在介绍完九华山中部半山上的佛寺及周围景观之后，诗人又带领大家登临山顶，即今天的天台景区。笔者之所以认定是"天台景区"，是因为在诗境中是可以明显分析出来的。

"渡壑缘槎险，持灯入洞穷。夹天开壁峭，透石豗波雄。"一千多年前的九华山肯定没有今天这样方便的登山步道。游人们要想看到九华山上险远的"奇伟瑰怪"等非常之观，无论从哪个方向登顶，都必须借助葛藤、树槎（树枝）之类。另外，也只有山顶才有需要"持灯"才能进入的"洞"。"夹天"而开的峭壁，显然是指今天九华山天台上的"一线天"。"透石"估计指的是天台附近、后人命名的"无底洞"等处。也只有在天台顶上，向南眺望"十王峰"时，才能领略到嶙峋的巨石阵，像被大自然"豗"成"波"浪一般的雄伟奇观。我们在这里对一千多年前的九华山景观进行"臆断"是有根据的。地质学研究表明，九华山的沧海桑田，历经了一亿三千万年，《答萧建》诗中的景观与今天的现状应该是差别不大的，因为诗文流传至今的一千多年，在九华山的沧桑史中是微不足道的。况且花岗岩地貌的九华山，山体景观的风化变迁是非常缓慢的。诗人在山顶景区介绍的还不止这些，接着又引导读者远眺山下。

"润蔼清无土，潭深碧有龙。畲田一片净，谷树万株浓。"这两句翔实地介绍了只有在山顶才能俯瞰到的周边水土农耕景象。"润蔼"意为滋润繁茂。这番滋润浓郁的景象竟然出现在山中无土的石壁之上。远处的深潭一定是蛟龙出没的地方。后一句的"畲田"指的是刀耕火种时期,农人们用火烧出的山田。这在九华山天台下方的黄石溪村,至今依然能见到古人建造的石梯田。这行诗句是在说,从山顶俯瞰下去,山下的田地一目了然,谷中的林木一片苍翠。诗人在这里引领读者们体验了"会当凌绝顶"的感觉。接下来诗人用了两句二十个字,向大家描述了在山中生活的惬意。

"野客登临惯,山房幽寂同。寒炉树根火,夏牖竹梢风。"诗中的"野客"指隐居的人,"夏牖"指的是夏天在墙上开的窗子。这两句诗告诉大家,对那些在山野里隐居的人来说,在山上隐居同样可以享受到普通人居的幽静和快乐。冬天来了,用树根烧火取暖;夏天来了,通过在墙上开个窗子,同样能享受到竹梢的清风。

《答萧建》诗的最后两句,教会了我们今天导游解说的结尾"感谢合作"和"欢迎再来"两个环节。诗言:"边鄙筹贤相,黔黎托圣躬。君能弃名利,岁晏一相从。"其中的"边鄙"指偏远的地方。"黔黎"指戴黑头巾的平民百姓,因为唐朝以前的平民不准戴冠,只能裹黑头巾。后一句中的"岁晏"指"人的暮年"。这两句是作者在与萧建等一干朋友们叙说友情。诗人感谢远在京城的贤臣良相们对自己家乡,这么偏远的九华山给予了这样的关注;也感激皇上亲自下诏征召自己这样的平头百姓为右拾遗。在诗的尾联中,费冠卿鼓励萧侍郎和各位好友,如果他们将来也能像自己一样放弃功名利禄,那么,到晚年他就可以陪着他们一起在山中隐居享乐了。这是诗人对朋友们发出的"欢迎"之请。

费征君通过这首《答萧建》诗,带领他的友人们及今天的我们,完成了一次完美的神游九华之旅,依次经过了眺望九华、登临九华、朝觐寺院、凌顶俯瞰等环节，最后还自然而然地与友人们寄语了一番友情。全诗从自然到人文，为我们绘就了一张生动翔实的九华山导游图，为我们今天的九华山导游员们留下了永远的说辞，也为九华胜境留下了一首千古赞歌。

天台寺的大德与护法

尘尘子

尘尘子，生卒年代及籍贯均不详。据清乾隆《青阳县志》记载，"尘尘子，名杜多。康熙庚子（1720）行脚至天台峰，结茅住焉。能诗，工书法。年七十犹兀坐蒲团。严冬着单布衣。圆寂后六年，其形趺坐不仆，皮肉如生"。从这段文字分析，尘尘子是一位有着坚定信念的文化人，且身体极健壮。尘尘子在九华山天台冈上结茅而成的居处被他自己命名为"活埋庵"，寓意其隔绝人寰，将自己活埋在庵中，以求凡心死，志在道心生。《九华纪胜》记述有"活埋庵在天台冈，面真武按剑峰，康熙末，僧尘尘子筑"。清代的史书将现在的九华山十王峰称为"真武按剑峰"。因为古人上九华山多从东西和北三面登顶，在他们的视觉中，天台峰是九华山最高峰，而与之高差不大的真正的九华山最高峰真如按剑峰（今天的十王峰）却被古人忽视了。同时，对山顶没有寺院的十王峰而言，佛教徒们也不希望它是"最高峰"。尘尘子结茅而成的活埋庵是九华山天台峰顶上最早的佛寺建筑。尘尘子在活埋庵中修行极为清苦，七十岁时还穿着单衣，冒着严冬在庵中打坐参禅。尘尘子示寂六年之后，其"皮肉如生"，俨然成为天台寺的第一尊"金刚不坏"的肉身和尚。尘尘子入寂后，其弟子们并未龛供其肉身，而是在庵旁为其建塔供奉。尘尘子身后的天台寺，规模逐渐宏大，到清中叶，天台峰上下已然形成"八刹"四十八寺。

关于活埋庵，清初学者、康熙年间的翰林院检讨、江苏吴江人潘耒有《活埋庵赠默安禅老》诗，即"九子山头第一峰，掩关枯坐有南宗，衔花罢供心离境，拨草无人路绝踪。脚下云生长似絮，膝边松偃欲成龙。挂瓢只合相依住，扫雪敲冰过几冬"。诗中的"南宗"，指佛教禅宗的顿悟法门。"挂瓢"是隐居的意思。尘尘子结茅的活埋庵是天台峰顶上最早的僧人修行处。

义方法师

义方法师（1914—1959），俗名崔思庆，原籍安徽省太平县甘棠镇，出生于长江南岸安徽芜湖市的吉和街上。吉和街，俗称"鸡鹅街"，是江边码头通往芜湖城区的第一条街道。自古以来，吉和街两旁店铺林立，商贾云集，在皖江两岸各城镇的商业街中，芜湖吉和街最为繁华。崔思庆曾祖辈中的崔国因（1831—1909），徽州府太平县甘棠镇人，是清同治十年（1871）进士，同治十三年（1874）授翰林院编修，给光绪皇帝讲过课。光绪十五年（1889）三月被赏二品顶戴，出使美国、日斯巴尼亚（今西班牙）和秘鲁三国。光绪十八年（1892），崔国因任满回国后便来到安徽芜湖寓居经商，其经营稻米加工的"汇丰砻坊"拥有五万两白银的固定资产，是芜湖工商界的一位举足轻重的人物。安徽黄山上的"狮子精舍"（今天的狮子林宾馆的前身）是崔氏族人建在老家山上的避暑别墅。崔思庆的祖父在吉和街上有一家布店，同时，在乡下还有良田200余亩。芜湖崔家当时是当地首富。崔思庆就降生在这样的豪富家庭里。

崔思庆自幼失慈，父亲是一位教育工作者，且笃信佛法，与佛门高僧弘一法师交往甚密，因此1930年当崔思庆还是芜湖萃文中学学生时，就有缘首叩弘一法师。四年后，崔思庆便在父亲同意的情况下，于1934年在九华山天台寺依彻园出家，得法名义方。据相关资料记载，出家后的义方法师有幸继续亲近弘一法师，二人间常有信札来往，且"亲得弘一法师诸多勉励"。1935

年，弘一法师曾致信义方法师，表达了对义方法师能常住九华亲近地藏菩萨的羡慕之情。信中说道："余自命为菩萨之孤臣，但未能居九华护法，甚愧！甚愧！"

义方法师 1934 年在九华山天台寺出家后，于 1939—1949 任天台寺住持，其一切梵行大体可归纳为三：一是，深入经藏，饱学饱参；二是，整肃道风，开坛传戒；三是，同情革命，为国立功。

义方法师出家后，潜心钻研佛学，曾将九华山化城寺藏经楼中珍藏的 6777 卷明版《藏经》通读过一遍。义方法师可能是九华山近现代史上唯一的一位阅过化城寺《藏经》的本山僧人。《藏经》是一切佛教经典的总集，内容极为浩瀚。"阅藏"是佛教徒通过研读《藏经》，对教理教义的一番系统而刻苦的修学过程。佛家对阅藏者有具体而严格的要求，不可挑拣，不可急功近利。因为阅过藏，义方法师的佛学功底极其深厚，自身的实修实证也十分刻苦而圆满，以至其 40 岁以后得机缘在中国佛学院执教。

义方法师从年轻时开始，便受到近代佛教律宗泰斗弘一法师的积极影响，出家后更是始终秉持"以戒为师"，重视自身的依戒修持。义方法师住持天台寺之后，对僧团的道风整肃一直慎重，因为天台地处偏远，抗战和解放战争期间的僧团生活极端艰苦。在这种背景下，依法修为，依制行事愈发不易。据义方法师弟子普光法师和普闻法师回忆，师父过去对他们十分慈悲，经常耐心地给他们逐条讲解戒律，以及制定这些戒条的原因和持戒的好处等，并带大家刻苦修行，艰难度日。据 2013 年出版的《九华山志》记载，义方法师在天台寺"传戒收徒，讲经打坐，竟无虚日"。关于义方法师在天台寺"传戒"之事，现有资料很难证实。

义方法师住持天台寺期间，正值中华民族饱受战火洗礼之际。其间，义方法师虽居方外，但对民族的生死存亡和国家的何去何从极为关心。身处历史紧要关头的佛教徒义方法师睿智地注意到，只有中国共产党才能带领中华民族御辱自强，救亡图存。因此，从抗战到中华人民共和国成立，甚至在后来的新中国建设过程中，义方法师一如既往地带领弟子们支持中国共产党领导的革命事业，并在多次历史事件中留下了自己的身影。

抗战期间，义方法师的俗家亲属中有人投靠日伪，沦为汉奸，曾多次来天台寺请义方法师出山，但每次都遭到严词拒绝。义方法师不但不和日本人合作，相反地，他还积极为新四军筹集粮款，并为中共地下党在天台山设立交通站提供帮助。据其弟子普光法师回忆，解放战争期间义方法师曾经在天台寺的地下室里保护过好几位险些被国民党军队搜捕的中共游击队战士。中华人民共和国成立后，义方法师是九华山佛教总代表，他组织僧尼学习政治，坚持修行，还协助地方政府建立了"九华山文物古迹保护委员会"，以维护丛林古迹。义方法师于非常时期，唤起全山僧尼保护文物古迹的意识，是对九华山、对国家的一项特别的贡献。即便是今天，在九华山中号召保护文物古迹、加强文史资料的抢救性发掘和整理，依然是一项不容忽视的大事。

义方法师自小在皖南芜湖市读书受教，深知教育为本的内涵。1950年，国是初定，共产党开始组织大规模的社会主义建设，其间，义方法师在当地政府支持下，在九华山上率先创办了九华山初级小学，两年后，又担任管理有11所小学的中心学区校长。义方法师在九华山办学期间，其教育理念十分先进，曾积极将大城市的办学方式引进九华山。他在学生中组织篮球队和鼓号队，带领学生们进行课外篮球比赛和排练鼓号表演，使九华山学校的课外教学经验成为山下青、贵两县很多小学的学习榜样。九华山上当年义方法师的学生——20世纪90年代依然健在的鲍许卿、金炳生等几位老人回忆起义方法师当年带领他们课外活动，并下山与邻校举行篮球比赛的往事时，依然津津乐道。

中华人民共和国成立后，义方法师带领九华山僧众积极参加社会主义建设事业。1951年，义方法师是青阳县抗美援朝委员会委员，曾带动僧众踊跃捐款，计划购买飞机，并致信慰问远在朝鲜前线的中国人民志愿军。1953年11月，义方法师主持了"祝愿世界和平法会"。1955—1957年，义方法师曾多次作为中国佛教代表团成员，访问过缅甸、柬埔寨、越南和印度等国。其间，义方法师还曾随周恩来总理出访过缅甸，缅方教界赠予的一根由粗长的老生姜茎秆制成的"生姜拐杖"和一双皮制的"人字拖"凉鞋，至今依然陈列在九华山历史文物馆中。义方法师爱国爱教，一生辛劳，于1959年在北京中国佛学院执教任上示寂，年仅四十五岁。九华山僧众将其骨灰迎请回山，塔葬在天台寺对面龙珠石下的天台寺塔院内。义方法师寂于不惑，寿腊虽短，德泽绵长。义方法师是中国现代佛教史上的一颗明星，是九华山地藏菩萨道场的一位宿耆。

懒悟和尚

懒悟和尚（1901—1969），俗姓李，名奚如，出家后法名晓悟，晚号莽张僧，于光绪二十九年（1901）出生于河南省潢川县。5岁时在本邑出家；8岁时由士绅介绍，成为当地远铎庵寂参和尚的弟子，并在寺内读小学；18岁时，在武汉归元寺受具，得法名晓悟。此后，晓悟和尚又就读于厦门闽南佛学院（南普陀寺），成为该院第一届学僧。读书期间，晓悟和尚热爱绘画。毕业后，晓悟和尚曾卓锡杭州灵隐寺，并已工于水墨。不久，当时中国佛教协会选派其去往日本留学5年。中华人民共和国成立后，晓悟和尚任中国佛教会理事及安徽省文史研究馆馆员。晓悟法师是一位著名画僧。1954年国庆，晓悟法师应邀上天安门城楼观礼，归来连夜作《高山流水图》以志庆并歌颂新中国。

晓悟变"懒悟"的缘由是其日常生活不修边幅，很少换洗衣装，极少清洗钵盂而自嘲的雅号。其为书画作品钤印时，也多为"懒悟"，或一个"懒"字。

懒悟法师一生淡泊名利，清贫自守。其与九华的因缘是，一爱九华山水，二与义方法师友善。懒悟法师在九华山期间，常居于东崖禅寺和天台地藏禅林。还曾被心坚和尚邀往安庆迎江寺任书记僧。在安庆期间，曾因拒赠画作而得罪过当时的军阀、安徽省主席刘镇华。

据九华山佛教文化研究会陈寿新和汪传中二位会员的研究，懒悟法师少年出家后，其母曾往寺院看望，他当时在寺内众人面前，只能在心里喊一声："娘！"后来在向义方法师回忆起此事时，懒悟法师曾放声大哭，惊天动地。哭毕，懒悟法师铺纸作梅，并跋曰"孤情合向空山下，个个花开泪滴成"，署款为"泪僧"。

抗战期间，懒悟法师逃难到合肥紫蓬山西庐寺，当时难民多达500人，寺庙不堪重负。为此，西庐寺方丈三惺法师曾呈文重庆国民政府，请求赈济。报告落款的呈送人名单上，懒悟和尚在列。此资料现存中国第二档案馆。可见，懒悟法师当时已经誉满官民两界，以至后来被推举为合肥明教寺住持。

合肥明教寺，历史上是上述紫蓬山西庐寺的下院。20世纪三四十年代，笔者父亲费志宏是"明教寺三根和尚"的挚友，抗战前，二人过往甚密。日军霸占合肥期间，三根和尚离世，日本"日莲宗"僧人衙藤春海占据明教寺后，家父数年不进"菱角台"（合肥地区人对明教寺的俗称），直到抗战胜利。笔者的祖父费继宣曾经是李鸿章家族享有的肥西县三河镇承德仓的总管，还管理过李家在芜湖的大花园。中华人民共和国成立前后，笔者的父亲曾在肥东县梁园镇上经营着著名的"费宏裕号"香店，出品的"龙涎佛香"深受信徒和民众的欢迎。费宏裕出品的料香，是由冰片、炒脑、良姜和辛夷等十多味中药材配制而成的药香，是最受合肥明教寺僧信们青睐的一款产品。当地人常于春季购买这种药香，因为点燃这种药香，可以清新空气，防止家人感冒。

懒悟法师是在九华山迎来江南解放的。中华人民共和国成立后，应合肥佛教界人士之邀，懒悟法师曾住持明教寺，并当选为中国佛教协会理事，但他依然念念不忘九华山，并为九华山画过一本画册。北京画院院长陈半丁为这本画册的题字为"九华胜揽"。

懒悟和尚墓碑

懒悟和尚 1969 年往生于合肥月潭庵，1981 年"回归"九华山。安葬事宜由其弟子牵头，安徽佛教界及法师的俗家弟子葛介屏、贺泽海等在九华山十王峰北麓的龙珠石下塔葬了懒悟法师。懒悟和尚灵塔紧挨其挚友义方法师舍利塔后方。安徽书法家葛介屏为其师隶书了墓志铭。中国著名书法家林散之先生书赠的"人间懒和尚，天外瘦书生"，是对懒悟和尚一生最贴切的评语。

懒悟和尚在住持明教寺期间，当时的合肥市年轻书画爱好者贺泽海拜在懒悟和尚门下学画。2000 年以后，贺泽海先生在合肥市南门外办有一处"懒悟与贺泽海艺术馆"。笔者于 20 世纪 70 年代中期与懒悟和尚的爱徒贺泽海先生有过接触。贺先生当时以省文艺界干部身份"蹲点"在肥东县梁园镇。笔者当时是该镇的中心小学民办教师。1975 年下半年，贺先生来学校帮助师生们编排短剧。剧作者署名"贺志华"，因为实际作者是贺先生和费志树、李华两位老师。笔者印象中的贺先生，身材较高，举止儒雅。后来从家兄口中得知贺先生是懒悟法师弟子，是省内知名画家。懒悟法师献身佛教，钟爱九华，是中国现代佛教史上的一位著名画僧。

普闻法师

普闻法师（1912—2000），安徽六安人，8 岁时随父在安徽九华山下的庙前镇关圣殿出家，10 岁时随舅父住九华山天台寺，拜义方大和尚为师，得法名普闻。1935 年，普闻法师在江苏宝华山隆昌寺受具，并于此后开始云游参学。普闻法师参学回归九华山后，正值抗日战争和解放战争时期，国家动荡不安。其间，普闻法师曾受义方法师指派为共产党的抗日游击队提供粮食支持。1940 年，普闻法师还曾一度脱下僧装，参军抗日，在军队里任卫生员。中华人民共和国成立以后，1958 年为了应对饥荒，普闻法师曾带领弟子宏成、徒孙开宝到天台寺南面十王峰南坡上的道僧洞开荒自救。

道僧洞是九华山南坡上的一处著名古迹。该洞原本是一处不深的岩穴，离天台寺约 5 里之遥，早年曾是一处道士修道的场所。在道士修道的同时，又曾住进了一位和尚，一时间，这里便成了一处道佛共处的修行场所，遂被九华山民称为"道僧洞"。后来的道僧洞连同洞前的"晒经石"，在普闻老和尚和宏成法师师徒俩的打理下，俨然成为九华山中一处景致。如今的道僧洞

道僧洞

内依然供奉着一大一小两尊石像。大的一尊呈道士相，小的一尊现僧人身。这种道大僧小的像设居然出现在佛教名山九华山，是因为道僧洞的历史是先有道后有佛的，后来的佛教徒也是尊重历史的。

20 世纪 80 年代，改革开放以后，宏成法师被九华山佛教协会派往观音峰主持寺务，留下普闻和尚独居道僧洞。其间，普闻和尚常年靠采药为生。每天挑着自采的药材或野果菌菇之类到天台寺下的石板大路旁摆地摊售货，并应机度众，开示人生。笔者 20 世纪八九十年代在九华山国际旅行社担任导游员

期间，和普闻法师接触甚多。

由于年老体衰，加之道僧洞冬季苦寒，普闻法师于 1995 年离开道僧洞，在位于前山中闵园普慧师兄住持的海慧寺挂单数月。1996 年，在当地宗教主管部门的协调下，普闻法师的徒侄、天台寺住持宏学法师将普闻法师接回天台寺常住。因为普闻师叔与山下庙前镇关圣殿有缘，为了圆满师叔叶落归根的心愿，宏学法师决计在庙前镇重建被毁多年的关圣殿，将其改为佛教寺院，并名为"天台寺下院"。

20 世纪的天台寺僧人宏成法师

自此，其师叔的晚年有了如法的安顿。普闻老和尚晚年又如愿回到庙前镇，并在徒侄新建的天台寺下院内，于 2000 年初示寂，寿腊八十八岁。普闻和尚圆寂后坐缸 3 年 6 个月，2003 年 8 月启缸时，老和尚禅蜕在缸中栩栩如生，示人以金刚不坏之身。普闻老和尚真身现今依然供奉在庙前镇天台寺下院内。普闻法师禅蜕是改革开放之后、九华山中修成正果的五尊僧人真身之一。其他四尊分别是大兴和尚、慈明和尚、明净和尚和仁义师太。笔者因为工作关系与以上五位都有过直接往来。

陈蔚

陈蔚，字豹章，安徽青阳九华山南麓人，生卒年代待考。陈蔚在清嘉庆年间科举考试中取得的功名是廪贡。廪贡生依然是学生，是秀才中的优秀者，可以按月领到朝廷发给的廪膳（生活费）。道光年间陈蔚被举为孝廉。孝廉身份的人就可以为朝廷办差了。陈蔚参加过《安徽通志》和《齐山岩洞志》的编纂，并著有《九华纪胜》《九华考异》和《梅缘诗草》等。陈蔚对家乡九华山的山山水水和人文逸事均有过翔实的踏勘和考证。陈蔚的侧室吴荔娘（1787—1802），字绛卿，福建莆田仙游人，清代女诗人，随园女弟子（即清代诗人袁枚的学生），16岁早卒，著有《兰陂剩稿》一卷。

为官家编修志书的经验激发了陈蔚为家乡著名的"佛教圣地"九华山作记的热情。陈蔚自幼生长在九华山南麓的陵阳乡间，对"岚翠环扉，烟霞入梦"的山区生活无比眷念，"固无事白绫半臂图也"，即闲来无事，在一条半臂长的白丝绸上画出九华山水图。在《九华纪胜·序》中，陈蔚认为自唐宋至明崇祯年间，大批文人为九华山留下了很多宝贵的文字记录，但崇祯后，直到他所处的嘉道两朝，130多年间，九华山人文山水的变迁却没有了后续的记录，而这期间"贤哲之芳踪，高僧之梵行，名流之著作，故老之传闻，积久渐湮，良堪扼腕"，所以他决意要撰写一部近似地方志性质的著作，书名即《九华纪胜》。为了确保《九华纪胜》的翔实，在九华山中实地勘察时，陈蔚"载笔携筇，披岩讨壑，穷探幽奥，遍陟高寒，或仰摘星辰，或俯瞰云雨"，力求记录精准。其对九华山中四时八节的变化、品类物候的观察，以及对前人记述中讹漏的修补，无不慎之又慎。《九华纪胜·序》文还记录了陈蔚的伯父陈箭泉曾经著有《九华新志》一部，但未及刊行，便将原稿上交给了青阳"郡志馆"，此后，文稿被好奇的人拿走，不知所终。由此可见，陈蔚编撰《九华纪胜》，也是在继承伯父的遗志。总共21卷的《九华纪胜》刊行于清道光元年（1821）。在《九华纪胜·序》中，作者道出了其纪胜的目的是，"以一人之目游，搏千万人之卧游"。在交通不便的清代，登临九华的游人少之又少，所以《九华纪胜》的问世，在当时一定是一部极受欢迎的九华山游览指南。即便在当下，《九华纪胜》也是一部关于九华山山水和人文的重要史册。

据《九华纪胜》记载，陈蔚在九华山中盘桓期间，还曾为九华山天台峰下的招隐庵（俗称中常住），作过一次捐田功德。这件事记录在《九华纪胜·卷十四》，题目是《天台峰招隐庵施田记》。在记文一开头，陈蔚列举了南朝光禄大夫王骞出卖自家田产，捐建首都建康城外钟山下的大爱敬寺；唐朝的王缙、杜鸿渐喜好斋僧以及唐朝大司空李蟾用自己的俸禄赎回寺产，以恢复宜兴善权寺等几则故事，以佐证"古之薰修身田者，亦必资乎命田"，且捐助佛教不仅是读书人的事，而是人人有责的事。在记文中，陈蔚记述了自己施田的缘由。

清嘉庆十八年（1813），陈蔚登临九华，朝礼化城寺金地藏菩萨，之后又乘兴登上天台峰。在天台峰上，陈蔚看到的是"境界清幽，僧皆苦行"，并由此联想到化城寺的僧人们从唐朝开始，就在寺周开凿稻田，自给自足；而天台峰下的这些寺僧们则无处种粮自给，因为天台周围的自然环境是"苍松一坞，任种菩提，翠石千寻，只生灵药"。意即天台峰一带的山岗上只适合僧人修证菩提，石壁上也只长有灵草妙药，却无处可以种植粮食。陈蔚还想到，隆冬季节，大雪封山，"烟断斋厨，岂能托众香钵，入舍卫城乞食耶"，意即周围没有村镇，遇到大雪封山时，僧人们到哪里化斋呢？为了让天台峰上的僧众们"无劳饭墙"（饭墙，即以观音土当饭），潜心修行，陈蔚发心"爰出囊金，买峰麓伏龙桥侧田若干亩，施于招隐庵，聊以岁入之租，少助伊蒲之馔"。"伊蒲馔"，即僧人的斋饭。"伏龙桥侧田若干亩"，即现在桥庵附近仍在种植水稻的一大片水田。由这篇记文可见，九华北麓桥庵附近的田产旧时归属天台招隐庵。《九华纪胜》的作者陈蔚对九华山佛教的支持是功不可没的。

甘露寺

　　甘露寺，初名甘露庵，始建于清康熙年间。因当年建寺开工之际，满山松树的松针上漫垂滴滴露水而得名。甘露寺位于九华山北麓的定心石下，介于石板大道上的一天门和二天门之间。甘露寺自清代起就是九华山"七大丛林"之一。今天的甘露寺是全国重点寺院，是安徽省文物保护单位。实际上这里

甘露寺

最初只是一间小茅蓬，是附近老虎洞中洞庵和尚的弟子们为洞庵和尚代建的一处路边修行场所。甘露寺现存的田契碑刻中记载有当年为建寺而于康熙三年（1664）三月十二日购买的第一宗不动产的记录。由此可以肯定，甘露寺的前身——洞庵和尚的小茅蓬起建于康熙三年（1664）。三年之后的康熙六年（1667），皇帝遣玉琳国师朝礼九华山。行至九华山北坡定心石时，玉琳国师"谓此地山水环绕，若构兰若，代有高僧"，并"属（通嘱）洞庵募蒲团地，建丛林"。上述碑文中的这两句告诉人们，是当年的玉琳国师提出并嘱托当时在附近老虎洞中苦修的洞安和尚主持募建甘露庵的。甘露寺初创时的山场用地是洞安和尚老友、山下老田吴家族人吴尔俊捐献的。上述引用语中的"兰若"，是梵语"阿兰若"的简称，即"寺院"的意思。一直以来，九华山甘露寺以其独特的地理位置和优越的自然环境，备受古今登临者的赞叹。

甘露寺地理位置独特的原因在于其正好处在九华山四季更替时的一条等温线上。这条线蜿蜒在西起西竺庵，东经甘露寺、天香岭、狮子峰沿线各峰的半山腰上。这条线是观察物候，了解九华山山上山下不同季节、不同境况的一条分界线。笔者在九华山中居住 40 余年，对于这条分界线有过很多次的见识和体验。每当冬季来临，从西竺庵，经甘露寺到狮子峰一线的雪线会非常清晰。每年春季，甘露寺门前和后坡上的茶园，开园时间也相隔一周左右，前门以下的早，后坡山上的迟。大暑天开车上九华山时，车过甘露寺便可关了空调，打开车窗，爽心悦目地观赏沿途山景了。40 年前，笔者在参与当地政府组织的植树造林活动时，当时的上禅堂住持晓悟老和尚曾特意要求笔者转告农林部门，"甘露寺以上不可栽种香樟树，香樟树不抗冻"。事后，人们果然发现，当年少量误种在甘露寺沿线以上的香樟后来无一存活，甘露寺门前几棵勉强成活，唯寺右侧坡下百米之遥的十几棵香樟树至今依然郁郁葱葱，已然成林。九华山中大多的阴晴、雨雾、霜雪，以及人体感知的山上山下温差等气候现象均以甘露寺一线为界。

定心石是九华山北麓的一处古老而又著名的风景点。明万历年间就有定心石之说。定心石是定位甘露寺的最佳标志。关于甘露寺后坡上的定心石，清朝嘉道年间成书的《九华纪胜》载有"石上刻'定心石'三字，旁署'芝山'二小字"，但笔者实地考察发现定心石上只有"定心"二字。为此，经甘露寺附近乡民的指引，围绕传说中"定心"二字的题字人"芝山"先生，笔者于2022年秋赴贵池茅坦村走访了杜氏后人——茅坦粮站员工杜胜进先生。杜胜进回忆了其祖父常讲的一则故事。故事说的是，杜胜进的尊祖杜芝山是青、贵两县知名的私塾先生，尤以书法著称。一日，杜老先生往九华山甘露寺看望一位杜氏族人，因此人出家不久，故心绪不宁。老先生劝勉了这位族人一番之后，临别时为其题写了"定心"两个大字，以资鼓励。此后，这位出家人将题字刻在了寺后道旁的一块巨石上。这便是定心石上"定心"二字的由来。查阅茅坦杜氏族谱，杜芝山生于"光绪十一年（1885）乙酉十一月十三日卯时"。综上可知，题写"定心石"三字的芝山和题写"定心"二字的芝山可能偶为不同年代的两位同名书法名人。早先嘉道年间尚存的"定心石"三字到光绪年间可能已经湮灭，是后来的另一位"芝山"先生补题的"定心"二字。

甘露寺优越的自然环境表现在多个方面。定心石周边竹林幽深，清泉漱石，加之视野开阔，是旧时登山者途中难得的一处憩止场地。清朝光绪年间的安徽学政李端遇在其《甘露庵记》中说："自北平地登化城，直上可二十里，行至山腰，身罢口渴，于此开甘露一门，斯显佛力。乃自唐代有化城以来，览胜者、礼佛者至定心石畔，但坐而作望梅之想焉。"李端遇的这段话是对甘露寺自然环境之于登山者心理需求的最深刻分析。

定心石，顾名思义，自古以来登临九华者行至这块巨石下，一般都会选择在这里小憩，等待平心静气后再行攀登。李端遇认为，在如此半山腰上，佛家为急需歇脚的行人们开了一座甘露禅门，这是佛力彰显的标志。这与当年佛祖为弟子们"化城"的意图是异曲同工的。登九华者行至此处，正值口干舌燥、望洋兴叹之际，恰好遇到一座佛寺，于是一番礼拜、一阵茶歇之后，信心为之一振。此间，人们对一心向往的九华街和化城寺作一番望梅止渴式的憧憬是再惬意不过的事了。李端遇极为赞赏甘露寺及其周围优越的自然环境。清朝时的僧人们在设计建造甘露寺时，充分考虑到游人"来到半山坐一坐，再行五里天上天"的片刻需求，特意将甘露寺大殿前的天井四周走廊建得出奇的宽敞，以备"人在旅途"时作遮风避雨之所。

甘露寺最初的选址和依山就势的布局，以及确定山门的朝向均十分独到。清朝的建设者们在为甘露寺堪舆"觅龙"时，选的是化城峰下伸往北向的一条尽头脉，"点穴"则选在这条尽头脉的脉端。此处脉端凸起的山脊上，东、北、西三面临崖，地势居高临下，十分险要。现代人在修筑公路时，不得不让汽车围着甘露寺绕行大半圈。此外，甘露寺山门的朝向也十分奇特，一反常规佛

甘露寺正门

寺力求朝南的设计，而改为北向开门。站在甘露寺山门前月台上，往东北望去：六泉口衔玉屏山，蜿蜒起伏，历历在目；老田吴伴柯家垅，阡陌交通，屋舍俨然。甘露寺所有殿宇均布局在四级台基之上，各级间高差约 5 米，前后总高差近 20 米。其间，涉及教务活动的几栋主要殿宇均沿同一条中轴线展开，并力求对称。第一级上立着山门殿，第二级上分布着大雄宝殿等多处主要的佛寺建筑。第三级以藏经楼和僧寮为主。第四级则是后苑的仁德法师铜像广场。一、二两级上的均为古建筑。三、四两级上的均为今人于 20 世纪 90 年代新近开辟而成。甘露寺西侧的一长排楼宇建筑也是 90 年代开办佛学院期间所建，主要有僧寮、讲堂和斋堂。当初添建的意图是扩大办学容量。

甘露寺第一级台基上立着山门，山门上高悬的一块"敕赐大九华山甘露禅寺"直幅竖匾告诉人们，这是一座清朝皇帝赐建的禅宗佛寺。因为，有清一朝，仅皇家准建的寺院方可悬挂这种竖额。甘露寺山门开在门楼下的门斗内。半坡行水、单檐翘角的山门楼由四根红漆大柱托起在一座高 2 米的梯形月台上。门楼上共四处斗拱，中间的一对撑拱木上雕的是持云帚的仙女和拈仙丹的仙人。打边的两处撑拱，其雕刻题材同为"狮子滚绣球"。山门楼靠墙一条横梁的两端分别刻着"凤凰戏牡丹"和"九色鹿回头"。写在甘露寺山门门框上的一副对联，是 20 世纪 90 年代初，九华山佛教协会在此开办佛学院时，时任副院长圣辉法师请书法家沈鹏先生为佛学院题写的。对联内容摘自唐太宗李世民为刊印佛经而作的序文《圣教序》，其上联为"引大海之法流传智灯之长焰"，下联为"承至言于先圣受真教于上贤"。甘露寺山门门扇上漆书着近几十年一直传下来的老对联，内容出自《地藏十轮经》中诠释"地藏"名号的两句经文，上下联分别为"安忍不动有如大地，静虑深密犹如秘藏"。甘露寺是九华山的总山门，就地理位置而言，这副对联出现在甘露寺山门上是再恰当不过的。

甘露寺山门殿正中依例供奉着欢迎善信归来的"笑面罗汉"弥勒佛。因为甘露寺位于上山必经的一天门以内，天然地担负着为"莲花佛国"迎宾的职责。为营造欢喜和悦的迎客气氛，甘露寺山门殿内违例不供怒目的守门金刚，寺内也不设森严的天王殿，而只是数间僧寮及一处库房。弥勒佛龛两侧均有石阶通道通往上一级台基。进山门左转者，大多是去往法堂和方丈室的寺僧，右转者则大多为游客。

甘露寺的第二级台基上分布着大雄宝殿、韦陀殿、客堂、法堂、方丈室以及部分僧寮与斋堂等佛寺中的主要建筑。甘露寺大雄宝殿是全寺中最雄伟的建筑。玉琳国师倡建的甘露寺殿宇曾一度损毁。据民国《九华山志》记载，现存的甘露寺大殿起建于"同治甲子（1864）乱平"之后。当时的甘露寺方丈"法源上人，结茅于旧址，为参禅地，后玉田唐公归敬，倡捐殿宇，始复旧观"。从大殿门额上的款识"清光绪乙未孟冬"分析，大殿应该是落成于光绪二十一年，即 1895 年。法源和尚主持重建的甘露寺大殿是九华山中现存最古老的大雄宝殿，已经历 130 多年风雨。甘露寺大殿高 12 米，宽 20 米，进深 17.5 米。建筑风格为单檐歇山式宫殿建筑，其四面外墙呈赭红色。金黄色琉璃瓦铺就的殿顶屋面，使大雄宝殿在寺内多处徽派灰瓦建筑的簇拥下，在寺周苍松翠竹的掩映下，愈显雄伟壮丽、金碧辉煌。每当九华山中云开雾散、雨雪初霁之时，夕阳中的甘露寺尤显其深山古寺、人间仙境的神圣尊严。

甘露寺大殿前四水归堂的天井，长 10.3 米，宽 4.3 米，风格与一般天井毫无二致，但其四周檐下的走廊却是古建筑中极为罕见的。因为甘露寺地处要道，一直到 20 世纪 70 年代末，汽车路修通之前，寺前的石板大道上行人终日络绎不绝。途经甘露寺的游人，无不在此驻足，或礼拜，或歇脚。虑及行人临时小憩，当年的寺僧们特意将甘露寺大殿前天井四周的走廊设计得无比宽敞。大殿前廊长 17.5 米，宽 3.5 米，其对面的韦陀殿前廊更是宽达 5.3 米，长 17 米。天井东西厢前的廊道也非常宽阔。甘露寺仅此处廊下，即可容纳近百人躲避雨雪或小憩纳凉。坐在此处廊下，观赏殿檐下的雕梁画栋，参悟殿前的诸多楹联，游人们无不自在欢喜。

甘露寺大殿门头上悬挂着一块硕大的红色横匾，上书的"大雄宝殿"四个金色大字，是"大清光绪乙未年孟冬十月"由浙江"四明□子泉杨葆新敬立"，匾长 8 米，宽 2 米。赠匾的时间是清光绪二十一年（1895）。大殿前檐各处斗拱下的饰件均以寓意吉祥的"狮子滚绣球"为题材。东西两侧檐下的各处斗拱装饰的则是佛家的法器"云头如意"，寓意万事如意。大殿后檐斗拱上镶的是莲花藻纹木雕件。大殿前三门及间隔处均为平门格栅，后门为一座黑漆对开门。甘露寺大殿前廊上的包柱对联，其内容描写的场景极为生动，且极为契合后来在寺中开办的佛学院。联曰"佛说法时白鹿衔花猿献果，僧谈经处青龙侧耳虎低头"。这副内容古老的对联，是甘露寺现任住持藏学法师于近年重新题写的。

甘露寺大殿是一座华严三圣殿，两侧壁上以"五百罗汉图"代替传统的十八罗汉。这里的"五百罗汉图"壁画是 20 世纪 90 年代初，九华山佛教协会在甘露寺内开办"九华山佛学院"时，由时任副院长圣辉法师从国内著名高校请来的艺术家以传统技法和传统颜料绘制而成，图中人物及场景生动传神，色彩至今鲜艳光亮。大殿正中是释迦佛祖及阿傩和迦叶尊者像龛，其背后是观音龛。大殿两后侧照例供奉着骑青狮、白象的文殊和普贤菩萨。释迦佛龛的两根前柱上写着一副佛理深刻的对联，联曰"诸恶莫作众善奉行已了如来真实意，四大皆空五蕴非有是为波罗蜜多心"。佛龛前方的一副包柱对联，其内容与此山、此寺极切实际，上联是"贝叶真经不出戒定慧三条法律"，下联是"莲花甘露只是闻思修一味圆融"。聚会一处的佛教徒们在甘露寺大雄宝殿中上香礼拜之际，参悟着这些对联的深刻含义，心领神会之意油然而生。

甘露寺大殿的对面是韦陀殿。韦陀殿门楣上高悬着三块制作考究的贺匾。中间一块是中国佛教协会于"丙戌（2006）初夏五月六日"制成的，为"甘露古寺百年大修竣工，仁德老和尚铜像揭幕暨藏学法师荣膺九华山佛学院院长志庆"的"千佛含笑"匾。东侧的是新加坡佛教总会、莲山双林寺和光明山普觉寺送来的"药师净土"匾。西侧的是新加坡佛教居士林送来的"养育龙象"贺匾。甘露寺开办佛学院期间，新加坡居士林的信众们在李木缘林长的率领下，为九华山佛学院做出过无量功德。韦陀殿内正中龛供着英姿飒爽的三洲感应护法韦陀。这处韦陀神龛制作得十分精致，龛眉上雕刻彩绘着"二龙戏珠"，两侧龛柱上的对联为"珠饰双璎允矣前身是童子，金刚一杵巍然现世作将军"。韦陀殿中前些年还供奉过一尊西天取经的玄奘法师像，像两侧的对联撰写得极为工整且寓意深刻，联曰"孑影西行道，千里跬步僧"。韦陀殿屋面南坡上原来铺有两沟玻璃亮瓦，每当日中时分，一束阳光直射在韦陀龛前的蒲团上，使殿内愈显静谧而神圣。韦陀殿东端原来是一处小型图书馆，西端是一处可分内外两室的僧寮。20 世纪 90 年代，这里住着一位上了年纪的比丘尼大幸师太。

20 世纪 50 年代末，三年困难时期，人民政府将分散在安庆地区、铜陵县一带的 80 多位僧尼集中送至九华山前山各寺，组建生产大队，以利僧众自劳自食。大幸师太便于这一时期，在主管部门的统一安排下，从安庆市桐城县新渡镇的一座小庵中来到九华山。当年护送这批僧尼上九华山的安庆市主管部门领导、抗美援朝功臣胡宗志科长对大幸师太极为敬重，曾专题向笔者介绍过师太的简历。大幸师太也曾向笔者简述过自己的阅历。大幸师太是安徽省桐城县青草镇人，少时在老家附近的一处小庵出家。由于大幸师太自立能力强，待人慈悲，且道心坚固，因此从"文化大革命"前开始，九华山佛教协会就委派大幸师太留守在九华山的"总客厅"甘露禅寺内。据师太回忆，她在

圣辉大和尚（中）、妙慧法师（右）及费业朝（左）

甘露寺见过"大辫子和尚"宽余法师。于坚守甘露寺的多年间，大幸老师太以自己瘦弱的身躯，独自一人守护着动乱年代的甘露古寺，历尽千辛，尝遍万苦。直到 20 世纪 90 年代初，甘露寺"佛学院"开办之后，师太终于又欢喜地过上了集体生活。老人家对佛学院师生们关心备至，师生们对这位老长辈更是礼敬有加。笔者当年在甘露寺"佛学院"任教期间，无论寒暑，每到周五上午，大幸师太总以一杯热茶和一碟咸豆子，在韦陀殿前宽廊上守望着笔者的到来，因为笔者住在几公里外的九华街上。据学僧们说，一到星期五上午，师太就开始念叨："费老师一会要到了。"因为，那几年课程表中的英语课一直都在周五下午。那时候从九华街住处到甘露寺，笔者要步行 40 分钟，总在上午十点半钟左右走进寺院。其间最刻骨铭心的是数次从深雪覆盖的山坡上"坐滑梯"下山的危险经历。与老师太有缘，以至多年后的一个冬日的早晨，笔者在家中神不守舍，遂约了朋友金胜华老师一起驾车下山访友。当途经甘露寺时，发现佛学院师生们敲打着法器，列队在公路边行进，上前询问，才得知是在为大幸师太送葬，笔者随即下车参与其中。事毕之际，笔者思绪万千，回忆起当年老师太在韦陀殿前的宽廊上与师生们谈经论道、说古道今的情景。韦陀殿前的宽廊俨然是一处长长的敞厅，学僧及游人们坐在这里瞻仰雄伟的大雄宝殿，品读殿前的几副对联，心中感受必然是"法喜充满"。

甘露寺大殿前东西两厢是两栋设计严谨、结构精巧的两层僧寮。两栋的二楼均在朝大殿一侧的山墙上开门，门前设石阶，下至大殿前廊。东边一栋，楼上住人，楼下是甘露寺客堂。西边一栋，楼上住人，楼下为僧值房，前廊下挂钟板。大殿与对面的韦陀殿和东西两厢形成的天井院落是甘露寺中最令人流连的地方。

甘露寺第二级台基上大殿的东侧，前后分布着两处天井，三正三厢，总共六处全木结构建筑，早年主要安排为僧人生活区。前一栋是方丈，中间一栋是法堂，后一栋是讲堂兼僧寮。前一栋，方丈门额上是一块"甘露同沾"匾，是当年大慧和尚升方丈座时，由时任"提同知衔知青阳事弟子华椿敬献"。方丈堂上的一块匾是信生刘学侍率领儿子们敬献给大慧方丈的贺礼，上书"莲叶生辉"四个大字。前两栋之间天井的东厢房楼上是僧寮，楼下是通往山门殿的楼梯间。天井的西厢无房，实际上是大殿前东厢房的后墙，二者是同一栋建筑。在此栋的北山墙与方丈寮的夹角处有过道，使大殿前和方丈前两处天井互通。

甘露寺东侧生活区的后一处天井与前一处天井间隔着同一栋建筑。这栋建筑在中梁下竖木板壁，将室内隔为前后两厅。朝方丈的前厅是法堂，背后是朝后一座天井的一处佛龛。近年，甘露寺住持藏学法师在这座佛龛中供奉着中间的地藏菩萨、上首的洞庵祖师和菩萨右手边的仁德老和尚三尊。这一栋的楼上是甘露寺讲堂的一部分。这一栋与后一栋的讲堂及东西两厢合成生活区的后一处天井。甘露寺讲堂建得十分宽敞且兼容数间僧寮。楼下东西两厢的寮房设计得十分特别。当年的建设者独具匠心，在天井东西两厢的正中各开一道高而窄的拱顶腰门，西腰门通往大殿，方便僧众交通，东腰门则悬在甘露寺东侧三楼的外墙上，只为通风，不可行人。外观甘露寺金黄色的东墙，这座狭窄的石门洞在众多翘楣石窗的簇拥下，格外引人注目。这两座东者为通风，西者为行人的腰门，将整座讲堂建筑内部调节得四季通风干燥，长年适合人居。天井后一栋建筑的楼上才是真正的讲堂。楼上大厅的中间，坐南朝北供着一尊地藏菩萨玉雕像，对面隔着天井，是法堂的二楼，是开办佛学院后最早的学僧教室。甘露寺的这一大组全木结构建于清光绪年间，今天的人们称这处建筑为"古木楼"。

甘露寺第二级台基的西侧，大殿西山墙外早先有一栋斋堂。大殿左前方开有一道腰门通往斋堂。这道腰门门楣上的"甘露寺"三字为20世纪初的祇园寺方丈宏志大和尚所题。题字款识落的是宏志和尚在俗时的姓名"边正方"。20世纪90年代中期，为适应佛学院办学，增加师生宿舍，在仁德老和尚主持下，在时任副院长果卓法师的协助下，这里扩建成了今天的这一组通前至后一长条的钢混结构新生活区楼宇。这里主要包括斋堂、僧寮及后来装潢的新讲堂。这一条建筑的最后部分，楼下是甘露寺的汽车库，楼上是讲堂。甘露寺西侧的这一长条新建筑曾经为九华山佛学院作出过及时的贡献。

甘露寺的第三级台基上建有两栋建筑。主要的一栋是藏经楼，另一栋是启圣楼，启圣楼是甘露寺住持藏学法师的寮房。这两栋建筑均兴建于当代，均由现代建筑材料构成。藏经楼与前面的大雄宝殿、韦陀殿和山门殿处于同一条中轴线上。藏经楼前的石板广场高过大雄宝殿屋檐，游人在此可以清晰地历数大殿屋面上参差的瓦缝，感觉十分奇异。广场上的两棵百年老桂见证了甘露寺的兴衰历史。每逢中秋，客人们围坐在广场上的两张石桌周围茶叙，听着僧人谈经论道，开示人生之际，一缕秋风过后，几朵银桂落入茶杯，品着一杯大自然调就的桂花毛峰茶，其禅茶一味、云淡风轻之感便油然而生。

甘露寺藏经楼东西宽22.5米，南北进深15.5米，高12.5米。因为甘露寺历年来收藏的大乘法宝《大藏经》及各类典籍读物均集中在藏经楼上，所以在楼宇落成之后，工于书法的现任住持藏学法师专门为藏经楼题额曰"甘露普沾"。此四字挂在此地，无比契合实际。藏经楼前门廊柱上有两副包柱对联，外侧一副是王学仲题写的"开九华何处飞来道场庄严，悟三乘这般望去水月空明"。中间一副是胡铁生题写的"爱惜精神留此身担当大法，蹉跎岁月问何时报答深恩"。这副对联道出了许多学僧的心声。

现代的甘露寺藏经楼被布置得十分精致。楼上才是佛家的图书馆、真正的藏经楼。藏经楼中历年来收藏了上万册大乘法宝和各类读物，是学僧和信众们吸取法乳的神圣之地。藏经楼楼下宽大的厅室为禅堂兼肉身殿，殿中供奉的是慧成和尚肉身。

慧成和尚生前是九华山祇园寺方丈仁德老和尚的弟子，2002年于安徽当涂县圆寂，三年后的2005年，慧成和尚示弟子们以金刚不坏之躯。慧成和尚生前即有终归九华山甘露寺的意愿，于是，弟子们遵照师父的愿望，将慧成和尚示现肉身的消息通知了甘露寺住持藏学法师。藏学法师率领甘露寺僧众于2006年将和尚全身舍利迎请回甘露寺，并装金龛供于藏经楼下禅堂内。一直以来，甘露寺两序朝暮间和慧成老和尚同参一堂，期愿五百年后与慧成老和尚共为同堂罗汉。正如藏学住持在老和尚肉身龛前题写的一副藏尾对联一样，"即闻如来慧，当下菩提成"。慧成和尚肉身龛室制作得非常精巧，龛楣上雕龙描凤，龛门额上"慧开愿成"四个大字，总结了慧成和尚一生的成就，题写人也是藏学法师。

甘露寺藏学和尚于1969年出生于湖北孝感，自幼受乡土文化熏陶，对父母极为孝顺。1990年，藏学随母上九华山出家，初住甘露寺对面西南山岗上的西竺庵。这一年秋季正赶上九华山佛学院在甘露寺开办并招生，藏学顺利考入佛学院。1992年毕业后，藏学法师被佛学院留校任教。2000年开始，藏学法师任佛学院副院长，2006年荣膺九华山佛学院院长之职。藏学法师于2016年佛学院迁址之际，辞去其院长之职。藏学法师是仁德老和尚弟子，为禅门临济宗临济派第四十六代传人。30多年来，藏学法师勤于笔耕，著有《药师经讲记》和《六祖坛经讲记》等佛典开示著作，其文学著作主要有《转眼看世间》《愿我来世身如琉璃》《但信佛无言》等。

甘露寺的第四级台基上主要分布着仁德老和尚铜像广场和两处后勤生活设施。在藏经楼后侧对面的挡土墙上，镶嵌着一组刻有"地藏史话"的浮雕石板画。由挡土墙正中，沿甘露寺轴线拾级而上，便是仁德老和尚铜像广场。广场正中站立着一尊仁德老和尚60岁以后的青铜法像，法像呈双手抬起的行愿像。造像的艺术家，技艺极为精湛，凡亲近过仁德老和尚者，无不赞叹其生动逼真。仁德老和尚铜像的后方，紧依甘露寺后土的山崖下，有一处呈洞窟艺术形式的青铜地藏三尊，造像工艺亦十分考究。从这里往山上看，在苍翠的松竹掩映下，便是九华山著名的定心石和围墙外的石板大道。

甘露寺自清康熙年间洞庵和尚开山之后，正赶上康乾盛世。其间，甘露寺香火旺盛，寺产丰盈。乾隆年间，甘露寺由优昙和尚任住持。史料记载，优昙老和尚在甘露寺"推广寺宇，尤畅宗风"。甘露寺自优昙和尚起，开始开坛传戒。道光十六年（1836）后，甘露寺住持为青莲和尚。清咸丰朝前几年，甘露寺住持为恩浩和尚。

恩浩和尚任甘露寺住持期间，受咸同兵燹影响，天下大乱，地处皖南的九华山也在劫难逃。据现存的池州府青阳县正堂立在甘露寺内的《契据载明永垂不朽》碑记载："咸丰七年八月初八日，'逆匪'窜入九华，将寺内所有物件掳掠殆尽，尤虑祖遗及自买产业契据无存，不无后患。"这一天，甘露寺一应财物，连同前人购买的二十三宗田地山场的契据都被洗劫一空。在这种情况下，恩浩和尚睿智地将当年的卖主或其后人，以及一些乡里老人和绅士们组织起来，一同前往青阳县衙，要求官方补发一应执照。当时的既选直隶州江南池州府青阳县正堂于"咸丰七年十一月十八日批示发照。除批示外，合行给照，为此，给发僧恩浩收执，遵将后开田地、山场、屋宇总计二十三契照旧管业，以昭炳据"。恩浩和尚此举及时地为甘露寺彻底解决了财产拥有权的劫后余忧。从上述碑文中还可看出，甘露寺当初的二十三宗田产山场中，大多数为前人于康熙年间从当地吴、柯两姓族人手中购得。恩浩和尚于咸丰八年（1858）辞去甘露寺住持职。

咸丰八年（1858）秋，甘露寺的施主护法们共请法源和尚入主甘露寺。在法源和尚带领下，九华山甘露寺迎来了又一次中兴。据甘露寺现存的《中兴甘露碑记》载，法源和尚接任时，"兵荒未静，乃居大通和悦州，募化众姓功德，收埋路尸。造船救生，远以植菩提之因，近为兴甘露之望焉，无如同治二年（1863）三月初旬，'发匪'复至，烽火频加，边地焦裂，名山变乎荒山，片瓦无存，甘露濛于雾露，踵斯土者把袂凄凉，伤心惨目"。在这种情形下，法源和尚于同治三年（1864）"回山发心矢志，创业鼎新，约集僧徒等众，日则迎风垦地，勤四体以营工，夜则对月谈天，览三乘而谋诵，耳提面命，传祖师之遗风，背负肩挑，踵前人之故趾"。法源和尚带领徒众经过一番辛勤的劳动，使甘露寺大为改观，"金钟地、莲花墩统先亡之灵骨同入塔院，地藏楼、大佛殿尽后人之事业大展宏猷。锡杖飞来，接云水朝拜之客；法华演罢，感士民皈信之诚。寺院已觉重新，佛像更为炫耀"。甘露寺寺宇恢复之后，寺僧们又鼓励法源师父宏宣戒律，登坛传戒。法源和尚在甘露寺前后传戒四期。"传道传心，觉悟毗卢性海；戒相戒体，引四众入般若元门。"法源和尚一生历经了清咸丰、同治及光绪三朝，中兴过甘露、祇园两寺，又培养了以大根和尚为代表的数位贤徒。历三朝、兴两寺的法源和尚为九华山佛教的中兴作出了不朽的贡献。

法源和尚于年近六旬之际退居，其弟子时任甘露寺监院的大慧和尚被合寺僧众公推为继任者。大慧和尚于"光绪五年腊月十六日端恭秉拂"，升甘露寺方丈。在《中兴甘露碑记》的立碑人落款中就有大慧和尚的师兄弟、后来中兴祇园寺的大根和尚。立碑时间是"大清光绪十八年仲春日",这一年是1892年。

继大慧和尚之后,甘露寺住持为大航和尚。大航和尚对甘露寺贡献极大,曾为甘露寺购入二十多宗田产屋宇。甘露寺现存的《甘露禅寺田契碑志》立于光绪二十一年(1895),碑文详细记载了"田契总共十四纸,田亩丘数,土名坐落,各契载明,各至明白"。同样是大航和尚收购的另外十余宗田产明细,记录在另一块光绪三十年(1904)立在甘露寺中的《甘露寺山田契碑记》中。

大航和尚住持甘露寺期间的光绪末年(1908),甘露寺都监僧常恩和尚于甘露寺中示现金刚不坏之身。关于常恩和尚,民国《九华山志》是这样记录的:"清常恩,字朗德,龙舒胡氏子。为甘露寺都监。数十年赤足芒鞋。慈悲忍辱,苦行过人,久之,心地开通,与人谈吐,语出常情,人多不测。寿九十一,皓首童颜,于光绪末年十月望,预知时至,乃自香汤沐浴,搭衣礼佛辞行,旋即端坐蒲团,安详而逝。全身装金供寺中。"文中的地名"龙舒",是今天的安徽省舒城县的一部分。常恩和尚肉身今不存。

大航和尚任甘露寺住持期间,曾亲赴北京请回清刻版《大藏经》一部。这部《大藏经》与百岁宫中宝身和尚、常修和尚从京城请回的《大藏经》是九华山中仅有的三部由僧人从皇家请回的《大藏经》。继大航和尚之后,甘露寺住持为常贤和尚。常贤和尚也为甘露寺添建过殿宇。常贤和尚退休后,僧宽明接法。到民国二十七年(1938),甘露寺住持为妙霖老和尚。1939—1944年甘露寺住持为宽余和尚。1946年,住持宽德。1949年宽余和尚再次住持甘露寺。因为甘露寺远离乡镇,剃头条件有限,宽余和尚晚年留有长发。九华山当地乡民背下里多称其为"大辫子和尚"。

清末民初,甘露寺内香烟冷清,收入锐减,寺僧常以田产抵押,以维持香火。甘露寺现存一块《募捐买产奉赠甘露寺宽余禅师碑记》，立碑人是时任国民革命军"陆军少将孟存仁法名宏道同妻李玉君法名宏德敬立"。立碑时间是民国二十八年（1939），碑文主要内容如下："溯自抗战军兴，余率师出川东下，转战皖南两载，于兹素慕九华名胜，时思游览一快胸襟，徒以军务羁身，未克如愿。今岁春杪奉命移防河口暨灵芝塔一线，旅部驻于九华山麓之老田，平日形诸梦寐之名山，今已近在咫尺。公余之暇，时做登临，每行必憩足于半山之甘露寺，因得识宽余禅师。一席之谈，迷津顿悟，乃输诚问道，矢志皈依。余久历戎行，饱经忧患，茫茫苦海，四顾无涯，聊借此忏悔，平生非敢望立地成佛也。旋睹该寺香烟冷落，气象荒凉，大部庙产抵押殆尽，僧食无依，断炊立见，尤念吾师宽余、念余之苦修功程，将由此而中[丧]，何忍坐视？乃向本部各袍泽同志募集款项，会同地方人士将该寺向外抵押者择要倍价赎回，计有十七亩四分，关于土名、坐落、丘段，另行胪列，有碑可稽，至若每年所收租谷，应归宽余禅师收用，他人不得丝毫干预，并不准任何人典押变卖，即宽余移驻别方，此田亦为其随身携带，旁人不得阻挡，仅全其道，除函请佛教会青阳县政府暨老田乡公所备案，就近保护外，此刊诸碑石，以昭信守而垂永久。嗟呼！风景不殊，时局至此，触目残山剩水，不禁感慨系之，唯愿后之临此者其共鉴诸。"文中的宽余和尚曾经于1939—1944年以及1949年前夕两度担任甘露寺住持。

中华人民共和国成立之后的1956年，青阳县人民政府修葺过一次甘露寺。1983和1985年，新成立的九华山管理处也为甘露寺作过全面整修。1990年，九华山佛学院迁入之后，甘露寺迎来了一次史无前例的大改观，成就了今天的新面貌。

甘露寺的大德与护法

洞庵和尚

洞庵和尚，衡阳人。洞庵和尚出家后行脚至九华山，于 20 岁时在九华山受具足戒，并得九华山祇园寺第二十九世虎洞义禅师法脉，为祇园寺第三十世虎洞安灯禅师。洞庵和尚来九华山后，初住伏虎岩下之虎洞，二十年不出。檀信们尊重洞庵和尚，并于康熙六年（1667），在定心石下为其代建了一处修行场所。此后，由于玉琳国师的因缘，洞庵和尚的这处修行场所被改建为甘露庵。甘露庵建成之后，堂寮一新。前池州郡守喻成龙为其作有《建九华甘露禅林记》。

喻成龙

喻成龙（？—1714），字武功，奉天（今沈阳）人，清朝官员，属汉军正蓝旗，一度官至湖广总督。喻成龙起初是以父辈对朝廷有功，而享有"荫生"身份，进而成为安徽建德（今东至）县知县。康熙十三年（1674），朝廷调任其为山西潞安府同知，此时的安徽巡抚靳辅上奏朝廷，要求将喻成龙以同知身份留在池州府，管通判事。康熙十七年（1678），喻成龙领补池州府知府。康熙二十三年（1684），喻成龙回乡丁母忧后，离开池州赴外地任官。在外地宦游 16 年后，喻成龙被朝廷授以安徽巡抚，于康熙三十九年（1700）再度前来安徽供职。3 年后，康熙四十二年（1703）喻成龙因功勋卓著，被擢湖广总督。此后，喻成龙曾历经周折，被朝廷革职，又于康熙五十二年（1713）官复原职。喻成龙于康熙五十三年（1714）卒。

喻成龙在池州任职期间，爱民如子，礼敬佛教，对九华山中佛教事宜尤为关心。在《九华纪胜》所载的喻成龙《建九华甘露禅林记》中，喻成龙记述了自己与九华山老虎洞中的苦行僧洞庵和尚以及九华山下老田吴家的著名孝子、佛教大居士吴尔俊三人之间深厚的友谊。其间，喻成龙对两位友人的敬佩之情跃然纸上，然而对于建设甘露寺的经过记述不多，只是说明了三人与甘露寺起建之间的缘分而已。喻成龙笔下的洞庵和尚是一位"居虎洞廿年，默坐石窟，以虎自卫"的苦行僧，山下老田吴家族人中多与其交往，而其中"最敬信者，惟吴翁尔俊焉"。此前玉琳国师云游九华至定心石，嘱请洞庵和尚在此建甘露庵时，正是吴尔俊"慨然以山业施之"，才使得甘露庵得以顺利建成。喻成龙在记文中花了较多的笔墨描写吴尔俊，称赞了吴尔俊的孝行事迹。对于自己和洞庵和尚及吴尔俊居士之间的交往，喻成龙在文中骄傲地认为："昔子韶亲征山学佛而后知真儒，鲁直从晦堂闻樨而悟无隐，则余之与洞庵尔俊游，岂徒然哉！"《九华纪胜》在刊刻《建九华甘露禅林记》时，将此句中的径山，误刻为"征山"。这里，喻成龙举例说的是，当年南宋状元张九成（字子韶）亲近径山宗杲和尚后，才成为大儒；北宋文学家、书法家黄庭坚（字鲁直）因为亲近晦堂禅师，听闻和尚关于木樨花（桂花）的开示而悟得至简无余的禅定波罗蜜。喻成龙列举的这两则古人事迹，目的是证明自己亲近洞庵和尚和吴尔俊这两位大德和护法，终究不会徒劳无益，是一定会有心得的。

关于甘露庵当初的起建和寺名的由来，喻成龙在《建九华甘露禅林记》的一开始，就记述道："九华岩壑松石奇秀甲天下，自闵让和施山，金地藏开山以来，缁流云集，精舍星罗。余久宦池上，数来山中。"这段文字交代了喻成龙自己在池州供职多年，对九华山及九华佛教非常了解。其后，喻成龙简略地记述了甘露庵初建的缘由是"一日玉琳国师云游九华，属洞庵募蒲团地建丛林，尔俊慨然以山施之"。这是当年甘露庵的起建与玉琳国师、洞庵和尚和吴尔俊居士三人之间的因缘。关于"甘露"二字的由来，喻成龙在文中说，建寺的那天"是夜，满山松顶降生甘露，神人应兆，此甘露之名所有始也"。

喻成龙知池州时，对九华山乃至对全池州的佛教徒都非常关心。他注意

甘
露
寺

到当时九华山周边许多僧人都不曾受戒，行止多不如法，于是，喻成龙便请洞庵和尚两次登堂传戒，使附近大多僧人得以具足大戒，"一时托砵披缁者顿易旧习，九华遂成净土焉"。

喻成龙在记文末尾还记述了两位挚友的晚年生活。"洞安俟了大众事，仍归虎洞，尔俊长斋绣佛，日居化龙冈，课读督耕之。两人固足，继金地藏闵让和之迹，而堪与兹山兹林永垂不朽也！"

从上述记文末尾几句关于洞庵和吴尔俊晚年的文字来看，这篇记文应该完成于康熙四十年（1701）或四十一年（1702），即喻成龙以安徽巡抚身份再游九华之际。《建九华甘露禅林记》通篇没有提及作文时间。

吴尔俊

"吴国英，世勋之子，字尔俊，言分大房，老田吴六十六世。幼失怙，同弟国华从父江右，年甫十八，父殁，携弟负骸骨归葬。友爱备至，乐善好施，输山业于甘露禅林，祥邑志。娶章氏，生三子：巡五、维岳、仑山。卒葬白蚁山。"以上这段文字出自九华山下老田吴家的《老田吴氏宗谱》第十五卷。

吴尔俊主要生活在清康熙年间，与九华山老虎洞中的苦行僧洞庵和尚以及当年的池州知府、后为安徽巡抚的喻成龙三人是挚友。喻成龙在其《建九华甘露禅林记》中不仅记述了他与洞庵、吴尔俊三人间的友谊，还花了相当大的篇幅记述了吴尔俊的孝行事迹及其外貌和性格特征，甚至包括了吴尔俊的晚景和他对老友吴尔俊的祝福。

喻成龙在《建九华甘露禅林记》中曰："余尝访尔俊于洞庵座上，风骨如岩松野鹤，雅与洞庵相似，且闻尔俊至性孝友。"在记述吴尔俊生得一副仙风道骨、行云野鹤般的外貌特征后，喻成龙又在文中用了大段的文字记叙了吴尔俊孝亲的事迹。吴尔俊自幼失去母亲，和弟弟一起随着父亲去江西谋生。其间，父亲一病不起，客死他乡。吴尔俊当时依然遵循礼数将父亲殡葬在异乡。

这时候吴尔俊才13岁（《老田吴氏宗谱》记载，"年甫十八"），弟弟才6岁。后来，他兄弟回乡重操旧业时，吴尔俊居然一个人将父亲的骨骸从江西背回老家。回家后，吴尔俊与体弱的弟弟相依为命，经常将自己的衣服让给弟弟穿，把食物让给弟弟吃。在记叙了这段感人的事迹之后，喻成龙又记述了吴尔俊的晚年，说吴尔俊"晚年好山水，喜浮屠，凡佛缘法会，皆赖总持，又兴祀典，睦乡邻，敦化乐善，始终不倦，盖天性过人也！"吴尔俊晚年礼敬佛教，好游山水，和睦乡里，乐善好施。而且九华山中很多佛事活动均依靠他领衔打理。不仅如此，吴尔俊还常常发起组织一些乡间的祭祀活动，因为通过一番艰辛的创业和修持，晚年的吴尔俊已然成为当地德高望重的富人，在乡间也拥有一定的号召力。安徽巡抚喻成龙在其记文中还说吴尔俊"晚年长斋绣佛，日居化龙岗，课读督耕之"。文末，喻成龙衷心祝愿洞庵和尚和吴尔俊"堪与兹山兹林永垂不朽"！吴尔俊去世后葬于九华山下白蚁山上。

九华山的石板大道及各座"天门"

九华山中的石板大道是佛教名山九华山的重要文化遗产，承载了九华山一千多年来的人文宗教兴衰史。九华山的石板大道从最初山民和僧人们在房前屋后和寺院周边以"琕玞琪琼"等乱石铺就的生活通道开始，到唐朝后期已成规模。唐朝咸通年间进士、九华山人王季文在其《九华山谣》中就有"云梯石磴入杳冥，俯看四极如中庭"两句，以描述九华山中石径漫入云霄的奇景。唐以后，九华山的石板路再经明清两朝的大规模开山架桥，凿石砌阶，一直到今天，其新建和维修从未止步。九华山中的各条石板大道，之于古人，是主要交通设施；之于今人，则主要为观光步道。

九华山中的石板大道从最初房前屋后到田间地头的乱石小道开始，其交通规模和铺设工艺逐代提升，且愈近寺院村镇，其铺设工艺愈发豪华考究。为方便信众三步一拜、五步一叩，九华街上的石板古道自古就在每隔三五条的石阶上刻有寓意"步步莲花步步钱"的图案。接近"月身宝殿"的石阶，尤其是殿前的"八十一档"上，其雕凿技艺及图案题材则更为考究精细。

九华山中大规模修建石板大道的历史可追溯到宋朝后期。明"嘉靖戊子（1528）冬十月"，由南京吏部右侍郎陈凤梧主持，铜陵教谕王一槐编纂的《九华山志》，在其插图中即绘有长距离铺设工整的石板大道。在《九华山志·凡例》中，还记述了这些插图绘制时所参考的老图的出处，文曰"九华古无志，旧有九华录，今不传。所传者九华山诗集，为陈清隐，为僧希坦，为包知县广所集，前皆有图，其实一本"，又曰"九华叙山水，叙寺观，图不可缺。因访青阳陈氏画本，前池守田公刻本，参以旧集，正以所见，系之卷端"。这两段文字告诉人们，嘉靖《九华山志》中的插图是参考了宋代青阳籍著名诗人陈岩和诗僧希坦以及包知县等人的画稿，再根据编者王一槐等人的实地考察而重新绘就的。由此可见，九华山中从宋代后期开始便有长距离的石板大道，且不迟于16世纪中叶的明朝嘉靖年间。

据现今九华山中的一些老石匠回忆，旧时代修建石板路的资金主要有三种筹措方式：一是寺院常住出资，二是大德护法捐资，三是工地临时募化。其中，"临时募化"是在筑路工地的路旁置一瓦盆，凡路人发善心者，便会在盆中丢些铜钱，匠人们依募化进度确定工程进度，这种现场临时募化筑路资金的办法最为不济，往往一条几百米的石板路需耗时数年。

随着明清两朝皇家对佛教、对九华山的逐渐重视，为方便信众，官民两家，僧俗各界开始在九华山中铺设更大规模的石板大道。到清末民初，九华山通往周边区县、城镇乡村或水旱码头的石板大道交通已经十分便捷。时至今日，由周边通往九华山的石板大道依然可以理出九条。其中，从东面上山有三条：

一条由县城，经朱备镇的阳山，翻圆石岭，可上九华山的天台寺；第二条由阳山向西经大牯岭南侧的山口下至九华北麓的方家里，再经由桥庵上九华街；第三条是由朱备镇的下龙口过河往西，过青峭湾，经天柱峰南侧，上打鼓岭，自岭北的沙弥庵向下，亦可达九华山北的方家里，再经由东凤凰岭到九华山上的下闵园，或经由桥庵、甘露寺上九华街。

九华山西麓上山的古石板道主要有两条：一条由杜村的东馆、新丰村往上经半山亭可达九华街西头的香炉石；另一条是从杜村的长垅村经松树庵上至九华街西的白云观。这两条路会合于杜村，往山外延伸，经龟山脚，过圣泉寺，上盔头岭，下铁甲冲，由小九华寺，跨黄屯桥，过墩上即可抵达茅坦渡头。或过墩上后，沿九华河，穿过十余里的沿江平原，即可抵达江边的梅龙码头。也可由杜村往西翻山，会入"徽池古道"，过飞凤桥，经元四章，翻梨树岭，可以抵达府城贵池。以上提及的几处与兵戎有关的地名中，据说，黄屯指的是唐末黄巢起义的屯兵之处。至于铁甲和头盔，也可能与黄巢起义有关，或可能与元末的常遇春和陈友谅兵争池州有关。

上述"小九华"之称自古有之。为了区别于金地藏成道的安徽大九华，我国各地有不少寺院都被当地信众别称为小九华。这些"小九华"要么被认为是金地藏当年途经或暂住过的地方，要么是安徽大九华山的历代僧人们下山在各地开枝散叶的结果。小九华出现比较多的地方是江浙一带。这里的信众们自古就有"春烧观音香，秋烧地藏香"的习俗。江浙临水而居的信众们在运河水系河湖港汊边建了不少号称小九华的寺院，目的正是就近烧香，礼拜地藏。而且这些小九华一般都建在摇橹行船一天可以到达的路程之内。这种现象，十分有趣。

九华山东南面上山的大道主要有两条：一条是由陵阳镇徽商古道岔出，翻越九华山南凤凰岭，下黄石溪，过道僧洞，经中常住、老常住上九华山天台

甘露寺

寺。另一条则是九华山所谓的后山大路,这条路由祁门,过石台七井山,越贵池石门高,进入青阳县的南阳乡,再上清泉岭,楼台山,自分水岭一路向北,经转身洞前的金刚寺,到九华街西南的平田岗。这条路沿途与前山大路相同,自下而上也设有天门,且在一道与二道天门间多出了一道"进天门"。穿过后山的三天门,越过平田冈,经芙蓉峰北麓的洗手亭,可直达九华山"月身宝殿"前的正天门。这条古道上的各座天门旧时均有寺院与之同在,寺宇今虽不存,但遗址的规模及进天门永胜寺的僧塔、二天门的槛和券依然在诉说着古道上昔日的繁华。东南面的这两条上山大路是古代徽州,甚至远及江西一带的商人和游客往来九华山最多的两条路线。20世纪初的佛教旅行家高鹤年居士曾经由这两条大路来到九华山并去往徽州黄山一带。

九华山西北麓上的两条石板大道最为著名,每每见诸文史。第一条从江边梅龙码头溯九华河而上,或由茅坦渡口起旱,翻低岭,经五溪桥畔的半边街,出六泉口,过庙前镇,穿老田吴村,经无相寺,由大小桥庵上甘露寺到九华街。第二条是明清时期的官道,全程皆由石板铺就。由江边青通河口的大通镇,穿青阳县城往西南翻西洪岭,过华阳桥,上甲子岭,经广胜寺,过柯家坳,由灯花坳到桥庵,再上甘露寺到九华街。从清朝中后期,这条石板大道就从九华街一直铺到江边的大通镇码头。大通码头与著名的"大通和悦州"隔水相望。因为得天独厚的交通条件,清朝光绪年间,在九华山无相寺方丈兼铜陵县大士阁方丈圣传大和尚主持下,在途经大士阁门前的石板大道上新建了一道牌坊,名曰"大九华山头天门"。其实这座头天门未建之前,九华山头天门就是今天甘露寺山门下的"一天门"。

沿山北这条石板路从大通上九华山"月身宝殿"的线路是:入头天门,穿青阳城,行六十里后,在山北坡下的桥庵,过一天门,此后还分别有二天门、三天门和神光岭南侧的正天门。进了正天门就算是进了地藏菩萨的"忉利天宫"了。

根据山北这条石板主路上的各处建筑位置分析，古人曾试图按照一整座"大佛寺"的规划理念来布局九华山中各处建筑。其间，一天门便是"山门"。依照佛寺规制，入"山门"后应该是天王殿，所以，晚清的九华山僧人们在一天门和甘露寺之间，曾建有一座与一天门过路亭大小相似的小型"天王殿"，殿内四大天王塑像虽然不大，但其象征意义重大。为显示其配殿身份，这座小型天王殿的外墙被涂成红色，所以当地人称其为"红亭"。红亭毁于20世纪中后期。过"天王殿"红亭后，是象征"九华大佛寺总客堂"的甘露寺。由甘露寺上至九华街，便是"进入"大雄宝殿了。其间的化城寺便是殿中的"大佛"，东西各寮房则是佛像两侧的十八罗汉了。那些分布在天台和后山的许多僧人修行处，即可被认为是"大佛寺"之外的茅蓬或精舍。天台一线山脉和东崖一线则被称作地藏文化中的铁围山。

与北路沿线的各座天门相对应，在九华山南麓上的石板大路上，也建有相应的数道天门。不同的是南路上的一、二道天门间多了一道"进天门"。九华山南北麓上的"天门"之说，显然源自道家文化，其初建的历史从明朝末年陆续开始，到清朝康熙年间，叙述的各大天门才出现在文献中。

从九华北麓上山，需要从无相寺东南的二圣殿往西跨过九华河。为了方便游人上山，明朝泾县人查图源在河上建有石桥及桥头的茶庵。今天的桥庵，桥为昔日的伏龙桥，庵为今天的大桥庵。明朝万历年间的青阳知县苏万民曾在这里的一座亭额上称这里是九华山的"第一禅关"。桥庵"第一禅关"附近建桥建寺的历史比较久远。

九华山周围的石板大道四通八达，行近山麓之际，九条蜿蜒曲折的石板路如同九条相聚的天龙，穿过各座天门，攀越崇山峻岭，朝着九华街化城峰这颗"蕊珠"蜿蜒而来，天然形成了九华山的"九龙攒珠"之地理形势。

甘露寺里的九华山佛学院

九华山作为中国佛教"四大名山"之一，一直是一处僧众云集之所，因此，在传统的师徒制传承方式之外，其成规模的现代僧才培养事业也起步较早。清朝末年，朝廷开始改革教育制度。随着老朽的科举考试制度退出历史舞台，在中国封建社会中延续了 1300 多年的旧教育制度宣告结束。随着1901 年朝廷下令改书院为学堂，遍及各州府县的大、中、小学堂标志着中国近代教育体系开始逐渐形成。一直以育人为第一要务的中国佛教僧团内部也纷纷涌现出各种类型的新式师资培训机构。朝廷教育制度改革之际，不少佛门高僧与学者们甚至先于清廷一步，开始为改革僧伽教育体系探索新路径。其当时的现实目的，很大程度上也是为了抢先一步，应对朝廷提出的"庙产兴学"之策，以避免佛寺产业被充公办学之险。

为了适应时代的发展，随着近代教育理念的提出，加之"庙产兴学"风潮的出现，晚清时期中国佛教界的教育制度也在悄然发生变化。一批教内的有识之士早于朝廷改革一步，在一些佛教道场开始兴办近代意义上的僧伽培训班。最典型的例子便是光绪二十四年（1898），月霞法师等几位教界高僧在安徽九华山翠峰寺兴办的"华严道场"。华严道场采取近代化办学模式，首届招收学僧 32 名，其中就有后来成为近代高僧的虚云法师和心坚法师。课程主讲《华严经》。九华山华严道场是后来月霞法师在上海兴办的"华严大学"的前身。其间，月霞法师为中国近代僧伽教育提出了崭新的办学理念，即"以教育培养人才，以文化弘扬佛法"。九华山华严道场是中国佛教史上"佛学院"的雏形。

继华严大学之后，一大批具有近代教育特征的佛教教育机构，如佛学院、刻经处、佛学会、教理院或僧学院等如雨后春笋般出现。其中直接命名为"佛学院"者,当属容虚和尚于 1929 年在九华山化城寺中创办的"江南九华佛学院"。江南九华佛学院在当时政局动荡中坚持办学 6 年,为非常时期的中国佛教培养了一批佛门龙象。当时的江南九华佛学院学制分普通科和专修科两种。其中普通科三年,专修科无定期。课程设有佛学概论、宗派流源、摄论、华严学、英文、国文、文章作法和算术、历史、地理、自然、音乐、美术、体育等现代科目。后来又增设大乘五蕴论、百法明门论、唯识二十论、唯识三十论、辩中边论、因明入正理论等义理较深的佛学课程。而且江南九华佛学院的办学方法也非常进步,学生在课堂上可以提问和讨论,每晚还安排有温习课。由于连年灾荒,经费困难,江南九华佛学院于 1935 年停办。与容虚法师在九华山办学的同时,安徽境内出现过多处佛教学校。据厦门《闽南佛学院简介》在记述学院创办史时称:"民国十三年(1924)冬,首任南普陀寺方丈会泉和尚和转逢和尚,接受刚从安徽佛教学校毕业归来的释瑞今、释广津的建议,决意在南普陀寺创办佛学院,以振兴佛教。在厦门佛教界缁素人士的积极支持下,会泉方丈当即聘请原在安徽办佛教学校的释常惺来厦门协助筹办佛学院,经一段时间的筹备,南普陀佛学院于民国十四年(1925)中秋正式招生办学,并公推会泉、常惺为正副院长。"常惺和尚是华严大学毕业生,应邀赴厦门之前是安徽省省会安庆市内迎江寺"僧学院"教师。常惺法师主持闽南佛学院期间,曾得到原江南九华佛学院教师寄尘法师的鼎力相助。参与创办闽南佛学院后,常惺和尚被公推为南普陀寺的第四任方丈。安徽佛教学校师生为开创蜚声中外的"闽南佛学院"作出了无量功德。今天的人们在参观南普陀寺时,依然能看到民国期间安徽当涂籍书法家吴铁珊于佛学院开学招生的第二年题写的寺额,和原中国佛教协会会长安徽太湖籍书法家赵朴初先生题写的殿额。

受历史环境的影响,九华山的新式僧伽培训事业中断了将近 40 年时间。

恢复办学后的佛学院师生合影

20世纪70年代末至80年代初,随着党的宗教政策逐步落实和九华山佛教的逐渐恢复,于1979年召开的九华山佛教协会第三次代表大会上当选副会长的仁德法师,在普全会长的支持下,在九华山成立了改革开放之后最早的"九华山佛学研究组"。这是九华山僧团在经历数十年周折之后,恢复教理研究的历史性标志。

1984年12月,仁德法师接任九华山佛教协会会长之后,敏锐地意识到当时恢复佛教的关键是人才培养。于是,在上级主管部门和教内相关人士的大力协助下,仁德法师于1985年在九华山祇园寺创办了"九华山僧伽培训班"。这在当时的历史背景下,对九华山佛教乃至对整个汉族地区佛教的影响是不容小觑的。由于历史的因素,当时的人们对佛教知之甚少,刚出家的年轻人则更是一无所知。这次培训班为安徽省内各大寺院恢复佛教、重启僧团宗教生活培训了一批急需人才。"培训班"学制一年,首批招生24名。课程主要开设佛学、佛教史、语文、历史、书法和经忏唱诵，以及自然科学和政治。"培训班"要求学生学会依制修为，并能参加相应的大中型佛事活动。"培训班"班主任为仁德法师。教师主要有明心法师、茗山法师、体灵法师和赵家谦居士等。

九华山僧伽培训班于 1985 年上半年开始招生，下半年开学不久即赶上国家依法设立"教师节"。为庆祝 1985 年 9 月 10 日第一个教师节，全国各地的教育行政主管部门纷纷开展各种形式的慰问教师活动。笔者当时正好在九华山学校负责总务工作。在征得校长同意之后，笔者在统计教师人数时，乘机将"僧伽培训班"的几位法师和老师一并列入"九华山学校教职员工名单"，并备注以相关说明，上报给当时代管九华山教育工作的青阳县教育局。县教育局领导十分重视九华山的僧伽教育事业，批准为九华山的几位僧伽培训法师和老师发放慰问品。教师节之后，在九华山即将进入深秋，天气开始转冷之际，笔者为祇园寺培训班的几位教师送去了政府的慰问品——一条毛巾、一只手电筒、一双胶鞋和一床时兴而又实用的雀翎牌电热毯。收到礼品的法师们十分高兴地说："国家没有忽视我们这些和尚教师！非常感谢党和政府！"笔者的第一个教师节过得极有意义，每每忆及此事，满怀会心之悦。这一期僧伽培训班于 1986 年初由祇园寺迁至九华山半山腰上的甘露寺，同年 10 月第一期学僧结业。由于办学经费及师资缺乏，九华山僧伽培训班只办一期便告停办。

九华山僧伽培训班的成功举办，为安徽省佛教的恢复作出了卓有成效的贡献，受到了佛教界的一致好评。在现实成就的鼓舞下，九华山佛教协会和仁德会长的"以学兴教"之意志更加坚定。受 1986 年在北京召开的"全国汉语系佛教院校工作座谈会"精神的鼓舞，在时任中国佛教协会会长赵朴初先生和相关部门的支持下，仁德法师于 1989 年着手筹办面向全国招生的"九华山佛学院"，校址选在具有清朝皇家敕建背景的百年古刹甘露寺内，因为当时的甘露寺寺舍充足，地处世俗干扰相对较少，且又位于交通便捷的九华山北麓，非常适合开办宗教学校。

九华山佛学院正式招生之前，曾经有过一次短期试办过程。1989 年 9 月中旬，仁德法师在九华山祇园寺传授三坛大戒。活动结束时，仁德法师向新戒们宣布了九华山正在筹办佛学院的消息。此后，900 多名新戒中有 30 多人被筹建中的佛学院"留"了下来，编入了九华山佛学院试办阶段的预科班。九华山佛学院半年多的试办过程十分艰难。笔者从一开始便被聘为英语教师。由于初期聘请的负责人不能胜任，加之诸多办学设施有限，当时的学生流动现象极为严重。笔者每周上课时都有几本作业簿无人认领，又有新生索要新作业簿，一学期下来，从头到尾坚持下来的学生仅半数而已。

九华山佛学院试办阶段的困难持续时间不长。1990 年 6 月份，随着仁德法师的弟子、中国佛学院的硕士毕业生圣辉法师的接管，佛学院各项工作很快便从步履维艰中逐渐走向正轨。圣辉法师入住甘露寺后，立即着手草拟面向全国招生的《九华山佛学院招生简章》，并在国内各大佛教杂志中广而告之。此举为九华山佛学院解决了生源及质量这两大难题。接着，圣辉法师又亲自为佛学院创作校歌，校歌的歌词是"九华圣地，地藏道场，巍巍古刹甘露寺，青年僧才汇其中。持戒律，学五明，爱国爱教责任重，弘法利生报四恩。九华九华，巍巍九华，南无十方三世一切佛，一切菩萨摩诃萨……"与此同时，圣辉法师又针对学院师生员工的工作，公布了一系列岗位责任制，其中的《院长、副院长岗位责任制》和《九华山佛学院学僧行为准则及各项规则》制定得尤为全面而严苛。笔者清楚地记得，是年冬季，一位人称"漆和尚"的员工，因为持戒不严而被当即以布告形式逐出山门。而对于学僧，校方及圣辉法师则坚持"晓之以理，动之以情，持之以恒"的原则，不轻易处分学僧，从而既慈悲又严格地维护了僧团及学僧队伍的稳定。

九华山佛学院开办之初，中国佛教协会会长赵朴初先生曾专程前来主持开学仪式，并对第一批新学僧们发表了讲话。两年后，赵老又专程前来甘露寺为首届毕业生们主持了毕业典礼。佛学院开办之初，仁德会长为佛学院题录的校训是："誓做地藏真子，愿为南山孤臣。"九华山佛学院从一开始便坚持"学修一体化"的原则，课程以学习经教为主，兼学政治、历史、地理、英语和文体。佛学教师主要有圣辉法师、如吉法师、如尘法师和涵阔老法师等。教内课程主要开设戒律学、佛学基础理论、俱舍论等。第一批外聘教师有郭希圣、骆承敬、黄复彩、费业朝等。当时学僧们的学习积极性很高，各类学修活动长年不断。他们深刻钻研教理教义，组织辩经论道，开办半月一期的黑板报，举行各类演讲比赛，结伴走访德学长老，探视老病僧尼，凡此种种，不一而足。同时，学僧们还非常注重实修，他们多次利用节假日或宗教节日，组织拜山活动。每次列队整齐的"甘露寺学僧拜山"活动都会在九华山上引起轰动，在居民和信众中开启了良好的示范效应。几十年来，"甘露寺佛学院"学僧们鲜明的集体形象和迥异的个性特征，在笔者的心目中永远神圣而又庄严。

九华山佛学院早期的办学条件极为艰难。改革开放不久的单位燃煤计划问题，门前虽有班车却无停靠站的问题，师生缺医少药的问题，学僧校服难以统一的问题，无不困扰过院领导和圣辉法师。为了争取"煤炭计划"，设立"甘露寺班车招手站"，圣辉法师不辞辛劳，不厌其烦，多次进城入县，跑部门、找领导，为佛学院争取了很多便利。

1991 年春，九华山佛学院

佛学院学僧

各项工作逐步走上正轨之后，佛教协会领导及仁德会长和圣辉院长决定为佛学院创办一本佛学研究兼学僧学习园地性质的教内刊物以作学院院刊。为此，圣辉院长从安庆日报请来了时任该报文化副刊主编的黄复彩先生担任院刊主编。黄复彩先生取佛法如"瓶中甘露常遍洒"和佛学院所在的甘露寺寺名之意，将九华山佛学院院刊命名为《甘露》，并请时任中国佛学院书法教授的白光长老题写了《甘露》刊名。从此，在各级主管部门的领导下，在黄复彩先生一直以来的操持下，在广大作者和读者的大力支持下，《甘露》这本内部阅读资料性质的佛教刊物走向了海内外各大佛教寺院、佛教活动场所，出现在许多读者们的视野中。《甘露》杂志自创刊以来，一直态度端正、立场坚定、形式灵活、文风严谨，受到了广大教内外读者的一致好评。

九华山佛学院办学的成功，受到了中国佛教协会及赵朴初会长的高度重视。为提高汉地佛教寺院的管理水平，充分利用办学资源，进一步提高九华山佛学院的办学积极性，中国佛教协会决定在"甘露寺佛学院"内开办两期"中国佛学院九华山寺院执事进修班"。1991年和1992年先后两期的进修班学制为半年。招生对象为50岁以下、初中文化程度以上的全国汉传佛教寺院的主要执事。办学宗旨是"提高汉传佛教寺院主要执事的管理水平，发扬佛教优良传统，为祖国社会主义两个文明建设作贡献"。

为了办好这两期"进修班"，九华山佛教协会会长仁德法师和九华山佛学院副院长圣辉法师付出了巨大的心力。从筹措资金，增添锅炉、洗浴间，扩大僧寮，到进修学员的医疗保障等方面，都悉心考虑和统筹安排。赵朴初会长为"进修班"题写了"中国佛学院执事进修班"班名。两期进修班共为全国汉地佛教各大寺院培训了71名高级执事人才，极大地提高了学员们在教理教义、国家政策和寺院管理等多方面的水平。为改革开放之后汉地佛教的传承和发展作出了巨大贡献。

九华山佛学院在甘露寺内办学18年,得到了海内外广大信众的大力支持,特别是新加坡居士林林长李木源的鼎力相助。"甘露寺佛学院"在近20年的办学过程中,虽然办学条件艰苦,但师生们的教学积极性一直很旺盛,受到了海内外的多方关注,复旦大学的王雷泉教授等纷纷前来讲学,香港科技大学、中国台湾大学和韩国东国大学等名校学者也先后前来指导办学,时任苏州戒幢佛学研究所所长的济群法师等都在甘露寺为学僧们做过专题讲座。其间,海内外诸多媒体也争相报道了"甘露寺佛学院",如中国中央电视台、韩国的KBS和BBS,以及日本的NHK都曾报道过"甘露寺佛学院"的院讯。

　　九华山佛学院在甘露寺中办学18年,先后有九届学僧从这里毕业,连同两届"执事进修班",总共为汉地佛教培养了近500名龙象之才。18年间,继圣辉副院长之后,现任九华山上禅堂住持果卓法师和现任甘露寺住持藏学法师先后担任过佛学院副院长和院长,并对后继的办学工作和学院扩建都付出过辛劳。2008年7月,随着第九届学僧的毕业,受办学经费不足等不利因素的影响,九华山佛学院暂停招生。为了延续"甘露寺佛学院"长期形成的社会影响力,藏学法师于此后的多年间,一直坚持面向社会以不定期开班的模式,为不少有缘学人开示微妙大法,教人慈悲为怀。

　　宿根深厚的九华山僧伽教育,在海内外一直享有崇高的声誉。九华山佛学院在暂停招收全日制学僧8年之后,重视僧伽教育的九华山佛教协会新任会长慧庆法师,决定再燃办学法炬。在各级统战与宗教界领导的指导下,在全山僧俗的护持下,九华山佛学院于2016年9月在柯村新校址举行了"九华山佛学院二十五周年校庆暨恢复办学典礼"。

　　九华山佛学院恢复办学后,任重而道远。2015年,新一届九华山佛教协会在慧庆会长的领导下,从一开始就充分认识到:九华山僧伽教育历史悠久,影响深远,是绍隆佛种、续佛慧命的重要一环。通过慧庆会长的不断协调,分管副会长果卓法师和佛学院筹备人员的多方考察学习，恢复办学问题在佛教协会领导班子内取得了一致的共识。随后，在中国佛教协会副会长圣辉法师的指导下，九华山佛学院具备了一定的恢复办学条件。

恢复办学的九华山佛学院校址设在九华山地藏菩萨圣像文化园园外北侧。教学楼由原先建设地藏圣像工程的办公楼改建而成。为了将教学区与生活区截然分开，九华山风景区管委会在与教学楼北面一路之隔处划拨了一片荒地供学院建设师生生活区。恢复办学的九华山佛学院实行院务委员会领导下的院长负责制。设院长一名，副院长三名。下设办公室、教务处、后勤档案处和一座藏书逾万册的图书馆。佛学院现任院长为慧庆法师，副院长为果尚法师。佛学院课程设置主要有三论宗纲要、童蒙止观、教观纲宗、净土宗教程、六祖坛经、佛法概论、八识规矩颂、天台四教仪、佛教心理学、大乘五蕴论、华严要义、中国佛教史、净土三经、弥陀要解、佛说梵网经菩萨戒本、维摩诘所说经、戒律学纲要、安居策修、自恣宗要、说戒正仪、印度佛教史、信心铭、大乘起信论、佛遗教三经，再加上必修的古代汉语、大学语文、中国文化概论、中国古代史、中国近现代史、宗教法规规章制度和英语等30多门课程。果尚副院长向恢复办学以后的学僧们提出的训导词是"斯文在兹，闻思相契"。

恢复办学后的九华山佛学院近年来在各级领导和教界人士的关心下，六年迈出了三大步。首先是恢复办学，再于2019年由原来的中专类学校提升为大专类院校，又于2022年升格为本科院校。九华山佛学院的研究生部也会在不久的将来如愿开办。

九华山佛学院的一再升格，是安徽省佛教僧伽教育发展形势的需要，是在国家宗教政策指引下，在各级宗教行政主管部门的支持下才得以实现的。一再升格后的九华山佛学院在慧庆院长和果尚副院长的领导下，对学院的各项管理制度进行了进一步的梳理和提升，对各项办学工作做了进一步严格的管理。教务工作特别是专升本后高级别课程的设置,在相关联合办学的大专院校的指导下,在宗伟教务长的协调下,也得到了极大的完善。

在按部就班地完成各项教学任务的同时,九华山佛学院还开创性地承担起九华山佛教协会举办的多次全山僧尼讲经交流比赛的组织活动,极大地提高了九华山各寺院僧众讲经说法的演说水平。同时,佛学院学僧还多次参加全省僧尼"讲经交流会",并取得了可喜的成绩。其中,2022届本科班学僧界为法师以其一篇《如何利益众生》令所有评委赞叹,获得了在安徽省滁州市举办的"安徽省佛教第十二届讲经交流会"的第一名,受到了各级领导及宗教界人士的一致好评。

九华山佛学院自1990年开办以来,从最初的"僧伽培训班",到中等教育学校,到大专,再到现在的本科院校,其学制级别是渐次提升的。加上早年为中国佛学院代办的两期全国"执事进修班",和目前正在承办的数期全省教职人员培训班,截至2023年,总共十三届近二十个班的一千多名学僧在九华山佛学院毕业或结业。从九华山佛学院走出去的学僧,大多担任了全国诸多寺院的执事、住持和方丈教职,不少还走上了各级地方佛教协会的领导岗位。九华山佛学院毕业生中,还有的甚至走出国门,深研教理教义,在国际上弘扬汉地大乘佛法。三十多年来,九华山佛学院为佛教教理的研究、佛寺的管理、僧伽的传承和佛法的弘扬作出了无量功德,历史意义重大。

2022年6月10日,池州市委领导在视察莲花小镇上的莲花书院时告诉在场的各界人士,市委、市政府关心佛学院新校舍建设,对校址的选择和兴建都十分重视,希望学院教职员工们认真办学。此事集中体现了池州市委、市政府及九华山管委会对九华山宗教事务的极大关心。2023年6月11日,九华山佛学院在新校址上举行了奠基仪式。

上禅堂

　　上禅堂，原名景德堂，位于九华山神光岭东南坡上的正天门前。上禅堂三面环山，唯东南面可眺望风景如画的天台峰及东崖寺。上禅堂历史悠久，殿宇华丽，是九华山"七大丛林"之一，也是"全国重点寺院"之一。关于上

上禅堂

禅堂，自古就有"三最"之说，即"风景最美、寺宇最丽、香火最贫"。

上禅堂的建寺历史最早可追溯到明朝，而寺舍所在地最早有人文记录的历史则肇始于更早的唐朝天宝年间。上禅堂后院的金沙泉，古称"龙女泉"，是古往今来文人们定位上禅堂的一处著名山泉，泉侧有坡地。宋朝末年，九华山当地的著名诗人陈岩在其《南台》诗注里描述此地为"龙女泉南，金地藏禅息所"，并专门作有《龙女泉》诗，诗曰："祖师正渴山头水，龙女俄分海眼泉。万事不离无始劫，千年剩结未来缘。"龙女泉一带也是唐朝人费冠卿在《九华山化城寺记》里记述的金地藏大师"中岁领一从者，居于南台"的地方。历史上和上禅堂对应的还有一座下禅堂，位置在今天的太白书堂之侧。

考证上禅堂的建寺历史，必须首先考证最早于唐代在这里创建的"太白祠"。太白祠后来曾改称"九华书堂"，再后来则一直被称为"太白书堂"。据明朝人王偁的《太白书堂记》记述，太白书堂原名九华书堂，位于龙女泉侧。为纪念李白改九子山为九华山的功德，宋朝人遂以"太白"之号，将原先的九华书堂改称为"太白书堂"。太白书堂曾一度圮废，仅存遗址。南宋乾道年间（1165—1173），太白书堂遗址又一度沦为张氏墓地。南宋嘉熙年间（1237—1240），青阳县令蔡元龙将太白书堂从龙女泉侧移建于化城寺以东。此后的太白书堂虽几经毁建，数度易址，但"化城寺以东"的大体方位一直延至当今。

清朝道光年间（1821—1850）九华山当地人陈蔚所撰的《九华纪胜》记载，"李太白书堂，一称太白祠，旧在化城寺西龙女泉侧，唐天宝年间（742—756）建"。《九华纪胜》又称太白书堂，南宋"绍兴（1131—1162）以前，岿然尚在"，但不久便湮没。南宋著名政治家、文学家周必大在其《泛舟游山录》中记述了自己于乾道三年（1167）九月二十九日拜谒九华山地藏塔后，途经太白书堂遗址时所见到的情景，称："龙女泉，其旁乃李太白书堂基，今为张氏坟地。"原来的太白书堂于此后的南宋嘉熙年间（1237—1240），由青阳县令蔡元龙亲自规划，在当地人吴洪、吴忠振兄弟的操办下，将太白书堂移建于化城寺东侧。

当代部分记述九华山历史的书籍将移建太白书堂的人误为吴梦祈。实际上，吴梦祈只是记述太白书堂首次迁址的《李翰林九华书堂记》的作者，真正着手迁移书堂的人是吴洪和吴忠振兄弟二人。太白书堂首次移建之后，留下了龙女泉侧的太白书堂原址，为后人在此创建佛教殿堂留下了基础。由此可见，周必大所处的南宋时期，这里还没有佛教建筑，但到了明朝，这里的情形有了改变。

周必大在《泛舟游山录》中还记载了自己那天途经太白书堂遗址，走下神光岭后，所见到的另一处值得记述的地方。原文曰："自此下岭，过苦竹坑，俯视群山，左右对列，中有平田，气象极好，稍前即寨头，盖建炎间，张遇寇青阳，县官移治于此，真关隘也！"这是说，宋朝建炎年间（1127—1130），贼寇张遇带兵进犯青阳，青阳的县官将县衙迁移到了上禅堂对面的"寨头"上。从上述地理位置分析，当年的寨头，应该是现在龙庵、长生庵的后坡，因为这段引文之后有"又行至蠡盘岭，而化城峰尽矣"，蠡盘岭即化城寺后坡上向西北蜿蜒至月身宝殿的山岭。综上可知，南宋建炎年间（1127—1130），青阳县衙曾短期设在九华山上。

上述长生庵也是九华山中一座古老的庵堂，明代大儒王阳明曾于弘治年间（1488—1505）为长生庵僧人实庵和尚作过《实庵和尚像赞》，曰："从来不见光闪闪气象，也不知圆陀陀模样，翠竹黄花，说什么蓬莱方丈！看那九华山地藏王，好儿孙，又生个实庵和尚。噫！那些妙处，丹青莫状。"长生庵现任住持无垢师太是我国改革开放后第一代科班出身的比丘尼，20世纪80年代四川尼众佛学院毕业生，师承著名比丘尼隆莲法师。

南宋嘉熙年间（1237—1240），青阳县令蔡元龙及当地人吴氏二兄弟将太白书堂迁至化城寺以东之后，明朝人开始在早期的太白书堂遗址上兴建佛寺景德堂，亦即后来的上禅堂。这段历史可以从清代成书的《九华纪胜》中得到证实。《九华纪胜》在记述太白书堂的迁建过程时认为，"夫一书堂也，由龙女泉而化城东，而东崖下，而禅堂隙，迁不一而废兴之可稽者如此"。在这几次迁徙记录中，有明朝万历"二十二年，邑令蔡立身以旧制过隘，徙建东崖麓。天启三年，邑令李如桂又徙建下禅堂侧"。从万历末年到天启三年（1623），仅隔三年时间。天启三年（1623）已经存在的下禅堂，必定对应有一座更早的上禅堂，可见上禅堂之称于明朝天启以前便已出现，但可能只停留在僧人们的口头上。

笔者考证太白书堂的迁址和下禅堂的历史，目的是考证上禅堂的由来。关于下禅堂，《九华纪胜》还在描述九华山西的地理位置与交通状况时称，"过迎仙桥为接引殿，即旧怀贤亭址，稍前阴骘堂，即下禅堂"。也就是说，中华人民共和国成立后还存在的九华山阴骘堂，其前身就是下禅堂。上述天启三年（1623）建成的下禅堂，一定是后于上禅堂建成的，上禅堂出现的时间必然是早于天启的万历泰昌之际，即1620年前后。

上述几段引文均含有对明朝上禅堂的隐示。神光岭南坡上面那座禅堂，必定先于坡下的下禅堂出现，否则即无"下"字可言。僧人们口头上直呼的"上禅堂"，其起初的正规称呼应该就是"景德堂"。据民国《九华山志》记载，清初顺治年间（1644—1661），玉琳国师之徒宗衍和尚在景德堂的基础上，"新其院宇，始易今名"，即将此前挂在僧人们口头上的"上禅堂"正式确定为本寺寺名。

综合以上推考，可以得出以下结论：第一，历史上上禅堂所在地出现的建筑，其名称先后为九华书堂、李太白书堂、张氏坟地、景德堂以及现在的上禅堂。第二，九华山上禅堂始建于明朝万历年间，甚至更早。第三，九华山历史上的上禅堂和下禅堂应该是寺务统一，统属化城祖寺管辖。第四，"景德堂"正式改为"上禅堂"肇始于清朝顺治年间。但此前多年，僧人们口头上就有"上禅堂"。以上结论关乎上禅堂清初以前的历史。清朝之后的上禅堂便开始有了较系统而详细的文史记录。

民国《九华山志》对上禅堂的记述比较详细，曰："上禅堂，在地藏塔下，当山转处，有金沙泉，见地藏诗。本名景德堂，玉琳国师之徒宗衍新其院宇，始易今名。境极清幽，王文僖公赠额曰秀冠云林。咸丰时被劫火，同治初开泰募建中兴，至光绪时，清铺始竟其功。继霞光住持，承清铺之志，建造殿宇，接待云水，而自奉甚薄，于地方公益，尤多捐助。近复施棺掩埋，泽及枯骨。倪前知事赠额曰佛国元功。现住持志芳。"此段引文告诉读者，地藏塔下拐弯处的金沙泉，其名称源自《全唐诗》中金地藏所作的《送童子下山》诗。该诗中有"懒于金地聚金沙"一句，这是古人命名金沙泉的文字根据。现在上禅堂后院的金沙泉也是费冠卿在《九华山化城寺记》中提及的那股美妇人化作的清泉。九华山的另一处金沙泉在山下无相寺前。

将最早的"景德堂"改称"上禅堂"并将寺宇修葺一新的僧人是玉琳国师之徒宗衍和尚。宗衍和尚"新其院宇"之前，老旧的景德堂肯定创建于明朝，因为玉琳国师师徒俩生活在明清改朝之际。到了后来的清朝乾隆二十三年（1758），上禅堂住持参石和尚又在上禅堂大殿西侧扩建了观音殿。观音殿于咸丰间遭过兵灾，旋又恢复。上禅堂观音殿存在了将近200年之久，于1957年毁于火灾。不少记述上禅堂的现代文章将参石和尚法号中的"参"字误为"乔"字，系对参石和尚墓碑上金石体"参"字的误辨。

上述引文中提到的为上禅堂题写"秀冠云林"匾额的王文僖公，指的是清朝乾隆三十一年（1766）进士、嘉庆朝礼部尚书、九华山下杨田乡人王懿修，"文僖"是其去世后，嘉庆皇帝赐给他的谥号。

　　参石和尚为上禅堂增建观音殿后不久，上禅堂与九华山中其他许多寺院一样，于咸丰年间惨遭兵灾。咸丰兵灾后，开始重建并中兴上禅堂的是同治初年（1862）的开泰和尚。从今天的上禅堂大殿正梁上的文字可以得知，重建工程直到上禅堂的另一位住持僧清镛和尚领事期间的 1920 年才告完成。从清朝光绪十六年（1890）到 1920 年，清镛和尚任上禅堂住持历经 30 多年。上禅堂韦陀殿内今天依然在使用的一口一人高的大铜钟见证了清镛和尚对上禅堂的贡献。大钟表面清楚地铸有"大九华山禅堂禅林"八个大字，两侧铸有"住持立，僧清镛、满月等同募"，以及毛文华、陆商珊等一干功德主芳名。落款时间是"大清光绪十六年八月十三日"。这是上禅堂清末已然成为"丛林"的确凿证据，当时称为"禅堂禅林"。

上禅堂古铜钟

　　清镛和尚之后，霞光和尚于 1925 年起住持上禅堂，并继承清镛之志，继续扩建殿宇，接待十方信众，遂使上禅堂尽显"丛林"风范。霞光和尚住持上禅堂期间，不为自己图安乐，但愿众生得离苦，热心捐助地方公益事业，甚至为一些贫苦的死者施棺安葬。为此，当时的青阳县前任知事倪焕奎曾为其题匾嘉奖，匾文为"佛国元功"。

　　继霞光和尚之后，于 1928 年开始住持上禅堂的是志芳法师。志芳法师任内也重修过一次上禅堂大殿。正是这次重修，为我们留下了今天上禅堂的两座古大殿及其庄严的像设和美轮美奂的韦陀殿。关于上禅堂此后的历任住持，本文后续专门介绍。

2000 年以来，为了进一步完善上禅堂的"丛林"规制，现任住持果卓大和尚陆续募化建设了客堂、云水寮、方丈寮、般若堂、僧寮、滴水观音亭、八功德水池、不二法门、中厨、斋堂和万佛楼。万佛楼内设有药师阁、弥陀阁和藏经楼。果卓大和尚还利用寺南坡下的一处水坑，平整出了一方小型露天广场。最近寺僧们又将寺院后门外坡上圮圻的普同舍利塔进行了改建，并改称海汇塔，塔身呈现为一座寓意"六和敬"的六角石亭。原来的普同塔是一座小巧而又精美的圆柱形夹壁式暗红色塔亭，塔高约 4 米，直径约 3 米。从朝北的小门进入塔亭，可在狭窄的夹壁内绕行一周再出门。两夹壁上设有多处壁龛，龛内供奉着不少僧人舍利骨灰。

果卓大和尚于 2015—2017 年，对古老的大雄宝殿进行过一次较大规模的维修。新近维修过的上禅堂，其客堂位于大殿东南，独立成栋，上下三层，每层三间。上下层均为僧寮，中层才是客堂。新的云水寮位于大殿西南，上下两层，每层三间，楼上是知客寮，下层是接待室。客堂和云水寮对称分列于韦陀殿左右，分别以一座楼梯间与韦陀殿相连，楼梯间上下均设有东司，为来访大众提供了极大的方便。

上禅堂的中厨及斋堂与大雄宝殿一墙之隔，分上下两层，下层是厨房和斋堂，上层则全部辟为客人的用餐场所，一次可供近百人同时用餐。这栋建筑与其对面的云水寮间以一廊相连，廊道设在大殿西侧的女儿墙下。

上禅堂的滴水观音亭建于 21 世纪初，建亭的目的是保护九华山上著名的金沙泉。金沙泉史称龙女泉，其泉池又称太白洗砚池。金沙泉源于上禅堂后院中的一块巨岩之下，汩汩的泉水带出许多金色的沙砾，在岩下形成一汪清池。每当朝阳升起，池底的金沙在阳光的照耀下，色彩绚丽，使得泉池内格外地波光粼粼。因此，古人在池边的巨岩上刻有"金沙泉"三个大字，并在池畔植有一棵被人们俗称为"摇钱树"的青钱柳。围绕这棵历经数百年风雨的老树，人们一直传颂着一则神话，说是当年李太白买酒的铜钱落在书堂院外而化成的摇钱树。每年从夏到冬，树上的翅果从"青钱"到"金钱"，吸引过无数人惊奇的目光。

金沙泉所在的上禅堂后院还是九华山中的一处最佳的观景平台。在金沙泉前远眺东南，天台及东崖远近两道山景尽收眼底。这便是"上禅堂风景最丽"之说的根据。千百年来，无数文人墨客在此发幽思，怀古人，又有多少善男信女在此求取观音之甘露，希冀家人之康泰。

上禅堂万佛楼于清光绪年间由时任住持清镛和尚募建，楼宇紧依神光岭南坡，与大雄宝殿一路之隔。后来因故焚毁的万佛楼，在近年重建时，为与寺院主体相连，果卓大和尚睿智地在正天门里的石板大道下凿通了一条隧道，使两处寺宇得以从地下连接贯通。这处隧道被神秘地命名为"无间道"。万佛楼楼下是一座可容纳数十人禅坐的禅堂，楼上正中三大开间是上禅堂的藏经楼兼图书馆，两侧分别是药师殿和弥陀殿。弥陀殿内的像设是广西桂林的一对谢姓夫妇的贡献。

上禅堂图书馆是九华山中最大最正规的一处图书馆，馆藏书籍近万册，内容涉及面非常广泛，从宗教、哲学、文史、政治到自然、科技等，是九华山上僧俗两家阅览图书的最佳去处。上禅堂也是笔者接触佛教的起点，从当年的晓悟法师到体灵老和尚，再到今天的果卓大和尚及其首创的图书馆，都是笔者多年来了解宗教人文、学习传统文化、读懂九华今昔的老师。

上禅堂位于地藏菩萨月身塔下的正天门前，为了烘托天门之高和宝塔之圣，上禅堂山门从一开始就开得十分谦逊。由于途经门前的游人、信众们一心向往天门内近在咫尺的地藏菩萨月身宝塔，少有进入上禅堂进香者，如此"灯下黑"现象就形成了"上禅堂香火最贫"的说法。早先的上禅堂山门朝向东崖，与东南一百三十度的正天门顺向开门，夹角大于九十度，是一座带有飞檐门楼和八字门斗、风格独特的"斜门"。近年来，由于山门前一棵逐渐长大的青冈栎树妨碍寺院采光，21世纪初，僧人们将门向改为今天的北偏东六十度，门楼风格和构件均为改建前的原件，依然为券拱石框古门，门高2.35米，宽1.33米。依照佛寺规制，山门殿是丛林大寺不可或缺的建筑。因为清朝的寺僧们着意要将上禅堂建成"丛林"，加之21世纪初果卓法师住持之后又不改祖师初衷，遂将上禅堂原来的山门改建成了山门殿。

　　如今的上禅堂，山门虽小，却已成殿。果卓法师修建的山门殿与老大殿建筑风格一致，徽派风格的马头墙高昂在山门两侧，山门两侧墙上开着两框圆形花格石窗，以确保山门殿内光照充足。门楼的檐梁和画枋，上角里均饰有花格雀替，两旁立柱上的牛腿是一对寓意吉祥无限的"狮子滚绣球"。山门上方高悬着前任中国佛教协会会长赵朴初先生题写的一块黑底金字的"上禅堂"寺额。黑漆门扇上的长年红字对联为"佛日高悬光明世界，法轮常转普利人天"。山门殿正中佛龛内端坐着一尊高约两尺的木雕弥勒佛像，佛像满面笑容，执袋持珠。山门殿内两侧墙壁被僧人们利用得极好。南墙被开为"上禅堂基本信息公开栏"。北墙则辟为内容常换常新的"佛学常识宣传栏"。这里弘扬的语言祖佛、经典撷英，吸引了不少信众在此驻足，启迪了一批批访客，受到了僧信的一致赞叹。

　　走进上禅堂山门后左转，在进入大殿的转廊处，供奉着一尊古朴的达摩祖师青铜坐像。造像神态生动，寓意深远。祖师像上方高悬着一块虚云老和尚题写的"应无所住"匾额。上禅堂山门建成以前，这里曾经是僧寮。20世纪八九十年代，这里是一处全木结构的僧寮，曾住过本旺法师、净尘法师、晓悟法师和体灵法师。笔者当年在这间木屋中，与晓悟法师作过多次长谈，了解了很多与九华山相关的佛教文史，受教颇深。

　　上禅堂的大雄宝殿及韦陀殿是寺中最为古老而又辉煌的部分，是清末民初几代僧人为今人留下的珍贵建筑文物。上禅堂的古建筑大体分为前后两进，设计建造得极为严谨善巧，其粉墙黛瓦的徽派建筑风格十分鲜明。两进殿宇相连处的东西两侧各开有一道腰门。东腰门上的对联为"峰回路转亲见光明法幢，曲径通幽得遇旷劫佛缘"。西腰门上的对联是"发宏愿度众生除一切苦厄，现幻身说佛法结万世因缘"。两进主殿大体坐北朝南，朝向为东南一百五十度。由于前后两进殿宇的基础高差达 10 米，大雄宝殿和韦陀宝殿分别建在一高一低的两级台基之上，但两殿屋脊高度一致，这便形成了上禅堂大殿内上下两级殿堂的格局。高一级是大雄宝殿，低一级是韦陀宝殿。每逢大型法会，上列僧伽，下会海众，济济一堂，和合有序。这是上禅堂大殿的一大特色。同时，为了营造敞亮而又宽大、圣洁而又适用的寺内大殿，清朝的僧人们智慧地利用中间透光的天井将大雄宝殿与对面低一级的韦陀殿，合并敞开为同一座宽大明亮的殿堂。

囿于自然地势和人文环境，上禅堂山门不在面南的前殿开门，而在大雄宝殿东侧朝东北方向挂山开门，故而形成了上禅堂明里朝东、暗里朝南的门向特色。从上禅堂山门殿转入大殿，映入眼帘的是一座高广而又敞亮的殿堂，殿内像设庄严，雕饰华丽，令人陡生超凡脱俗之感。古老的上禅堂大殿由两座殿宇和一处天井合三为一而成。因为要依山就势，前后两殿的基础高差又极大，故而后殿殿堂比前殿殿堂高近 1 米。前殿上下四层，后殿高两大层。前殿以第三层上的韦陀殿为主，其下两层为僧寮。韦陀殿与天井和大雄宝殿之间不隔不砌，使得上禅堂大殿愈显宽敞明亮。韦陀龛后是功德堂，功德堂楼上是西方殿。韦陀殿两侧均为僧寮。果卓法师主持维修大殿之前，韦陀龛后是象征藏经楼的图书馆。果卓法师入住上禅堂后，极为重视藏书，十分关心教育。上禅堂前后两殿间的衔接部分是内侧的半坡屋面和外侧的女儿墙。在如此四处合围的中间，是一处宽约 2 米、长约 5 米的天井，该处天井设计独特，构建华丽。天井上方是全封闭的玻璃井口，井周四坡上的来水由天井四角的四根水管直接引入殿内井下，既不失"四水归堂"之吉，又可使殿内光明无碍。

上禅堂韦陀殿内东挂钟，西架鼓，中间供奉着与佛面对面的韦陀天尊。韦陀殿堂前高悬着一块彩绘暗八仙外框的红底金字大匾，匾文为"佛日增辉"，为苏州西园戒幢律寺大融和尚于民国三十六年（1947）所题。韦陀殿内的韦陀菩萨将军像及其龛亭是九华山中最为耆旧而又华丽的韦陀像设。其龛亭紧靠后壁，是一座小巧玲珑、雕刻精致的重檐翘角式木制亭阁，亭阁翼然玉立于一座高 1.5 米，宽 2.5 米，进深 2 米的木制法器柜上。亭高 3 米，宽 3.3 米，进深 2.5 米，由内外两围总共八根大红立柱撑起上下两重亭顶，龛前的两根盘龙红柱尤为壮实，包在柱上的龛联，其内容十分圆融，联曰"韦是七世童男子，陀乃三洲护法人"。头戴朱缨兜鍪，身披兽面战袍，左手叉腰，右手按杵的韦陀天尊就矗立在内围四根红柱之间的龛室正中。古往今来，上禅堂中的这尊威风凛凛、护法安僧的韦陀将军曾教无数善信欢喜，又令多少恶人胆寒！韦陀龛亭外围的四根红柱顶起的是下檐两侧的亭翼。龛亭额上高悬着一块黑漆金字横匾，匾文为"护法名山"，上款标注的龛亭落成时间为"民国丙寅年仲夏月谷"，即民国十五年（1926）夏天。这期间正处志芳和尚住持期间。匾下款注明的功德主是一位合肥籍居士及其家人。

上禅堂内的这座玲珑剔透的韦陀龛亭，其内外雕绘有数十处，尤显富丽堂皇。带屋脊的龛亭，其亭脊长不过 1 米，但两端均雕有吞脊的鱼龙。脊下前坡屋面上细微而又参差的瓦缝和檐口的瓦当也雕绘得十分清晰。两重前檐的四处翘角顶端也都刻有螭吻鱼龙。龛室上方的梁与枋上均雕有与释儒两家相关的图案，如"百官朝圣僧"和"福禄寿三星"等题材。檐下的牛腿上雕有象征吉祥的雀衔花和仙翁。内外两围木柱间的月梁上分别刻有"南北斗下棋"

和"饮中二仙"图。下檐两侧亭翼下嵌有两框象征吉祥幸福的蝙蝠图。甚至连梁枋间拳头大小的柁墩和立柱下直径仅寸许的柱础也都雕刻彩绘得十分精美。上禅堂的韦陀龛亭从上到下、由内而外无件不设计精细，无处不雕刻彩绘，自其落成以来，一直是九华山中首屈一指的韦陀像龛。

上禅堂韦陀殿内采光充足，气氛静谧，其雕梁画栋格外受到信众、游人的关注。当年的能工巧匠们特地在殿堂上方最显眼的内四围梁枋上布置了几十处雕绘画面，画面内容全部取材于《西游记》。南北二梁正中的两幅主体画面表现的是"百官朝唐僧"和"雷音寺取经"，东西两枋上则是反映唐王李世民送迎玄奘师徒的画面。东枋上的"百官送唐僧"中，玄奘坐在前有拉、后有推的车厢中，周围簇拥着百官，场面十分宏大。西面的"唐王迎圣"发生在皇城的"正天门"前，场面盛大，气氛热烈。韦陀殿梁架间相对背光的外四围梁枋上，分布的主要是表现儒道两家内容的雕刻彩绘画面，大略有"文王访贤"和"八洞神仙"等。上禅堂古殿内的雕梁画栋部位有近百处，繁而不杂，密而不乱，画面题材丰富，雕绘工艺精湛，是上禅堂"三最"中"寺宇最丽"之说的主要依据。

人们今天在上禅堂大殿中所看到的精美木雕件，均为青阳县著名雕匠刘本荣大师29岁时的杰作。据其老朋友回忆，刘师傅曾自述其年轻时因为好奇，在雕刻一尊观音菩萨美女形象时，稍有不恭，其后两年间自己身体感觉一直不佳。此后，刘师傅发心忏悔，皈依佛门，在信仰的支持下，经过一番刻苦潜心钻研，顺利成为一位江南著名的建筑木雕名师。20世纪80年代，刘老师傅又雕刻了今天祇园寺大殿内的佛前供桌，并参与了当时九华山阳明旅社的建设。刘本荣之孙刘千祥现居青阳县庙前镇星星村，以其精湛的傩戏面具雕刻技艺，于三年前被认定为青阳县"非遗"传承人。目前，刘家的木雕"非遗"手艺已经传至第四代的刘雪娇。

上禅堂古建筑部分的后一进便是紧依神光岭南坡而建、与正天门毗邻的大雄宝殿。上禅堂大雄宝殿内高 9 米，宽 15 米，上方高悬着一块长 5 米、宽 2 米的九龙镶边大匾，匾文为“大雄宝殿”四个大字，题写者未敢落款。大殿上首并列供奉着木雕的“娑婆三圣”金身。中榀间的释迦牟尼佛像，其龛高 7.5 米，像高 7 米，佛两旁侍立着拱手的迦叶和合十的阿傩。佛龛左右两边的次开间中分别供奉的是观音菩萨和地藏菩萨。释迦佛龛左边的净瓶观音两侧侍立着善财童子和龙女，上方悬有一块九龙镶边的“慈航普渡”金匾。佛右边的地藏菩萨两侧侍立的是执杖的道明和尚和持钵的闵公长老。上方悬挂的同样是一块九龙镶边大匾，匾文为“弘法度人”。正中佛龛前的两座龛柱，其上部的牛腿雕花题材为“丹凤朝阳”。这两座大柱上的包柱长联，其内容对仗工整，寓意深刻。上联为“除旃荼罗障碍，放开眼底光明，对兹宝像庄严，才看透大千世界”，下联是“论众檀越信心，须要脚跟稳定，到此禅关渡过，方许入不二法门”。上联中的“旃荼罗”指的是古印度盛行的种姓制度中“四种姓”之外的贱民阶级。下联中的“檀越”是“施主”的意思。大雄宝殿正梁上墨书着大殿落成的时间等，其内容为“中华民国九年岁次庚申，仲秋月僧募化建修，谷旦”，民国九年即 1920 年，当时的上禅堂住持是清镛和尚。佛龛前的两道平梁，其两端雕刻彩绘成白象出头。上禅堂大雄宝殿内东西两侧依次供奉着泥塑的贴金十八罗汉。上禅堂的十八罗汉塑像工艺精湛，人物神态生动，与慧居寺的十八罗汉齐名，为九华山中最庄严的罗汉造像。最近一次维修前后，十八罗汉的排列方式不同。之前两边靠佛龛的两尊与佛同向端坐，之后为每边九尊一字排开。

古老的上禅堂大殿于清朝咸丰兵灾之后，从同治年间开始至今，先后见证过十多任住持。老大殿也是这十多位住持们的杰出贡献。其间的 1987 年，九华山管理处维修过一次上禅堂。今天的上禅堂古寺内外佛像庄严，殿宇华丽，依然无愧于三最之一的"寺宇最丽"之美誉。

上禅堂是清末民初九华山"七大丛林"之一。九华山"总丛林"化城寺下的"七大丛林"分别是山上的祇园寺、万年禅寺（百岁宫）、甘露寺、上禅堂、东崖禅寺、慧居寺以及位于贵池县墩上乡低岭村的乐善寺。

墩上乐善寺古称低岭庵，始建于唐朝，清咸丰兵灾后，于同治年间恢复重建。乐善寺是旧时代香客游人们由北路徒步朝礼九华的必经之处，号称登九华的"第一禅关"。因为低岭属于九华山支脉，佛教界习惯上认为低岭庵属于九华诸寺之一。抗战期间，乐善寺遭过日军轰炸。新中国成立后，乐善寺于 1953 年恢复重建。其后，寺宇又于 1969 年遭毁。20 世纪四五十年代，乐善寺住持为如相和尚。旧时代，北路来的香客游人们大多顺长江走水路，在铜陵大通镇转乘小船至贵池茅坦码头，再由此起旱，翻低岭，礼乐善寺、八字庙，过旺子桥，拜通华庵，再沿九华河翻过小岭，便可到达青阳县境内九华山下的焦村和五溪桥。这条古道全长不过十公里，除茅坦到低岭村依然是山路，其余部分均可通行汽车。即便是今天，这条古道依然不失其观光价值。因为低岭低于九华诸峰，佛教界习惯上称乐善寺为低岭庵，并确定低岭庵是九华山"七大丛林之一"。因为抗日战争期间，扬州高旻寺僧众曾将一整部御赐《大藏经》转移保护在庵内，当时的国民政府主席蒋介石曾为低岭庵题写过一块"宣扬佛典"匾额。

实际上，在水路朝礼九华山的铜陵大通镇码头附近还有两座著名的佛教丛林，也理应从属九华。一座是大通和悦州的莲花寺，另一座是屹立于东九华河（青通河）岸上的大通普济寺，亦即大士阁。和悦州莲花寺于清朝光绪年间由德风和尚募建而成。清末民初德风和尚曾经在此开宗立派，使莲花寺盛极一时，以至《禅门日诵》曹洞法系下专门收录有"四十四世元来下十八世铜陵县莲花寺德风寿存禅师续演大蚁派二十字"等内容。莲花寺湮没于抗日战争时期，今已不存。

大通普济寺系由清末九华山无相寺方丈圣传大和尚于光绪年间在古大士阁故基上重建而成。20世纪60年代,大士阁因为被当地村民利用为粉丝作坊,而幸存了几间瓦房。1998年长江中下游水灾之后,村民们乘移民建镇之机,在大定师太的操持下,恢复了大士阁。2006年,大士阁迎来了刚刚从九华山佛学院毕业的果严法师。果严法师于2011年接任寺院住持。十多年来,果严法师恢复完善了大士阁的丛林规模。今天的大士阁古风犹存,寺院布局沿中轴线展开,殿宇俨然,愈显雄伟。果严法师还在寺侧坡上重立了圣传大和尚等几位祖师的舍利塔。

九华山"禅堂禅林"上禅堂的历任住持,继志芳和尚之后,分别是1944年的达隆法师、1949年的则霞法师、1953年的安慧法师、1978年的本旺法师、1983年的晓悟法师、1988年的体灵法师、1996年的妙行法师和现任方丈果卓大和尚。本旺老和尚弟子觉登法师,智慧如海,现今是中国佛学院领导人。

果卓法师1966年出生于庐江县泥河镇,1985年19岁时上九华山出家,礼祇园寺监院慧开法师为师,得法名果卓。在祇园寺学修期间,果卓法师曾受到过仁德师公的悉心教导。1988年,果卓法师在江西云居山一诚老和尚座前受具,后于湖南长沙麓山寺圣辉法师处得曹洞法。果卓法师继承慧开法师法嗣,而成为临济正宗第四十七代传人。受具后的果卓法师曾在江苏省境内参学大半年,其间,常住在无锡梅园开原寺。1988年底至1990年果卓法师前往广东云门寺任佛源老和尚侍者。1990年春夏之际,果卓法师回九华山,进佛学院就读。1992年毕业后,果卓法师留校任教务长,半年后任副院长。1997年,受九华山佛教协会委派,应李木源林长之邀,果卓法师赴新加坡居士林留学,参加弘法培训班,专门学习讲经,以宣讲《无量寿经》为主。2000年10月,受九华山佛教协会指派,果卓法师入住上禅堂,其间先后与本顺、净尘、晓悟、体灵、妙行等法师同参。果卓法师毅然于 2005 年初，在远离九华街、地理位置十分偏僻的西竺庵开始闭关。2007 年下半年，须发盈尺的果卓法师出关后即被九华僧众推举为佛教协会副会长。果卓法师于 2017 年秋季在九华山上禅堂升座。

果卓大和尚升座，使九华山上禅堂又一次成为真正意义上以安单接众、广开法筵为特色的丛林大寺。果卓法师入住上禅堂以来，始终以弘扬佛法为第一要务。其间，他的两项盛举最为殊胜：一是于重视人才教育之际，长年利用公众假期在上禅堂内的般若堂中举办"居士修学班"，每年集中授课四次，迄今已培训学员近四十班次，极大地提高了数百位信众对佛教的认知水平。二是关注现实，关心社会，因势利导，应机契理地随时为信众开示人生，并不辞劳苦地将开示内容集结成《果卓法师禅修问答录》。如戒舟慈棹般的《果卓法师禅修问答录》分上、下两册，收录了果卓法师几十年来的 711 条答案。这些答案被分别编在从"香花胜因"到"证悟菩提"的 14 个章节内。《果卓法师禅修问答录》，实用性强，通俗易懂，是当下难得的好书，受到了教内外人士的充分肯定。

果卓法师的大弟子宗学法师现任九华山大觉寺方丈兼池州南泉寺（所在地现归铜陵市管辖）住持。宗学法师自 2007 年住持大觉寺以来，注重修为，勤俭持家，在片瓦无存的大觉寺旧址上重建了一座红木架构、铜屋面的大雄宝殿。坐落在钵盂峰下的这座灿烂辉煌的宫殿式建筑是九华山中自晚清以来建设得最为庄严的一座大型佛殿。为完整佛寺规制，近年来，宗学法师又为大觉寺增建了山门殿及一应配殿和僧寮，并在寺内恢复了古老的"九华山阳明书院"。笔者有幸于书院挂牌之日，为自己的弟子们讲了书院开学的第一节课，讲的是阳明先生的四句教。

古往今来，以"三最"闻名的九华山上禅堂受到过无数游人和墨客的驻足和咏叹。清朝光绪年间的青阳县训导、光绪《九华山志》的撰修人周赟在歌颂上禅堂的诗中说："禅室玲珑巧构思，九华一曲擅幽奇。轩环水石屏三面，窗展云山画四时。钱树落花仙买酒，金沙涵月佛吟诗。此间好借维摩榻，染翰挥琴事事宜。"

上禅堂的大德

参石和尚

参石和尚，生卒年代、籍贯和受具情况均不详。根据现存于上禅堂后坡上，其徒重孙根念和尚率领一众法嗣于乾隆四十七年（1782）为参石建立的墓碑碑文可知，参石是其法号，其法名为广修。从一众立碑人的法名可以分析出，参石和尚属禅门临济宗普陀山后寺法嗣。这些立碑人的法名中出现有临济宗二十五世突空智板禅师下衍派出普陀山后寺的"湛然法界，方广严宏，弥满本觉，了悟心宗"等字辈的。从广修和尚生前在上禅堂后坡上为殡葬"九华堂上圆寂越圣大和尚"和九华山下平坦寺几位圆寂僧人而立的一块墓碑上，勉强可以分析出，参石和尚可能出家在贵池景德寺或九华山下的平坦寺，"九华堂上圆寂越圣大和尚"可能是参石在山下出家时的依止师傅。"九华堂上"指的是化城寺。明朝成化年间化城寺方丈福庆曾在一通扩建化城寺记事碑文里提到，"晋隆安五年始创寺曰九华，唐更名曰化城"，福庆和尚误

圣越和尚墓碑

认为晋朝时化城寺的前身就称为"九华寺",殊不知晋隆安五年（401）,"诗仙"尚未吟出"九华"二字。依据《百丈清规》分析,越圣大和尚可能是山下某寺,也可能是贵池景德寺的退居和尚,即归来常住山上化城寺的西堂和尚。故而其逝后的墓碑上出现有"九华堂上"字样。"九华堂上"和"九华寺"在九华山相关的文史资料中极为罕见。

明清时期九华山的上下禅堂以及七十二家寮房均为化城寺统一管辖。参石和尚可能是上九华山后,受化城寺僧团委派前来接替宗衍和尚住持上禅堂的僧人。参石和尚将越圣大和尚和平坦寺几位僧人舍利合葬于一冢的时间是清康熙六年即1667年。从玉琳国师1675年依然在世这一点可以分析出,参石和尚当年是在玉琳国师之徒宗衍和尚之后,直接任上禅堂住持之位的。

参石和尚住持上禅堂后,于清朝乾隆二十三年（1758）在上禅堂大殿西侧兴建了一座曾经闻名四方的观音殿。在兴建工程进行到一半而用度不足的关键时候,得到了当时安徽省太平府（今当涂县）芜湖县一众居士的及时捐助,观音殿如愿落成。是年仲冬,适逢侨居芜湖多年、掌管朝廷司法的六品刑部主政、山东烟台海阳县人戴天陪母亲来到九华山,于是,参石和尚便乘机揖请戴天为新落成的观音殿作记。

戴天所作的《九华山上禅堂建造观音殿记》的横批大字为"功衡南海",其勒石成碑后,至今依然完好地保存在上禅堂后院通往月身宝殿的后门外墙上。在这篇碑记中,戴天记述了自己20岁时曾陪侍时为朝廷"赠翰林"的父亲游览过一次九华山,后来10多年间一直期盼再游九华。直到乾隆二十三年（1758）秋,才有机会陪奉其母"太安人"（太安人,是清朝皇帝对六品官母亲的封号）乘轿子再上九华山。接着,戴天又记述了他们母子在礼拜地藏王之后,上禅堂参石和尚邀请戴天为其新建的观音殿作记的缘分。参石和尚向戴天母子介绍上禅堂新建的观音殿时称,"此小普陀山也"。于是,戴天在其后来所作的《九华山上禅堂建造观音殿记》中，围绕九华山中的"小普陀"和南海中的普陀山，展开了一番比较和议论。戴天首先告诉人们，南海普陀山远在一处"洪波千里"、令人生畏的海岛上，不像池州青阳九华山这样抬腿即可走到。眼下九华山中建了这处庄严的观音殿，使信众能在九华山上同时朝礼观音大士和地藏王菩萨，这是一件一举两得的好事。同时，戴天又告诉人们，朝礼九华山"小普陀"是为了提示和勉励大家朝礼真正的南海普陀，而不是阻止大家朝普陀。戴天鼓励信众们说，佛所在的西天那么遥远，我们都能到达，何况普陀山就在我们中国境内，所以善男信女之志是不会受到任何艰难险阻影响的。

《九华山上禅堂建造观音殿记》记事部分的结尾注有戴天撰写这篇记文的时间，其为"大清乾隆二十三年岁次戊寅仲冬月谷旦"。碑文落款为"赐进士第刑部主政前吏部文选司主政翰林院庶常奉敕翻译加一级海阳戴天撰并书，僧参石立，胡德美刊"。《九华山上禅堂建造观音殿碑记》的后半部分是功德名录，开列了此前为观音殿捐银的一众芜湖县信士的功德芳名。

参石和尚是上禅堂历史上承先启后、继往开来的一代高僧。起建观音殿是参石和尚标志性的功德，其后世弟子们在其墓碑上礼称其为"九华山上禅堂上□顶建观音楼先太祖参石广公修老和尚"。从上禅堂现存石刻文字中的相关时间来分析，参石老和尚是当时的一位长寿高僧。参石老和尚之于上禅堂功在千秋。

九华山上禅堂建造观音殿碑记

佛处西方，中国人弗能到也，唯观音大士与地藏王一在普陀岩，一九子山，士女瞻礼梯航不绝，而普陀南海一发洪波千里，人多怖心，又不若九子山之在池阳举踵可达。余岁弱冠，曾侍先赠翰林厚山府君，获一至焉。十数年思欲再游而不得也。今年秋奉母太安人扳舆涉九华，礼地藏王毕，上禅堂和尚参石新建观音殿，揖余曰，"此小普陀也"。余恭惟观音大士与地藏王菩萨并具广大佛力，接引慈悲，益众生所当共礼，而梯航有难易，有至有不至，几若数存其间，兹灵区净宇，法相庄严，□夫礼地藏王者即可以礼大士，谒九华者即无异谒普陀，同时并举，非大善果乎？殿之建半，由于余芜湖善士布金而成。参石和尚以余侨居有年，率訾亲知故旧，丐一言以志不朽。余乃并述其创建之旨，大有便于礼大士者，以为谒普陀劝，非为谒普陀阻也。盖人苟信心不移，虽西方若将可到，矧普陀近在域中哉！谒其仰普陀者，而普陀庶几一至。此先河后海之义也。又存乎善男女之不以难易限矣。至布金善男女芳名载溢，此外另立一碣云。

大清乾隆二十三年岁次戊寅仲冬月谷旦。

赐进士第刑部主政前吏部文选司主政翰林院庶常奉敕翻译加一级海阳戴天撰并书，僧参石立，胡德美刊。

（碑文的后半部分是"太平府芜湖县"数十位善男信女捐银的功德芳名录。）

晓悟法师

晓悟法师（1919—2006），湖北蕲春人，俗名陈水然，1932年13岁时在蕲春灵山寺出家。1933年在武昌莲溪寺受具，得法名常修，号晓悟。是年冬晓悟法师上九华山，住东崖上院。1937年春，晓悟法师曾随东崖禅寺住持容虚法师赴香港、澳门举办佛事活动，为此前不久遭受火灾的东崖禅寺化缘，于同年7月回山。此后，晓悟法师住过龙庵和菩提阁。1949—1956年，晓悟法师在天然庵接连住了7年。1957年、1958年，晓悟法师住上禅堂，任佛教生产大队副大队长。1959—1961年，晓悟法师在中国佛学院进修，与后来的赵州柏林寺净慧法师是同学。进修归来后，晓悟法师就任化城寺住持。1970—1974年，晓悟法师住持天台寺。1975年、1976年，晓悟法师住持月身宝殿。1976年晓悟法师回到上禅堂，一直住到2006年入寂。晓悟法师晚年住上禅堂期间，受到了果卓法师、宗学法师及僧团的悉心照料。晓悟法师是第三、四、五届九华山佛教协会副会长。

晓悟法师法像

晓悟法师出家后一生都在九华山中度过，20世纪"扫四旧"的特殊时期，晓悟法师将保存在化城寺内的十多枚地藏菩萨金玉宝印塞进了烧"四旧"的灰烬里，从而为九华山留存下了历史文物，抢救了这批珍贵物件。这期间，晓悟法师还与常住百岁宫的惟能法师一起藏匿保护了无瑕老和尚真身，并制定了后来的肉身复原方案，为无瑕老和尚肉身免遭劫难作出了不朽的功德。每每谈及晓悟法师的此类善事，百岁宫现任方丈慧庆大和尚总是满怀感激之情，面露敬仰之色。

晓悟法师是笔者的佛学启蒙老师，为笔者早年了解佛教、了解九华山提供了系统而大量的帮助，也为笔者后来导游九华山打下了基础。老和尚当年赠予的《法苑谈丛》是其在中国佛学院进修时的课本，是笔者了解佛教的启蒙读物，笔者至今珍藏。《法苑谈丛》是20世纪50年代在新中国面世的一本佛教基础常识读本，至今仍被部分佛学院选作教材，其作者是安徽省池州市东至籍佛学家、曾任中国佛学院第一任教务长的周叔迦先生。

晚年住上禅堂期间，晓悟法师依然关心九华山僧俗两界的教育和医疗事业，曾多次向笔者问及甘露寺佛学院的办学情况。20世纪80年代后期，晓悟法师曾数次在九华山学校捐助贫困学生，还向九华山人民医院捐过善款。

晓悟老和尚晚年视力不佳，但饭量好，嗜"臭菜"，其自制的烂竹笋、烂萝卜、烂凤仙花秆味美无比，笔者曾多次在他的小锅里吃到这一类的蒸菜。晓悟法师晚年住在上禅堂韦陀殿后面的楼下，念佛之余，常在窗前的方桌上摆弄一副32小件的象牙工艺品。晓悟法师于2006年在上禅堂圆寂。

晓悟老和尚的示寂过程是个传奇。2006年阴历腊月二十八日上午，时任上禅堂代住持的宗学法师依例于10时许去楼下向"不调和"的晓悟老和尚请安，并报告寺中过年的情况。当问及身体健康状况时，晓悟老和尚告诉宗学法师："当家的，你只要看到我翻身脸朝板壁时，我就走了。"说完笑了笑。当时的宗学法师没有在意这句话。两位和尚对话结束后，宗学法师说要去客堂接待几位来寺里过年的居士，便向老和尚告辞转身上楼。当宗学法师刚上到楼梯的第二段转角处，侍候老和尚的白皮青光眼患者、杜村老桂就从后面高喊宗学法师道："宗学法师！宗学法师！师父翻身了！"宗学法师旋即折回楼下，伸手扳动老和尚时，发现老和尚已经安然舍报，前后不过三五分钟。由此可见，老和尚一生禅定修为是何等的刻苦！对人生的最后一口气把握得何等精准！

晓悟法师示寂之际正值年末，寺务十分繁杂。为此宗学法师打电话与笔者商量，并报告佛教协会领导。大家一致同意，晓悟法师葬礼拟于节后大年初五举行。这样，晓悟法师在禅床上又留了7天。其间，近10位居士轮流为老和尚日夜助念不止。晓悟法师塔葬在上禅堂南面院墙外的山坡上，暂时了结了他在娑婆世界传奇的一生。晓悟和尚的七级石浮屠选址考究，造型庄严，系宗学法师亲自主持建造。晓悟法师是当代九华山的一位大德！

慧居寺

　　慧居寺，原名慧庆庵，位于九华山天台峰北麓，距离峰下的中闵园村和闵园尼庵群仅一里之遥。慧居寺殿宇古老，佛像庄严，是"全国重点寺院"，和"安徽省文物保护单位"。在民国初期出版的《九华山志》中，慧居寺被列

慧居寺

为"九华山七大丛林"之一。

根据相关史料分析，慧庆庵的初创时间在清咸丰后期或同治初期。咸丰八年(1858)，九华山多处寺院毁于清廷与太平军之间的战火中。由于清廷注重团结汉人和利用汉文化，康雍两朝在《圣谕广训》中出现有"黜异端而崇正学"之说，并一直将汉地佛教尊为"正学"，所以，咸丰兵灾之后，清廷曾拨下巨款，在短时间内集中恢复了九华山中不少受损寺院。据史料分析，咸同年间有僧人在通往天台的朝圣石板大道旁创建了一处茅蓬性质的慧庆庵。清光绪十七年（1891），青阳县训导周赟主持修成的《青阳县志》没有记载慧庆庵，可能是因为当时的慧庆庵较小，忽略未记。但仅仅9年之后的光绪二十六年（1900），同样是周赟编纂的《九华山志》便正式记载了慧庆庵，称："慧庆庵，在杉木塔，仁琳复兴。"这是慧庆庵见诸文字的最早记录。这里的"杉木"与"塔"是两码事。笔者曾于早年作过实地踏勘。这里早年确有一棵高大的杉木，20世纪中期被锯伐，硕大的根盘直径达1米，至今依然清晰可见，位置就在现在的慧居寺菜园东北角处。这棵大杉木旁耸立着一座喇嘛僧塔。这里的大杉木和古石塔是古人定位慧庆庵的地理标志。《九华山志》中的"仁琳复兴"四个字最值得关注。"复兴"，表明此前已经兴旺，一度衰落过，然后才能有"复兴"之说。可见，慧庆庵的创建远在光绪二十六年（1900）之前，所以笔者综合历史背景和文史资料推断，慧庆庵应该初创于咸丰末年（1861年前后）。

慧庆庵当年的选址十分考究。寺基恰恰处于九华山"东石西土"的地理分界线上，其寺前尚有茶园菜地，寺后便是乱石嶙峋，山高林密。慧居寺东面峰峦起伏，高耸入云；其西面则园林竞秀，郁郁葱葱。九华山"西土"上发育出来的文化，非常契合对佛家"西方极乐世界"和道家"西天"的向往。旧时，长江中下游地区的人们极为尊崇朝西的方向。

慧居寺之称最早出现于 1928 年。慧庆庵易名为慧居寺的记录十分清楚。民国十四年（1925），九华山当地人姜孝维先生编著的《九华指南》仍记录着"慧庆庵"。而 13 年后的民国二十七年（1938），现代佛门高僧印光大师在其主编的《九华山志》中便出现了"慧居寺"。印光大师十分赞叹慧居寺，说"慧居寺，在天台路杉木塔，原名慧庆庵。仁琳复兴。迨民国十七年（1928），由普明重建大雄宝殿，始易今名。现住持普明，发广大愿，力事扩充，拟为十方丛林，安单接众，正在积极进行中"。这段文字表明，慧庆庵从 1928 年开始有了"慧居寺"之称。我们今天看到的慧居寺，其耆旧的一组建筑群，是普明和尚于抗日战争即将爆发之际开始筹建的。当时的中国正处于水深火热之中。值此乱世荒年，普明和尚筹建慧居寺之艰辛，可想而知。据笔者分析，普明和尚将慧庆庵易名为慧居寺，其目的有二：一是突显这里是当年金地藏向闵公长老募化"一袈裟之地"的故事发生地，这里是大智慧者闵公长老居住过的地方，故称"慧居"，更契合佛家安立证谛的"慧居处"之意。二是将小庵建成大寺，按丛林规模建寺，以备日后安单接众，开坛传戒。迄今的事实证明，经过普明、悟禅和大慈三任住持先后近百年的不懈努力，今天的慧居寺"丛林"规制完备，禅门家风严谨，祖师"安单接众"之志已然实现，且一应家事，桩桩如法，件件合理。唯"开坛传戒"尚待机缘。数十年来，慧居古寺里课颂朝暮不辍，檀越归来踊跃。

慧居寺在民国《九华山志》中的地位非常显著。当年印光大师在主持编志时，希冀慧居寺日后能"安单接众，开坛传戒"，故毅然将慧居寺列在志书的"丛林"条下，可见大师对慧居寺未来的殷切期望。

关于上述金地藏"一袈裟之地"的来历，山下老田吴家宗谱中有明文记载。从谱文中的"金乔觉"三字分析，该谱重修于明朝以后。清代的吴氏族人认为，老田吴家高祖吴用之，于唐肃宗至德年间将住在九华山化城峰上的闵氏一家迁往别处，以供金地藏在化城峰上居住修行。谱文称："肃宗至德二年，有新罗国太子金乔觉慕道至此，公见而异之，乃授粲赠粟，移化城峰闵氏，用是藏修九子山，今地藏王是也。"据传，老田吴家先祖"移化城峰闵氏"后，闵公长老一家便迁至天台峰下，今天的慧居寺一带。故后人称天台峰下的这条山谷为"闵园"。谷中至今尚有上闵园、中闵园和下闵园三座自然村落。九华山场升华为菩萨道场的原因就发端于这条闵园山谷之中。

相传金地藏住持化城寺之后，广开法筵，信众云集。为安顿大众入山清修，金地藏便前往闵园向闵公长老募化山场，以增建寺舍。闵公问其所需规模，金地藏答曰："一袈裟之地。"闻说金地藏仅募化一领袈裟所能覆盖的地块而已，闵公便当下允诺。待金地藏脱下袈裟，褰抖之际，袈裟瞬间化作一朵缙云，漫遍九华山九十九峰。闵公当下大喜，欣然将闵家拥有的九子山山场全部捐入佛门，随后又送其唯一的儿子拜金地藏为师。这位闵家少年随即成为"道明"和尚。据慧居寺老和尚悟禅法师传下来的说法，道明和尚出家不久，其父闵公长老也遁入空门，但未及剃度，便于腊月二十五日在寺中溘然辞世。由此，早年间的九华山僧团有腊月二十五日祭祀闵公的传统，旨在感念其舍子为僧、舍山场为道场的无量功德。因为这些，从明朝中后期开始，九华山佛门中在塑造地藏三尊时，依佛家"先进山门为师"的制度，将道明和尚供奉在菩萨的尊边，而青衣小帽的大居士闵公长老则屈居下首。俗家的父子、佛门的弟兄，是汉地佛教"地藏三尊"的奇特之处。九华山金地藏和闵公长老的这番殊胜因缘成就了这一段俗家山场嬗变为菩萨道场的千古佳话。据说这桩"一袈裟之地"的盛事，当年就发生在今天的慧居寺所在地。在中闵园至慧居寺的石板大路一侧，今人刻有"加裟幂山"四字于石上。九华山慧居寺是汉地佛教中的一处圣迹。

今天的慧居寺，其殿宇分为新、老两期建筑。先期是 20 世纪 30 年代普明老和尚建成的一组紧凑而古朴的殿宇群落，包括大雄宝殿、地藏殿、观音殿、客堂、斋堂和中厨等。后期是 20 世纪 90 年代悟禅老和尚建成的前后两处建筑群，包括大殿前的韦陀殿、祖师殿和古建筑群后山上的山门殿和藏经楼。藏经楼下为当时应机而设的道教九天玄母殿。佛寺与道观一家，两教合处，事出有因。慧居寺的山门殿奇特地建在寺院后面，且选址紧挨朝礼天台的石板大道，其目的是契合信众、游人下山时的视角，方便善男信女归途中的回向。山门殿的选址，是当年悟禅老和尚禅心独运的体现。

慧居寺所在地尽管地势复杂，但三代建设者都矢志不渝地追求佛寺规制的完整和殿宇的庄严，力求将寺舍对称地布置在同一条中轴线上。早年初建大雄宝殿和后一进地藏殿时，普明老和尚就奠定了慧居寺的中轴线。后期的悟禅老和尚更是不改前人初心，顺势将新建的韦陀殿准确地布置在这条轴线的北端，并依照佛制，使韦陀殿面朝大雄宝殿，以呈韦陀护法之势。

慧居寺总共 10 处寺舍，分布于四级"山掌"之上，前后高差 10 米之多。近观慧居寺，应从华严洞后，以仰视其殿宇雄伟、形势显赫、左右拱卫、气势磅礴之势；远眺慧居寺，该在东崖之巅，以俯瞰其深山古寺殿宇栉比、松竹掩映、山水相依之韵。

慧居寺理论上的山门本该在寺院中轴线北端的弥勒龛下，面朝东崖，但囿于地势和山场的归属问题，在此只能以这尊迎客的弥勒菩萨来暗示这里是佛制上的山门。20 世纪 90 年代，慧居寺前任住持悟禅老和尚毅然决定"另立山门"，将山门殿建在穿寺而过的石板大

弘法开宗匾《序》

道西侧,使之成为慧居寺现实上的山门。于此,便形成了今天慧居寺独有的"一寺两山门"的特色,一座为暗示者,一座乃现实在。

慧居寺中轴线北端最低处,本该是山门的地方,现在是一处寺前广场,广场上首耸立着伟峻的祖师殿。殿宇北向,五大开间,宽20米,深15米,高约17米。当年悟禅老和尚扩充慧居寺时,别具心裁地将这座配殿楼下设计为祖师殿,专门供奉最早将佛法送上九华山而旋又离去的东晋神异僧人杯渡和尚。为杯渡祖师造像时,悟禅老和尚睿智地嘱咐造像人,将塑像设计为挎囊执铲、举步向前的行脚头陀形象,以示其弘化四方、飘忽不定之行愿法门。悟禅老和尚的良苦用心在于提醒后人,勿忘先于金地藏上山弘法的杯渡祖师。悟禅老和尚重视造像表法。慧居寺祖师殿是九华山中唯一一处供奉有杯渡祖师的祖师殿。

慧居寺祖师殿的楼上是韦陀殿,韦陀殿面南,与大雄宝殿对面开门,之间的过道就是通往天台正顶的石板大道。这处形似对面街的寺前过道,是上下山的游人们最佳的小憩处。慧居寺僧人们长年在这里一溜摆放着10多把小竹椅供人歇脚,寺内的茶水四季免费供应。专为方便路人而建的东司就在路边十几米处,其内部设施十分先进,内外环境有专人维护。

慧居寺韦陀殿大门上高悬的"韦驮宝殿"匾额告诉人们,这座大殿是浙江省德清县众姓弟子发起,于甲戌年(1994)完成的功德。匾额落款是"慧居寺上悟下禅住持"。韦陀殿前檐下的雕梁画栋,其题材丰富如法,雕工技艺精湛。前檐的斗拱和檐条之间,四尊力士,蹲腿瞪目,仿佛在使尽全身力气,托举着屋顶,形象无比生动。门头上方两侧的撑拱雕刻着唐僧取经的"西游史话",以及滑稽的道济和尚和行乞的契此和尚,再两旁是"凤凰戏牡丹"等。信众、游人坐在大雄宝殿前的竹椅上,一边休息,一边读画,当下便是在修学。

慧居寺门前的游客小憩处

　　慧居寺韦陀殿内中楹之间的佛龛设计得极为精致，其制作工艺精湛，文化内涵丰富。韦陀殿龛室长 3.2 米，宽 2.4 米，高 3.5 米。龛室从中间横向一分为二，面朝大殿的是韦陀龛，其背后坐南朝北的是弥勒龛。韦陀龛楣上浮雕彩漆的是对称的"二龙戏珠"，其中的"珠"如同一轮红日，高悬于韦陀顶上。龛门上两侧的雀替雕饰成青藻纹和水仙花，寓意以水克火，灾害无侵。韦陀龛内巍然伫立着帽饰朱缨、身着战袍、左手叉腰、右手按杵的护法尊天韦陀菩萨。两旁龛柱上的对联是"感应三洲时时护法诸天降，威灵千里岁岁降魔尊者来"。整座龛檐四角均雕有吞脊鲤鱼，角下有四条螭吻，再下面的撑拱为祥云衬托着的四天王和二金刚。龛室须弥座部分的四维被设计成多处屉柜，以储设供之需。韦陀龛背后是慧居寺正向的弥勒龛，龛楣上正中雕漆着一个团花篆体"寿"字，两边是象征长寿的古松和仙鹤。龛柱上的对联是"大肚能容容天容地与己何所不容，开口便笑笑古笑今凡事付之一笑"。慧居寺的弥勒菩萨坐在龛室内，左手持布袋，右手执鱼棰，满面笑容，无比自在。在韦陀龛和弥勒龛的前上方分别吊着一盏精美的铜瓣莲花长明灯。韦陀殿梁下，围着佛龛，吊着八盏雕花宫灯，每逢盛事，殿内一片光明。

隔着通往天台寺的石板大道，韦陀殿对面便是慧居寺大雄宝殿及其配殿和僧寮等一组古老的徽式建筑群。因为韦陀殿是飞檐翘角的宫殿式建筑，与对面粉墙黛瓦的徽派古建筑群风格不相协调，慧居寺现任住持大慈法师近年正在筹划，采用徽派风格改建韦陀殿，以求寺院建筑风格统一，深山古刹更为庄严。

慧居寺的大雄宝殿及其配殿等几幢饱经沧桑的古老建筑，近百年来，一直在默默地向世人诉说着当年建寺的艰辛。20世纪20年代，普明老和尚重建的慧居寺，"径滑石棱上，寺开山掌中"，是对唐诗中九华山寺院地理特色的最佳诠释。慧居寺所在地是天台峰北麓的一处乱石冲积而成的山坳坪地，其平如掌。慧居寺大雄宝殿就矗立在寺前石板大道南侧的第二级山掌上。由于建设期间正值世道不济，寺舍营造只能一切从简，就地取材，因此，慧居寺几栋老建筑的墙体不得不以乱石垒成，但其垒墙工艺极为罕见；屋面也只能是徽式小瓦，而其色调风韵却素净大方。慧居寺的古建筑群落为徽式民居风格，虽朴实无华，但其整体布局十分讲究。寺宇沿中轴展开，老大殿和后面的地藏殿（观音殿）处于同一中轴之上，僧寮和生活设施均因地制宜地被安排在大殿西侧。到了20世纪90年代，时任住持悟禅老和尚十分睿智，不改前人初心，依旧在前人规划的"中轴"两端继续延伸，在北端建成了韦陀殿和祖师殿，在大殿后方，建成了今天相应对称的山门殿和藏经楼（九天玄母殿）。

普明和尚主持重建慧居寺时，屋宇虽简，却极为重视表法的像设建造，造像的工艺、佛龛的制作、楹联的配置，均相当考究。慧居寺大殿内的佛像均采用"生漆夹纻"工艺制作而成，造型生动如法。慧居寺的十八罗汉与上禅堂的十八罗汉并称为九华山中"最庄严的十八罗汉造像"。慧居寺大殿内的菩萨罗汉造像，是安徽省保护文物。

慧居寺大雄宝殿中楣龛内正中供奉的是释迦如来，其两侧为迦叶和阿傩二侍者。两边龛室内供奉的分别是东方净琉璃世界药师如来和接引西方极乐世界阿弥陀如来。大殿后两角落则依例供奉着骑青狮的文殊师利菩萨和驮白象的普贤菩萨。

慧居寺大雄宝殿内的对联十分珍贵，分布在佛龛两侧的前后四根红柱上，其内容非常契合慧居寺大雄宝殿及其周边的地理环境。龛边两侧的对联是"前后三三参交凡圣，峰峦九九名重东西"。这副近龛包柱对联，道出了民居风格的慧居寺坐落在中闵园村后，不避世俗、僧俗共处这一主要特色。进入慧居寺大殿，第一眼见到的一副包柱对联，其内容更加隽永，让人暗自叫绝，联曰"长江此天堑，云海苍茫时闻天风传塔语；九华真佛国，梵宫伟峻遥看神岭散炉烟"。这副对联告诉人们，慧居寺殿宇地处云雾缭绕的"莲花佛国"之中，山门外即可远眺"万里长江净如练"，时时可听到地藏塔上传来的声声塔铃，遥遥能见着神光岭上升起的袅袅香烟。这两副对联是民国二十四年（1935）慧居寺正在建设期间，九华山祇园寺方丈、我国著名僧医宏志大和尚提前为慧居寺大雄宝殿落成志庆而题写的。宏志和尚俗名边正方。慧居寺大殿门楣上的石雕寺额"慧居寺"三个大字，其作者的落款姓名正是"边正方"。宏志大和尚在慧居寺为后人留下的书法作品中，对联对仗工整，寓意隽永，书法笔力遒劲，超凡脱俗。

九华山祇园寺方丈宏志大和尚、普明大和尚以及后来的慧居寺住持悟禅老和尚三位同时代，同志向，同为友。因此，改革开放后，悟禅老和尚在中闵园凤凰松下，迥龙桥畔新建的慧居寺下院被悟禅老和尚命名为"祇园精舍"，个中因缘，仗此方生。时至20世纪90年代，悟禅老和尚在向笔者提起宏志

慧居寺新老两殿之间

大和尚时，仍然绘声绘色，充满敬意。当年悟禅老和尚的一手针灸绝活，与其年轻时接受祇园寺宏瑞、宏志两任老方丈的指导是分不开的。宏瑞、宏志两位老和尚由原本俗家的两位亲兄弟，出家成为佛门的两位师兄弟。

古老的慧居寺大雄宝殿宽 20 米，深 13.7 米，高约 12 米。初步建成的时间至迟是民国二十一年（1932），因为大殿内佛龛上"佛光普照"金色匾额的贺赠时间注为"中华民国二十一年秋吉立"，即 1932 年。这块匾的功德主是一位虔诚的佛教徒，姓名为"张芸僧"。

慧居寺老建筑部分的募化建成及正式落成开光时间是民国二十五年（1936）九月，其化主当然是时任住持普明和尚。关于普明和尚与慧居寺间的因缘，慧居寺大雄宝殿内那块宽大的贺匾上有着详细记录。这块"弘法开宗"金匾的题匾人在上款中用了一大段文字作为序文。序曰："普公大师，佛心天授，慈悲性成。昔在大通莲花寺住持历有年丙，佛心见性，放戒四期。久为禅林所崇拜,更可谓功成圆满。泊退居后,仍不遗余力握九华,秀创慧居寺于天台山下,数年惨淡经营,风餐露宿,现告落成志庆。弟子等亲大明光,默参独创,觉高山景仰,永矢佛谖,是不揣谫陋,敬题四字,而为之额。"这通匾文落款处的功德芳名大多为禅门"果字辈"的"皈依弟子",总共十六位。普明和尚的这十六位俗家弟子为慧居寺的建成作出了无量功德。上文中"永矢弗谖"的"弗"字,被题字人误为"佛"字。

慧居寺的"弘法开宗"大匾做工至为精细。匾长约 3 米,宽约 2 米。匾面采用沉雕贴金工艺,沉雕题材多为莲花和云头。"弘法开宗"四字为尽显沧桑的黑色楷体大字,是慧居寺大雄宝殿中最为灿烂的一件文物。

慧居寺大雄宝殿内佛龛前的供台和一应钟磬法器,以及照明、防盗和防火等设备均为近年来现任住持大慈法师一手置办,极为庄严如法而又应时适用。2016 年,由大慈法师主持,慧居寺大殿的佛菩萨像被重新装金。大殿两侧罗汉龛室背后,自古以来就是两间侧室。东首一间为 20 世纪慧居寺的接待室,西首一间则为原来的客堂。大慈法师极为重视古建筑文物防火,今天的慧居寺内外均布设有先进的防火设施。

慧居寺大雄宝殿的后一进是一座两殿合一的配殿,建在寺基的第三级山掌上,台基高于大殿台基 1 米,建筑风格亦为徽派民居式,其楼下是地藏殿,楼上为观音殿。楼下东西侧室分别是现在的新接待室和住持僧寮房。地藏殿正中龛上悬着一块大红古匾额,额曰"大觉金仙",上款为"慧居寺传世匾额重辉",结款为"庚寅年仲夏住持僧悟禅"。这里的上下两款告诉人们,地藏殿中的所有古老的匾联都是悟禅老和尚于 2010 年夏天维护修缮结束的。慧居寺似乎与道家有着某种夙缘,数十年前的题字人,为何会在匾文中用了道教神仙的最高境界?"金仙"二字是用来指代修成大觉正果的金地藏和尚?是否在暗示此处乃两家圆通之所?个中玄妙,耐人寻味。匾下龛中供奉着侧坐谛听，执杖持珠的南无大愿地藏王菩萨贴金行愿像。两旁龛柱上的包柱对联内容十分严肃而又神圣，联曰"菩萨纵慈悲，善恶一毫难假借；冥王虽猛烈，生死历劫尽公平"。这副对联道出了佛家地藏文化中惩恶扬善的重要内涵。地藏龛前立柱上的对联是"足下起祥云，到此处应带几分仙气；眼前无俗障，坐定后宜生一点忠心"。多少年来，慧居寺地藏殿中的这副对联，警策和鼓励了无数的访客。

地藏殿内东端供着一座 3 米多高的铸铜覆钵式舍利塔，透过塔窗，朝大光明处望去，可以看到一只密封的水晶舍利小塔，小塔内珍重地收藏着慧居寺前任住持悟禅老和尚留下的五色舍利。悟禅老和尚舍利呈红、黄、蓝、白、青五色，舍利色彩斑斓，是九华山中自古以来、唯一可见的僧人五色舍利。

慧居寺地藏殿背后是早期设为祖师殿的一处简洁肃穆的空间，这里如今供奉着一排慧居堂上历代祖师之灵位，从殿内西侧的两段木板楼梯拾级而上，便是九华山慧居寺中举世闻名的男像"观音殿"。殿中坐南朝北的一座大龛内庄严地供奉着一尊男身观世音菩萨。观音龛上高悬的"慈航普渡"大红匾，其题写者是对普明老和尚自称"老服从"的周维翰。此人有可能是后来成为国民革命军中将的"周维翰"。龛前悬着大小各一对老式雕花吊灯。慧居寺观音殿中供奉的观音菩萨与人们常识中貌若天仙的美女观世音截然不同。这里的观世音，胸不垂璎珞，顶不留发髻，突起的喉结告诉人们，"观音原来非女子"。当年慧居寺住持普明老和尚曾专门请造像师们在观音殿内塑造了这尊举世罕见的男身观世音菩萨。一是告诉人们，观音菩萨原本就是一位威武的男子。二是告诉世人，九华山的佛教源自女观音像还未出现的晋唐时期。唐朝以后，汉地才逐渐出现有专为善女子们修行而造的秀丽慈祥的女菩萨形象。由此可见普明老和尚当年以像表法的良苦用心。观音龛上的对联是"观音由来非女子，慈航到处有婆心"。龛前的包柱对联是"你心里能全善果，自然地秋生桂实春出兰芽；我门中缔结福缘，岂惟在一炷清香几声佛号"。后人在男像观音龛外两侧分别再设龛，供奉着寻常的千手千眼观世音和送子观音像。因为观音殿是供奉救苦救难的观世音菩萨的殿宇，所以这处殿内两侧供设的牌位全部是红色的长生牌位，而往生牌位则全部供奉在楼下幽冥教主地藏王菩萨的地藏殿中。观音殿大梁上记有"普明大和尚建造"字样。

改革开放之后，考虑到信众、游人的习惯，慧居寺继任住持悟禅老和尚在男像观音龛背后的一间配殿中，又供奉了一尊千手千眼的女像观世音菩萨和一尊送子观音。如此，慧居寺观音殿内的像设便更加圆融。在女像观音殿的天花板上，有一处建筑小品特别值得关注，尤其令人叫绝。因为这处配殿门朝后一级寺基的挡土墙，门外空间逼仄，室内光线昏暗。为了殿内采光，当年的建设者们从屋顶上开了一处见方仅一尺左右的微型天井，顶上覆以玻璃亮瓦，阳光从覆斗状的井桶中注入寺内，洒在观音龛前，十分如法，愈显静谧。特别是在每年的夏至前后，这处殿中，格外光明。

佛教徒们认为，无论善男子、善女人，平素里能在慧居寺静谧的观音殿内，面对慈眉善目、手如柔荑的观音圣像，跏趺片刻，参一番"我是谁？"则必然有所觉悟，定能放下执着，悟得"此是观音，此非观音，是名观音之义"。于是，人生观念，自然开朗。

慧居寺古建筑群西侧，与大雄宝殿一廊相连的是一处小型院落。小院东侧以一垛砖墙配合西面的斋堂、北面的客堂和南面的小餐厅，四合而成这处天井小院。小院天井的南、北、西三座建筑均为两层，楼上是由前檐通廊相连的十数间僧寮。这处小院是慧居寺中最具特色、最为雅致的僧人生活区。小院东墙上的一副木门与大殿的腰门在走廊中错位相通，无论阴晴雨雪，僧人们均可在大殿与小院间往来无碍。入寺公务者，进大殿的西侧门，右转即是慧居寺客堂。客堂不大，但陈设如法，窗明几净。20多年来，这里一直是慧居寺知客师处理法务的地方。

慧居寺客堂对面小餐厅的后面是寺院的中厨，也是慧居寺建筑设计中的神来之笔。餐厅和厨房虚看一进，实为两进。两进之间仅一墙之隔，使得前一进的后檐与后一进的前檐紧密相连。当年的建设者们在这两檐下，以一条宽大的水笕将雨水直接引入地下暗沟。近百年来，无论多大暴雨，慧居寺厨房从无水患。当年的建设者们在中厨屋面的前坡上铺了几沟亮瓦。这番智慧的运作，使得慧居寺中厨内朝暮间敞亮通透。90多年前，慧居寺厨房屋顶上用玻璃亮瓦，这在当时无疑是一种豪华的体现。厨房的前一进大部分被隔为小餐厅，西侧隔出一条短廊，以贯通厨房和前面的斋堂。

慧居寺厨房的内部设计也极为合理，其西半边是古老的柴火灶台，灶肩上蹲着高举狼牙棒的监斋使者紧那罗王，他的职责是"调和百味"，为大众"护命资身"，还顺便对偷嘴者执行"未供先尝三铁棒，私造饮食九铜锤"之饮食纪律。这位使者有着一副毫不客气的脸色。使者下面的灶台上并列着三口大锅，分别为烧水、烧饭、烧菜而设。灶后火门口处宽一米有余，伙头僧们在这里生火添柴十分方便，柴火也都是寺僧们闲暇时从山上捡来的枯枝败叶。慧居寺的柴火饭长年受人赞叹。厨房的炊事用水是以数截细长的毛竹水笕，将后山涧中的泉水直接引入中厨后门外的一座石砌大水池中。灶台前方是两大开间的厨案间。中厨做熟的饭食，通过前廊，仅十步之遥即可直接送入斋堂。为方便斋前"出食"和大殿后方各配殿间僧人通行，中厨在东北角又开有一处腰门，直通东面的地藏殿及前后各处。

慧居寺的斋堂规整宽大，一次可容百人过堂。斋堂大门上油漆的对联为"有弥勒肚肠寸金易化，无维摩手段滴水难消"。这是佛家通过饮食的比喻，激励佛教徒们精进修为的一副著名对联。佛寺中的斋堂，其正规的称呼为"五观堂"，寓意佛教徒进食时应持的五种观点。"五观"分别是：其一，计功多少，量彼来处；其二，忖己德行，全缺应供；其三，防心离过，贪等为宗；其四，正事良药，为疗形枯；其五，为成道故，方受此食。这是佛教徒们为了感恩众生供养、鞭策自己精进而立下的进食态度。

慧居寺斋堂前的天井院长 6.2 米，宽 2.8 米，院内整洁有序，且四季如春。诸君若能坐在慧居寺客堂前廊下，将视线越过观音殿楼顶，仰视天际，晴日可遥观天台峰上香云盖顶、风云际会之天象；雨天能近察瓦屋檐前滴水穿石、功到自然成之道理。就学人言，不在慧居寺天井下禅观一

慧居寺五观堂前的"云板"

番，实可谓憾莫深焉。就观光摄影者而言，这里是摄取天台框景的绝佳视角。

慧居寺山门殿位于寺基的最高一级"山掌"上，紧倚寺东石板大道西侧，南北宽 19 米，东西进深 13.3 米。慧居寺山门殿的选址十分考究。依据佛寺制度，慧居寺山门殿本该位于寺院建筑中轴线北端的弥勒殿前方，但由于地势和山场的归属问题，21 世纪初，前任住持悟禅老和尚在筹建山门殿时，机智地将殿址选在最契合信众视线的石板道旁，使之与隔广场相望的九天玄母圣殿间形成另一条相融的殿宇建筑中轴线。

慧居寺山门殿为一座重檐歇山式宫殿建筑，两重屋面的八角端上均雕有吞脊螭吻，角下为骑凤仙人，正脊正中的三级宝瓶上设有方天画戟顶刹。重檐之间正面悬着"山门殿"匾额。下一层门头上悬着"兜率宫"三字额，从本额的上款可以知道，这座殿宇是"丙戌年仲秋"，即 2006 年仲秋前后建成的。山门殿四维上下的斗拱和券廊上的雕饰大多仿照清朝人装饰"月身宝殿"时

使用的方案,唯二层前檐下的撑拱为招财进宝四天尊和后檐下的风调雨顺四天王与"月身宝殿"稍有不同。这里的雕梁画栋,题材丰富,寓意深远。山门殿券顶大门上的对联道出了这座山门殿是悟禅老和尚扩建寺宇的收官之作,联曰"功成八九还加九,行满三千及大千"。山门殿中宽大的佛龛内供奉着笑面弥勒,龛楣上饰以描金的"二龙戏珠"彩雕。龛周围,从天花上系下六只精美的雕花宫灯。弥勒龛背后供奉着忠义千秋的"伽蓝菩萨",龛楣上也饰有描金的"二龙戏珠"。山门殿后门上的对联是"凭依造化三分福,绍接真童一脉香"。悟禅老和尚当年撰写山门殿后门联时,引出"绍接真童"四个字,其用意非同寻常。"真童"在我国传统文化里,是儒、释、道三家均可接受的"童子身"之说法,并非佛家独有。这是在告诉人们,接在山门殿后面,会有不同文化元素出现,这就是慧居寺最后一栋建筑高大、像设庄严的道家"九天玄母圣殿"兼佛家的"藏经楼"。这座飞檐翘角的宫殿式建筑与其北侧的慧居寺古建筑群形成了极为鲜明的时代反差。从山门殿后门抬眼望去,九天玄母殿高耸入云,气宇非凡。而由此再俯瞰古老的慧居寺,其错落的黛瓦屋面,不禁令人吟起古文中的佳句——"盘盘焉,囷囷焉,蜂房水涡"。访客游人在这最高一级的"山掌"上回望慧居古寺,见到的不再是殿堂神台,而是一大片黛瓦覆盖着的大小屋面。其错落有致、屋舍俨然的壮观景象,令人震撼。面对瓦缝参差、历历可数的重重屋面,不禁令人油然而生"高立太虚俯瞰鹏背"之傲然和"远临沧海细数龙鳞"之悠闲。

　　九华山地藏菩萨道场中的慧居寺内出现一座道家的圣殿,是20世纪90年代后期的事。当时的泰国华侨马超群先生受其姑母的委托前来九华山面见慧居寺住持和尚悟禅法师,称其姑母找到了她梦见九天玄母的地方在安徽省九华山中一处古寺后方的山坳里。当其姑母来九华山实地寻找时,发现九华山慧居寺后院西侧的地形和古寺的位置关系完全吻合其梦境。回国后,这位妇人便立即委托其皈依的佛教法师甲塔曼多比丘大师在她的家族群中展开募捐活动，并指派其侄儿马超群前来九华山联系捐建"九天玄母圣殿"的相关事务。要在慧居寺内建立道教的圣殿，悟禅老和尚起初十分抵触。但悟禅老和尚是一位有远见的修道人，他认为，道教是中华本土宗教，且九华山曾经是道家的第三十九福地，同时，慧居寺地藏殿中又高悬着一块"大觉金仙"的古匾，匾文中的"金仙"是道家修行的最高果位，等同佛家的"大觉"。凡此种种，均在开示这慧居寺本来就是儒、释、道三家圆通的渊薮。老和尚考虑到在慧居寺后院添建道教建筑，可以丰富九华山的多种宗教文化元素。在综合考量了诸多因素之后，悟禅老和尚冒着有违祖训的风险，在当地主管部门的批准下，最终答应了客人的请求。九天玄母殿建成20年来的实践证明，悟禅老和尚当年的决策是英明的。近年来，不少宗教文化爱好者们在慧居寺"九天玄母圣殿"前驻足时，大加感叹大乘佛教"海纳百川，有容乃大"的广阔胸襟。

慧居寺九天玄母圣殿位于寺后西侧，殿高17米，长21.8米，宽16.7米。殿宇的建筑风格为重檐歇山的宫殿建筑，大殿四廊通透，金碧辉煌，其外廊四角上均饰有彩雕的"仙人骑凤"，内廊四角则饰有"双凤戏牡丹"，如此装饰，无不显示其天上琼阁、飘飘欲仙之气势。大殿后檐下接连装饰着数处土地公婆形象的撑拱，以示大殿矗立于天地之间的寓意。

慧居寺后院中，陈设迥异的九天玄母圣殿殿额上款标注的落成时间为"丁丑年夏月"，即1997年夏季。匾上没有标注立匾人姓名。圣殿大门为格栅平门，大门两边的立柱对联为"九天广恩四海普同天，圣母度世众生共雨露"。殿内中楹两柱上的对联为"恩降四海只为世界和平，雨露十方还须众生自觉"。大殿正中的大龛内端供着凤冠霞帔的九天玄母。龛楣上雕饰着"二龙戏珠"。九天玄母的龙盘宝座上缘及左右外缘有九龙护卫，宝座靠背上饰有暗示八仙的八种法器，龙椅上端坐的九天玄母左手托寿桃，右手执盘龙仙杖，两旁有日月童女随侍。玄母龛前上方吊着一盏铜瓣莲花长明灯。玄母大龛高4.5米，宽4.5米，基座高1.5米，天花高6米。天花板下系着九盏象征九天光明的精美宫灯。整座大龛盘踞于大殿的正中间。

慧居寺九天玄母殿的楼上则回归为佛家法宝所在的"古藏经楼"。"古藏经楼"额匾的上款为"古迹垂光"，下款为"丁丑年秋月吉旦，慧居禅寺住持僧悟禅敬立"。慧居寺后期添置的大多对联牌匾，其撰书者均为时任九华山学校校长的查向荣先生，查先生是九华山中知名的书法爱好者。

慧居寺藏经楼内收藏着一系列大乘法宝，同时，楼上正中处又被设为佛家"启建法界圣凡冥阳两利水陆大法会"时的"内坛"。这是佛寺中的一处极其神圣的地方。内坛中间佛龛上供奉着一尊庄严的汉白玉卧佛，佛龛基座高1.5米，龛室高2米，宽3米，龛楣上为描金的"二龙戏珠"和喷水螭吻。龛上方镶有藻纹雀替，龛下方有雕饰的边框。在精美庄严的内坛两侧挂着21席水陆法会挂图，每图又分左、中、右三轴，如此21处的三幅挂图，总共展示着63幅场景各异、人物生动的圣凡水陆各界行事图。这是一套非常值得佛教徒们细品的精美连环画。其中的第十三席上印有直行的空格，供举行法会时填写本寺历代十方觉灵列席本次法会的牌位。

慧居寺藏经楼中梁上的贴金大字，其内容为上首的"慧居寺住持悟禅募建"，下首为"农历丁丑、佛历二五四一夏月吉旦"。这些金字告诉人们，这座殿宇建成于1997年。

为了扩充僧寮，方便寺僧下山办事和适应访客接待，20世纪90年代初，悟禅老和尚在远离慧居寺本部的中闵园凤凰松下、迴龙桥畔兴建了一处慧居寺下院，并名之曰"祇园精舍"。为了发展旅游，兴建观光缆车而于当时开通了九华街至中闵园的公路，悟禅老和尚在中闵园建下院属乘势而为。先期的慧居寺下院是一座面临石板大道的三合院建筑群，主殿像设主要是"华严三圣"，两边二尺余高的十八罗汉供奉在悬起的木龛内，殿两侧为僧寮。主殿前两厢分别是观音殿和地藏殿。三合院的设计，使得下院四季如春。由于创建时经济条件不佳，寺舍用材单薄且结构简单，数年前慧居寺下院已经被相关部门勘定为"危房"。大慈和尚主持慧居寺之后，随即启动重建工程。截至目前，重建工程进展顺利，预计 2025 年末下院可得重光。新下院主殿正中依然供奉着"华严三圣"，而两边供奉的罗汉却在九华山中独树一帜。这里供奉的罗汉像是九华山唯一的一处佛教中最根本的十六罗汉像。新慧居寺下院里新的佛菩萨和罗汉造像无论其组成形式还是艺术风格都极具特色，且在九华山中绝无仅有。其正中佛龛内的五尊分别是一佛二侍及文殊和普贤。这五尊立体造像采取传统的紫铜圆雕锻造工艺，历经塑形、倒模和圆雕锻造而成。铆固在佛殿两旁墙上的十六罗汉，每边八尊为一镶框整幅，画面人物相互传神，场景生动，与传统的分尊供奉模式截然不同，令人耳目一新。这两框全景紫铜造像的工艺又有不同，采用的是高浮雕手工锻錾工艺。这种工艺也是一种非物质文化遗产。

慧居寺近百年来的先后三任住持都极为重视佛像的表法意义，且各自标新立异，力求应机应人。从普明大和尚的男像观音，到悟禅老和尚的杯渡祖师头陀行者像，再到今天大慈法师的紫铜锻錾十六罗汉像，无不如法如愿，始终令人赞叹。慧居寺这三处造像是众多信徒心中所向往的。

慧居寺是九华山中闵园一带唯一的一座大僧寺院。长期以来，特别是其下院建成以来，一直主动担负着照应二僧庵堂的社会责任。九华山中出现比丘尼修行处的历史从 20 世纪初才开始，仅百年而已，但其发展不慢。从最开始的胜鬘精舍、九华莲社、香山茅蓬，到今天已经发展成为一处拥有近 30 座庵堂的"九华山闵园尼庵群"。早年间，由于交通不便，每逢三九严寒，大雪

封山，一些老病比丘尼的求医问诊就只得靠慧居寺僧众人力抬送。20 世纪
90 年代初，中闵园通汽车后，特别是大慈法师接任住持后，在九华山主管部
门指导和佛教协会的嘱托下，慧居寺僧团义不容辞地承担起为尼庵群防灾救
灾、为老病者应急接送的义务。一段时期，慧居寺的汽车几乎成为尼庵群的
公共用车。

　　1936 年 9 月，普明和尚募建的慧居寺落成。抗日战争期间，新建的慧居
寺曾经为社会作出过一次重要贡献。其间，躲避战火的青阳中学师生数十
人来到这里坚持办学数月之久。抗日战争后期，1943 年慧居寺住持为果乐，
1948 年住持僧果宽，1953 年住持僧理空。此后至改革开放之初，九华山管理
处于 1982 年维修了殿宇，1984 年寺院常住为全部佛像重新装金。其间，一直
有万清、觉厚等僧人住寺守护。1986 年至 2013 年住持为悟禅。2013 年至今，
住持为大慈。

　　九华山慧居寺自创建以来，尤其是最近百年来，历任的普明大和尚、悟
禅老和尚和大慈法师都在慧居寺中为中兴道场、弘法利生作出了无量功德。
信众们祝愿慧居寺僧团和合，道场庄严，早日成为历史上信众们心中的九华
山第七大丛林。

慧居寺的大德

悟禅法师

　　悟禅法师（1918—2013），湖北天门人，俗家姓刘，生于民国七年（1918），
岁在戊午马年，示寂于 2013 年，岁在癸巳，寿腊 95 岁，僧腊 78 岁。法师 7
岁时随母刘李氏从天门县九真镇国大村刘家咀来到安徽大九华山礼佛出家，
10 年后依止九华山百岁宫上了下缘老和尚，得法名悟禅，1934 年在江苏宝

华山隆昌寺受具成为临济宗普陀山后寺法嗣。历经 50 余年的社会变迁和人生周折后，悟禅法师又于 1989 年在九华山祇园寺增戒。

悟禅法师年轻时在宁波七塔寺行过苦禅，在普陀山后寺挂过长单，在庐山东林寺念过佛，在终南山嘉午台闭过关。和尚于禅净之间，领悟颇丰，曾于禅定中亲见数位阿罗汉"各以衣裓，盛众妙华"的盛况。悟禅法师晚年曾多次开示弟子："如能以教奉行，于六道之间，修行人完全可以自行选择。"在终南山闭关前后，悟禅法师与后来担任九华山佛教协会会长的仁德老和尚在山中曾为同参。由此因缘，法师于中华人民共和国成立前夕回到九华山后，与后来回到九华山的仁德法师再度同参。初回九华山之际，悟禅法师曾卓锡芙蓉峰下，结茅而居，苦修三学以明心见性，力工五明以利乐有情，医方明中，尤擅针灸。在九华山佛教生产队劳动期间，悟禅法师亦于苦力之余，不怀休息，常奔命于工地民众之间，急人所急，救死扶伤。改革开放之后，佛教法炬再燃，悟禅法师遂又发心在百岁宫钟楼内敲钟，以此为国祝厘，为民祈福。其当年为自己的钟楼撰写的对联为"钟声传三千界内，佛法扬万亿国中"。由此可见，悟禅法师生前修为之精进、誓愿之宏深。

1988 年，悟禅老和尚受九华山佛教协会委派，住持闵园慧居寺。是时，法师不顾高龄，历经艰辛，开新山门，设韦陀殿，起祖师堂，立藏经楼，力求慧居寺三宝俱全，丛林初具。悟禅老和尚为僧八十载，始终道心坚固，勤于教务，终身辛劳，一心办道，不为自己求安乐，但愿众生得离苦。住持慧居寺 25 年间，老和尚律己在先，家风极严。2013 年 12 月 25 日（癸巳冬月廿三），一时零七分，老和尚在九华山慧居寺安详示寂，乘愿而去。七日后荼毗，再三日，以五色舍利花示现正果，为九华胜境再添精彩。弟子们祈愿悟禅老和尚乘愿再来！

悟禅老和尚生前与笔者友善多年，且故事不少。老和尚接引学人时，常常直指人心；启发弟子时，每每循循善诱。对治执迷不悟的顽劣之徒时，老和尚每怀恨铁不成钢之情，常现金刚怒目之相，于棒喝之际，必咬牙切齿，且常咬左牙。笔者曾数次与老和尚逗趣，言其逝后必得左牙坚固子一枚。果不其然，老和尚 2013 年冬月示寂后，其弟子们在老和尚荼毗现场的火烬中觅得左牙舍利一枚，且坚固无比，在场者无比惊讶。

故事是这样的，2013 年 12 月 25 日一时零七分，慧居寺住持悟禅老和尚在其禅床上安然示寂。此后不久，寺中弟子们蓦然发现老和尚禅房内的自鸣钟居然恰在一时零七分停摆，那根长长的分针在一时零七分的位置上至今一动不动。寺僧们为了纪念这个特殊时刻，这座大钟至今依然保存在寺内。这是悟禅老和尚圆寂后示现的第一现象。围绕悟禅老和尚圆寂，有数桩殊胜事值得记述。这次之后的几件事，均与其舍利有关。老和尚示寂三天后入缸，在九华山化城寺后山坳中，由九华山佛教协会会长慧庆大和尚为其举火荼毗。

悟禅老和尚示寂前后，笔者恰在陪同数十位九华山当地人在宝岛台湾观光。那天早上，法鼓山客堂恰好在登记焰口超度名单，团员中有与老和尚过从甚密者便乘机为老和尚在法鼓山立了牌位。笔者认为，这不能不算是一桩巧事。笔者出差从台湾回到九华山后，参与了老和尚舍利的捡集活动。其间，笔者与时任中闵园村村长的吴明才等几位乡亲均在现场。当几位年轻僧人打开老和尚坐缸，正在分拣舍利之际，笔者在一旁远远地大声提醒僧人们，要注意灰烬里可能会有一颗牙齿舍利。其后，僧人们果然在灰烬中捡出一颗牙齿舍利，笔者见而窃喜。老和尚示现的另一桩奇事是一截半尺长的直肠舍利。当僧人们将这截看似燃烧未尽的直肠从灰烬中捡出后，试图再行火化，但无论如何都烧不成灰。大家当即明白，老和尚当年说话直来直去，当地人俗称这种性格的人为"直肠子"，这是老和尚个性的体现。这两颗舍利如今殡葬在慧居寺大殿东侧的悟禅法师舍利塔内。

悟禅老和尚圆寂十多年来，每天都有四面八方的弟子前来慧居寺，他们或在寺外灵塔前顶礼叩拜，或于室内舍利花前凝视缅怀，谒塔者长年络绎不绝。悟禅老和尚生于忧患，寂于安乐。为僧八十年间，悟禅老和尚为弘法利生殚精竭虑，为菩萨道场增光添彩。悟禅老和尚是当代九华山僧团中涌现出的一代大德。

慧居寺的禅茶

参禅与饮茶，为佛门永远之话题。笔者初入社会，便上九华。只一心仰慕古老的传统文化及九华的禅门宗风。入山 40 余年，因为茶缘，常听老僧谈禅。原来僧人们的禅悟过程，根本就不是一种知识运用过程，而是一种直接的实际体验。即所谓的"如鱼饮水，冷暖自知"。悟禅和参禅原来不是一码事。由此，笔者于日常行事之际，总有话头忽闪于禅茶之间。

九华茶主产于慧居寺坡前的上、中、下三闳园中。九华茶历史悠久，茶品古来闻名。北宋年间，九华茶便已受到文人官宦的赞许。南宋名臣、文坛盟主周必大登临九华山拜谒金地藏塔时，有记曰："僧祖瑛独居塔院，献土产茶，味敌北苑。""北苑"是南宋时最好的茶品，产自福建。周必大的言下之意是九华山的茶品可以与当时最著名的北苑茶相媲美。可见，九华茶之盛名传播久矣。

饮茶文化，始于佛门。就茶种而言，我中华乃茶叶之原产国。就茶俗而言，我中华乃茶俗之发祥地。言及茶之脱俗成道，却非佛门不成。唐代"茶圣"陆羽著《茶经》，世人皆知。然而，陆羽本为一弃婴，由江南龙盖寺智积禅师扶养成人的情节，却未必尽人皆知。陆羽之为《茶经》，洋洋洒洒七千言，穷本究末，极为精细，至为根本，为我中华茶事脱俗成道立了理由，奠了根基。

饮茶之风，初兴佛门。佛家颂茶，谓有三德：一为可以提神。参禅饮茶，不入昏沉，益于静思，远离掉举。二乃有助消食。禅门僧众，长时打坐，饮茶消食，轻安无碍。三曰不使思淫。凡夫饱暖之余，多生淫欲。一杯清茶，神清气爽，可消邪念，可除淫欲。凡此三德，利于参禅，益于打坐。故而，茶风初兴，即在佛门。开元年间，泰山灵岩寺大兴禅教，"学禅，务于不寐，又不夕食，皆许饮茶，人自怀挟，到处煮饮"。自此，茶风渐入民俗。有明一朝，"自邹、齐、沧、隶渐至京邑城市，多开店铺，煎茶卖之，不问道俗，投钱取饮"。由此，北方茶风，可窥一斑。

饮茶乃参禅悟道之上乘助缘。茶之成道，始于佛门。陆羽挚友、僧人皎然，乃我中华茶道之奠基者也。皎然乃谢氏子，出家为僧，好茶好诗，崇族祖谢灵运。皎然法师中年参禅，纳禅学、诗学、儒学三位于一身，统之通之，进而悟出禅茶一味之真谛。师有饮茶偈曰，"一饮涤昏寐，情思爽朗满天地；再饮清我神，忽如飞雨洒轻尘；三饮便成道，何须苦心破烦恼"。三饮之后便不必苦心求破了，也就是平常心了。如若苦心求破，便是"有"了。可见，茶之成道，实为皎然和尚这第三碗茶所证得的。无怪乎"迎来送往皆为禅，担柴运水悉圆通"。谁晓得赵州和尚待客，无不关照其"吃茶去"。人生当遵南泉王老师旨趣，怀平常心，行平常事，直往心内取，不向身外求，明心而见性，见性便成佛。悟如是说，作如是观，大体便是成就了。

禅茶一味，五事调和。在常人，茶可以健身疗疾，茶可以提神助思，可以待客会友，可以入诗兴文，其间好处不一而足。于僧家，参禅打坐，行入之际，圆瑛老和尚有开示，须将"五事"调得如法，才可将止观引入圆融。调"五事"之根本在于调六根。调六根，入六尘，空六识。依六识随根不随尘故，调六根当处首位。调养眼、耳、鼻、舌、身五根则愈发重要。

五事之一，是调处所。寻一寂静去处，以便将心收摄来。此与茶道择幽静处，备洁净具毫无二致。于污秽处，向隅牛饮者，实非学者，难结"道"缘。五事之二，是调姿。坐禅僧人，务必身体端正自然，结跏趺坐，不使丝毫偏倚佝偻，二目垂视鼻尖，身心不疲不倦。如此要求，僧众上座之前，多饮清茶以舒筋活血，止瞌驱睡。五事之三，是调吸。以将体内浊气徐徐呼出，再将体外鲜气徐徐吸入，如此吐故纳新，饮茶最是助缘。三碗清茶入体，额头沁出些许汗珠，连同体内秽物一并送出。春茗之甘甜馨香伴着玉乳纳入体内，不觉间六根清净，杂念俱息。此乃禅那之重要一节。五事之四，是调息。此事不易。须将鼻息调得纯净平稳，不可太急，不可太慢，以呼吸安心息，则脉动自然。如若腹中积食，或肚中饥渴，均难善之。故而，僧众坐禅之前，大多适饮清茶，或为消食，或解饥渴，行入无碍，不误用功。

以上四桩，统称修学禅定之助道因缘。四桩善罢，这第五桩事，便是调心了。调心之门，不胜枚举。调心在于调意识。不令其生起分别之心，不令其攀缘六尘境界。禅在非想非非想，禅在真空妙有间。禅那不可以文字书写，禅那不可与他人道也。融融五事，久久为功。其间，茶不可或缺也。

九华毛峰，佛山独秀。禅之与茶，前已备述。然佛门茶品，唯九华独秀。九华毛峰与中华诸茶多有不同。一是茶种不同。九华毛峰"乃金地藏携来种"。据史料记载，新罗人学大唐人种茶之历史记录较迟。明清之际的《九华山志》提及"金地藏携来种"，或为金地藏于大唐东南海岸登陆后，自苏浙携来九华之茶种。唐开元末，金地藏在九华山中结茅之后，于闲暇间，便在坡谷间种茶。九华古时名茶"南苔空心"便出自该茶园。二是茶园养护不同。九华僧俗，养护茶园时，从不施肥，只用园中青草。于盛夏七八月间乘挖园除草之机，将青草埋入茶垄，腐草养茶，一举两得。谚曰："七挖金，八挖银。"由此，观九华毛峰叶片，与野茶酷似。缘齿微黄而坚利，叶脉清晰而粗壮，以至茶味数冲不败。三是采摘要求不同。九华僧俗，入园采茶讲究"三采三不采"。一采一芽一叶茶,茶叶不许稍大。二采阳坡茶于午前,阴坡茶于午后,以确保芽叶鲜嫩,汁水充足。三采节令茶。九华毛峰只在阳历 4 月 10 日左右开园,严格控制 20 天采摘期。时令之外,绝不采茶。不采紫茶,不采夏茶。其间,"三不采"亦十分讲究。一为化妆后不采茶。采茶人不许化妆后入园,以免茶叶吸附化妆品异味。二为骄阳下不采茶。以免芽叶在篮中受晒失水,以致制茶杀青时,汁水不够,不足以带走青草气。三为落雨天不采茶。鲜芽嫩叶,甫离枝头,生机依然未息。阴雨受潮,鲜叶于篮中叠压后便开始升温发酵。于是,炒制出的茶叶便是紫红色,冲泡出的也便是一碗黄汤了。九华茶与他山诸茶不同的第四点是采摘季节不同。诗云:"人间四月芳菲尽,山寺桃花始盛开。"九华茶园多在海拔 600 米以上之核心景区内,开园采摘季节迟于山下一个节令,其间正值漫山幽兰送香之际,九华毛峰便乘机饱吸馥郁,并将其带给知情识味者。每每清谷新春、新茶上市之际,却难得见九华毛峰之踪影。须知九华毛峰乃大家闺秀,非"千呼万唤"不得出来见人也。凡此种种不同,使得九华毛峰愈加珍贵难求。九华山中诸寺,每以自制之茶敬客。实乃于清净之三门,增檀越之福慧也。

参禅饮茶,福慧俱增。佛家以为,末法世人,无不若投窗之蜂,执迷不悟。终日所事者,无非竹篮打水、水中捞月之类。追名者失势于仕途,逐利者失足于商海。苦心劳形,无穷无尽。然佛陀言之谆谆,祖师意之切切。凡夫俗子,既然烦恼,何不抛却刚犟难调之顽性,理会祖师西来之善意。至少,每日可坐上几刻钟,理些头绪;饮上几碗茶,祛些邪浊。怀一颗平常心,悟个中消息于事茶之际,证无上甚深于止观之间。如是圆融,如是微妙,实不可说,不可说也。

种茶制茶,饮茶说茶,待客以茶,开示禅茶,其最入门者,当属慧居寺一堂僧众。每临茶季,慧居寺必延请后山苏家宕及道僧洞一班行家里手前来教习制茶。访客游人，得于慧居寺品茶闻法，以茶入道，开悟三昧之功可期也。对于以上见解，慧居寺住持大慈和尚悟得透彻。

流芳史册的九华名卉"金步摇"

每到春天，在九华山的登山步道两旁，在僧俗人家的房前屋后，您总能看到一种少有人知而又径不盈寸的小黄花，平常很少有人在意它。在赏花情致被现代科技杂染了的现代人眼中它是一种漫不经心的存在，但实际上它的大名早已流芳史册。这种野生的小黄花被历史上的九华山僧众及文化人雅称为"金步摇"，且从明朝开始，就每每被历代编撰的《九华山志》堂而皇之地收录于"名卉"之首。

"步摇"是古代汉族妇女的一种首饰，"取其行步则动摇，故名"。是一种将贵重材料曲屈成龙凤形状的钗钿，一端坠以玉珠或花朵流苏。古代的妇人们将其簪于发间，于轻移三寸金莲之际，步摇便随步晃动，十分优雅。

据九华山最早的嘉靖《九华山志》记载，九华山的金步摇"丛生蔓衍，其花四出，皆偶对栉比于枝叶间，杆弱花繁，无风自动"。根据笔者在九华山中的多年观测，可以认定，古籍中的"金步摇"就是今天的"九华山蒲儿根"。笔者在参与九华山世界地质公园申报工作过程中，留意到，植物专家们将九华山地区生长的蒲儿根专门冠以"九华"二字。在普及植物知识的九华山珍稀植物标志牌上也赫然写着"九华蒲儿根"。可见九华山的这种小黄花极其独特，在植物学界是上了"户口"的。九华蒲儿根叶背生白毫，植株随海拔升高而缩短。高处的蒲儿根叶脉清晰，叶片厚实，背毫浓密呈猪耳形，齿状叶缘。在春花中，蒲儿根的花期较长，从阴历三月中旬到五月间均可见到，其间四月最盛。而且九华蒲儿根，其花确实一枝四朵，且朵朵偶出。即便出现三单朵，细看其间，必见一蔫者。九华蒲儿根植株极为孱弱，似不能自立，茎条细韧，几乎无风亦自"点头"，完全符合古人关于"步摇"的描述。因为九华蒲儿根花朵金黄，故古人称之为"金步摇"。

九华名卉——"金步摇"

被现代人遗忘了的九华山"金步摇"，仿佛天生就是来与人类做伴的。有道是，"大树底下无茂草"，草本的九华山"金步摇"在九华山中茂密的森林深处和几座千米以上的高山上，人们很难发现它靓丽的身姿。九华山相关的植物志书上说蒲儿根"生于海拔一千二百米以下的村旁、旷地、沟边、疏林下"。在九华山中，哪里有人类的活动，哪里就有"金步摇"。九华山天台峰海拔 1300 米左右，在天台峰以下的村庄道路和沟渠两侧，每到春天，随处都可以看到盛开的蒲儿根，妩媚而动人，500 年前的九华山人便赋予蒲儿根以"金步摇"的雅号。古往今来，"金步摇"本该妇孺皆知，一如"自有陶潜方有菊，若无和靖即无梅"一样，九华山人本该以此骄傲，只可惜随着乡土文化的流失，随着现代花卉培育技术的发达，现代的九华山人已经忘却了九华山"金步摇"这朵美丽优雅的路边小野花了。在九华山半山上的慧居寺周围，4 月的"金步摇"，遍地黄花，葳蕤繁茂。

回香阁

　　九华山化城寺对面的华严岭，是芙蓉峰与东崖峰之间的一处山口。由此翻山往来于九华街与闵园之间最为便捷。古往今来，华严岭是信众、游人前往后山天台一线观光的必经之路。从明朝开始，九华山的僧人们便开始在华严岭山口上建寺修行，亦为登山客人提供一处小憩之所。九华山著名的美女

回香阁

泉就在寺院的南山墙下。明朝崇祯年间贡生、九华山下老田吴家人吴光裕，在游览九华山途经华严岭时，留有《华严岭》诗一首："迢迢华严岭，石窦偃苍松。峰外一峰出，天台隔几峰"。华严岭上初建的佛寺称华严庵，后改为华严寺，再改称回香阁。

明朝人创建的华严庵，至清朝乾隆年间，由时任百岁宫万年禅寺第二任方丈的三乘和尚将其扩建晋升为华严寺。三乘和尚被华严寺僧团尊为开山祖师，其圆寂后被弟子界宣等人于乾隆二十八年（1763）三月塔葬在华严寺后坡之上。根据塔表碑文，三乘和尚被弟子们尊为"华严堂上开山第一代老和尚，曹洞正宗第三十三世"。

三乘和尚开山的华严寺于清朝咸丰年间遭兵灾损毁。此后，再由长发和尚复建。由于信徒们朝礼天台沿线诸寺之后，于傍晚返程途中再次经过华严寺时，一般都会将囊中余下的香烛及供品全部供养在此，即所谓的"烧回头香"回向诸众生，及至十法界。华严寺是他们结束一天活动前必须经过的最后一座寺院，下了华严岭，便是九华街，客人们就要回到各自的客栈了。于是，清朝后期的僧人们便将华严寺改称为"回香阁"了。

历史上在回香阁住过的僧人中，对九华山影响最大者，当属明朝末年的蕅益智旭大师。蕅益大师于明朝崇祯九年（1636）三月入住华严庵，于次年春夏之交移居九子别峰（九华山后山九子岩）。在其此后的梵行中，蕅益大师为九华山地藏菩萨道场地位的确立、为汉地佛教的地藏信仰体系的形成和完善，都作出过开创性和决定性的贡献。

20世纪三四十年代，回香阁历任住持为宗行、宗辉、智度、宗参等和尚。回香阁大殿于1979年被拆，仅剩三间半僧寮。此后的80年代初，来自青阳县五溪桥附近一座小庵的善印和尚在此苦行守寺。善印和尚住守回香阁期间，和睦山民，善待游人，并在华严岭南坡下通往中闵园和老虎石的石板路叉口处，建起了一座全石结构的土地祠。笔者当年与善印和尚有过不少往来，并亲自聆听过善印和尚对"土地祠"对联的开示。此后的回香阁再由九华山佛教协会指派应观和尚来此住持。应观和尚修为精进，待人宽厚。住持回香阁期间，为了恢复正常的宗教生活，应观和尚辛苦募化，省吃俭用，重建了两处配殿，最终却于1994年死于非命，极为意外。

1996年以来的回香阁，住持和尚为慧光法师。慧光法师，安徽庐江人，1982年在九华山旃檀林礼仁德老和尚出家，并于此后成为仁德老和尚法子，临济宗第四十六代传人。慧光法师出家后不久，便进入南京栖霞山佛学院僧伽培训班受训，随后，又于1984—1986年在栖霞山佛学院正式科班就学。慧光法师毕业回九华山后，相当长一段时间，一直随侍在仁德老和尚左右，深契老和尚要旨，常得老和尚耳提面命。其间，还曾经理过祇园寺上客堂全部事务。慧光法师于2014年荣膺庐江甘露寺方丈。此前，法师还重建了庐江甘露寺。

1996年住持回香阁以来，慧光法师重建了回香阁。其间，福建的一位大功德主在回香阁西侧的华严岭上，捐建了一座九华山有史以来最为高大庄严的露天铜质宝塔。宝塔七层八面，通高33.8米，塔内各层龛室内均供奉药师如来。10多年来，在朝山信众心目中，回香阁宝塔就是一座既能镇邪扶正，又能治病救人的药师宝塔。回香阁两序及往来信众游客衷心祝愿宝塔功德主事业顺利，家人健康。2018年，慧光法师在华严岭北坡下的九华街边修建了山门殿，为信众、游人朝礼回香阁、登临天台峰提供了极大的方便。经20余年之筚路蓝缕，慧光法师将昔日的一处过路亭式的小庵堂，建成了今天这座佛制相对完整的名山大寺。

慧光大和尚出家后，坚持向祖师学习，平素喜好日观天光，夜观无忌，于儒、释、道三家均有涉猎。慧光大和尚通五明，工书法，懂《易》理，擅总结。

慧光法师曾任安徽省青年联合会委员及副会长和安徽省人大代表。慧光法师是九华山佛教协会副会长、安徽省佛教协会 2023 年度执行会长，还是中国佛教协会常务理事。

蕅益智旭大师在华严庵大力推动地藏信仰的普及

"地藏法门"的提出，最早出现在后秦译经僧圣坚翻译的《佛说罗摩伽经》中。唐朝之后，随着新罗僧人金地藏在九华山中修成正果，示现"金刚不坏身"，以及《地藏菩萨本愿经》等"地藏三经"的译出，九华山中的历代僧人一直都在坚持修行和弘扬地藏法门。依据后秦三藏法师鸠摩罗什翻译的《佛说梵网经》，比丘僧践行孝道就是持戒，而中华特有的孝道，正是《地藏菩萨本愿经》的主要内容之一。到了明清时期，九华山中频繁出现的僧人"金刚不坏之肉身"，使得部分信众认为这些高僧都是地藏菩萨再来，并确信九华山就是修习地藏法门、践行中华孝道的圣地。明朝中后期，以九华山为基地的地藏信仰渐成风尚，但"地藏菩萨道场"和"四大佛教名山之一"这两个说法尚未出现，欠缺的是对地藏信仰在教理教义上的论证和礼拜形式的俗成。恰在此时，"四大高僧"之一的净土宗九祖蕅益智旭大师出现在了九华山，并于此后为九华山做出了无量无边的功德，从而使九华山跻身中国佛教"四大名山"之列，成为以佛家弘扬孝道著称的南无大愿地藏王菩萨道场，进而使"地藏文化"成为佛教中国化的标志性成就之一。

蕅益大师与九华山因缘殊胜。从《蕅益大师年谱》中，人们可以得知大师的生平事迹。蕅益智旭（1599—1655），江苏木渎人。明末四大高僧之一，中国净土宗第九代祖师。蕅益大师是明朝崇祯九年（1636）三月"遁迹九华"的，原因是 37 岁时的他正值人生踌躇、身染重疾、身心俱不调和之际。据史料记载,蕅益大师此次九华之行是为"求决疑网"而来的,因为《地藏菩萨本愿经》和《占察善恶业报经》中救苦救难的地藏菩萨在九华山。据记载,蕅益大师一生极为重视占卜拈阄。就连他 46 岁毅然退戒,再到 47 岁那年元旦日重又得戒这样的大事,都是通过占卜来决定的。大师在他的《刻占察行法助缘疏》中告诉人们,地藏法门中的《占察善恶业报经》是"末世多障者之第一津梁",并以此引导信众注重地藏法门的修持。

蕅益大师在九华山中修行两年多时间。主要住处是华严庵,也就是今天的回香阁。其间,大师大力倡导大愿精神,并以身作则,一门深入,实修实证,成果丰硕。大师刚到九华山时,便于崇祯九年(1636)三月初九,在地藏塔前燃起六炷臂香,面对地藏菩萨这位"大慈悲父",将自己缺乏管教、造业深重的前半生进行了检讨,并哀求地藏菩萨接受并成全他的四个誓愿。在他专为此举所作的《九华地藏塔前愿文》中,大师记述了他这四个誓愿。内容大略是:一愿众生未成佛之前,我终不入涅槃;二愿我倘若再入歧途,请大士能警醒我,使我的菩提心能够相续不断;三愿如果我有所进步,请大士助我早成念佛三昧,决生阿弥陀佛世界;四愿大士予我愿力和神通,助我尽未来际,广化有情,无有疲厌。大师的这篇《九华地藏塔前愿文》是他在九华山中首倡将念佛法门与地藏法门相互融合的标志,也为后世的净土宗大师们在信众中首推地藏法门奠定了宗承的根据。

在后来的弘化途中,蕅益大师在不同的时期、不同的地方,应不同的机缘,为地藏信仰体系的完善,为九华山地藏道场的确立,作出了不可磨灭的贡献。他亲自撰文注疏,从地藏信仰必须依据的经典,到大众礼拜必循的仪轨两个方面构建了地藏信仰的完整体系。关于经典依据,他大力号召广大信众多诵《地藏经》,并告诉大家《地藏菩萨本愿经》与《华严经》同一血脉。作为一名汉地佛教信徒,诵持《地藏经》是首要的。同时,他又在不同的著作中介绍了涉及地藏菩萨的《大乘大集地藏十轮经》和《占察善恶业报经》，从而向信众们系统地推出了"大士三经"，使"地藏三经"成为"地藏信仰"的教理依据。与此同时，大师又为信众们撰制了一系列与"地藏信仰"相关的礼拜仪轨，如诵地藏菩萨名号、撞"地藏菩萨幽冥钟"、打"地藏七"、拜"地藏忏"等，以进一步配合"地藏三经"使地藏信仰在汉地佛教中独树一帜，俨然成为一门完整的佛教信仰体系，即具体的地藏法门。

蕅益大师选定"地藏三经"的教理依据

佛家的"法门"是一个引领信众建立正知正见、体悟道理、早成佛道的途径，是必须建立在经典依据之上的。在论证地藏信仰体系的教理过程中，蕅益大师首先号召大家持诵《地藏经》，从而在教理上确认《地藏菩萨本愿经》就是地藏信仰的主要经典依据。九华山地藏道场的芙蓉阁寺院，有一次要举行诵持《华严经》的期会，蕅益大师在为这次期会作缘起"疏文"时，便因势利导地向广大信众宣讲了《地藏经》和《华严经》是同样重要的佛教经典。在《九华芙蓉阁建华严期疏》中，大师告诉广大信众，"地藏本愿一经当与八十一卷华严并参。华严明佛境界，称性不可思议。本愿明地狱境界，亦称性不可思议，一则顺性而修，享不思议法性之乐，一则逆性而修，受不思议法性之苦。顺逆虽殊，全性起修，全修在性，一也。"这段文字告诉信众，《华严经》开示的是佛的境界，《地藏经》描述的是地狱的境界，虽然表述的境界是相反的，但两经并参，是一次全面的修行过程。大师还告诉大家，人生过程中，"一念迷"，则无上美好的"常寂光"境界会化为刀山火海；"一念悟"，即便是地狱，也会"应念化成普光明殿"。这一迷一悟虽性德无增无灭，看似一样，但表现在顺逆之修行上，其结果可大不相同。大师在"疏文"中还以俗语开导大家:"推人扶人,只是一手;赞人毁人,只是一口。"哪能说《地藏菩萨本愿经》仅仅是在谈地狱的事?何况菩萨所在的九华山,"芙蓉九朵,信可与华严九会,同其表法",同时,"华藏世界,安住大莲华中,如来成道,亦坐宝莲花。而优钵罗,波头摩等地狱亦复名青莲华、赤莲华。可见一名一喻,一事一法悉皆具遍十界"。由此,大师号召主持期会的出家师傅们要率领信众们,将这次华严期会引为顺修因缘,以开发正悟。这样,《地藏经》中描述的铁、围二山也就能成为金刚菩提道场了。所以,在莲花佛国、地藏道场诵持《华严经》与诵持《地藏经》一样,都是妙吉祥的。

在论述《地藏经》和《华严经》同样重要的过程中,蕅益大师说:"华严明自心,本具之净土,令人知归;地藏明自心,本具之苦轮,令人知避。一归一避,旨趣永殊。"据此,大师开示人们:《地藏经》是大家终归净土的指引。一念迷,则阿鼻地狱;一念悟,则西方净土。地藏菩萨是"无上医王",可以"慰穷途之客"。大师的这番开示,确立了《地藏经》是"地藏信仰"的主要教理依据,也为汉地净土宗信众推崇持诵《地藏经》、重视修持地藏法门建立了教理依据。

关于地藏信仰所依据的另一部重要经典《占察善恶业报经》,蕅益大师是在他为弘扬地藏法门所作的另一篇文献《化持地藏菩萨名号缘起》中引出的。在这篇文献中,大师依据《占察善恶业报经》将称诵地藏菩萨名号和个人修行之间的逻辑关系演绎得极其善巧。这篇文献首先从信徒的"自心"开始分析,认为佛弟子修自心最重要,最能明心的莫若佛法。而"佛法非僧不传,僧宝非戒不立,戒也者,其佛法纲维"。这是说,大众要想闻得正法主要靠的是僧人。如果僧众持戒不严,就谈不上和合僧,更不谈教导大众去"明心见性"了。对于这种持戒不严的缺憾,"坚净信菩萨悯之,以问释尊,释尊倍悯之,委责地藏大士,大士更深悯之,爰说《占察善恶业报经》"。在这部由坚净信菩萨向释尊请法、释尊又转请地藏菩萨说出的《占察善恶业报经》中，地藏菩萨告诉大众，"恶业多厚者，不得即学定慧，当先修忏法"。并为大众分析了个中道理。地藏菩萨接着告诉大众，忏法修成，具足净信之心之后，所有诸障，渐渐捐减，"此人名为学习闻我名者""以闻名为方便，真实持名"便可"得定慧发生，定慧而一实证入矣。明心见性，是真僧宝，真传佛法，吾辈生末叶，闻此真法，宜如何努力以自勉也"。大师通过解析《占察善恶业报经》告诉大众，称诵佛菩萨名号是修地藏法门的一个重要形式。这期间，蕅益大师还曾经专门为信众们撰写《占察行法》，并为刻印《占察善恶业报经》作过一篇《刻占察行法助缘疏》，且在文中进一步从教理上论述了《占察善恶业报经》的无量功德。

地藏三经中的《大乘大集地藏十轮经》是地藏菩萨问，佛为大众所说的，如来由本愿力成就十种佛轮的因缘。关于这部经典，蕅益大师在《赞礼地藏菩萨忏愿仪后自序》中，用自身修持地藏法门的体验，向信众们开示了受持《大乘大集地藏十轮经》的重要性。自序开头说："大法久湮，人多谬解，执大谤小，举世皆然，然地狱众苦，已随其后。"大师这是在分析末法时期的众生们往往妄自尊大而浑然不知，如同炼狱般的痛苦就在眼前了。接着，大师观照了自己无知的过去，说："智旭深憾夙生恶习，少年力诋三宝，造无间罪，赖善根未殒，得闻本愿尊经，知出世大孝，乃转邪见而生正信。"在这里，他向大众开示了自己由邪转正的因缘，分析出其间的关键是"每展读大士三经，辄不禁涕泪横流，悲昔日之无知，感大士之拯拔也"。在自序的结尾部分，大师总结出"同此过者不少，敬宗《十轮》并《本愿》《占察》二典，述此仪法，庶几共涤先愆，克求后果，不终为无依行乎？未登无生正位，皆可修之，无论初心久学也"。这段文字的大意是，像我一样犯有过错的人不在少数，但只要他们能恭敬地依据"地藏三经"去修正自己，就一定能洗却先前的罪过，并取得一定的成就。只有这样，才能称为依教奉行，而不是不依经典的盲目修行。修持"地藏三经"，人人皆宜，无论是尚未觉悟者，还是初学者或久修者。大师在这篇自序中通过《大乘大集地藏十轮经》引出，将"地藏三经"系统全面地介绍给了广大信众。

蕅益大师通过缜密的推理和精辟的论述，向大众总结出《地藏菩萨本愿经》与成佛的《华严经》一样圆融；《占察善恶业报经》是"末世多障者之第一津梁"，而《大乘大集地藏十轮经》则是人们改过自新的警策。"地藏三经"便是地藏信仰的教理依据。

蕅益大师撰制地藏信仰特有的礼拜仪轨

在确立了地藏信仰之经典依据的同时，蕅益大师又从大众宗教信仰的另一个重要方面，即礼拜形式上，为"地藏信仰"倡导和创设了一系列礼拜仪轨，甚至还首创了一些独具特色的礼拜形式。

为了在信众中大力弘扬"地藏信仰"，蕅益大师在倡导信众礼拜地藏王菩萨时，首先号召大众从诵持地藏王菩萨"灭定业真言"和地藏菩萨名号入手。大师通过自身的实践经验告诉大众持诵"灭定业真言"功德是非常大的。他说"敬礼慈尊地藏王，神咒善能灭定业"，并开示说"智旭与法界众生，迷本净心，已造定业"，所以我们要"扪心内悔，悲仰求哀。恭念地藏大士，无上医王，灭业真言，无边神力，定能拔三障苦，施三德药，是以专心持诵，速望冥加。向持三百二十万，一百万，四十八万竟。合复为某等（在场的人们），各各有差，至心共持一百四十万，伏愿……"这是说，我们大家在这个世界上都是造业深重，都应扪心自问，所以要哀求地藏菩萨这位医王为我们施药救治。哀求的方式是持诵地藏大士的"灭定业真言"。我们已经诵持过总共四百六十八万遍的"灭定业真言"了，而今天，我要再带领在场的诸位再补诵一百四十万遍。并以此功德，伏愿一切比丘、一切沙弥和所有信仰净土大道的众生，都能"咸脱苦轮，毕获安乐"。蕅益大师在这里大力赞叹了地藏菩萨"灭定业真言"具有利己利他的无量功德。由此可见，蕅益大师倡导信众用可以统计数据的诵持"遍数"来鼓励大家一心诵持地藏菩萨"灭定业真言"。

在鼓励信众称诵地藏菩萨名号方面，蕅益大师开示他们的方法也十分特别。僧人一般向大众募化食物或净财，而蕅益大师却曾经向大众募化过持诵地藏名号，他希望大家都能多多称诵"地藏菩萨名号"，以利各自早成佛道。同时，也试图从礼拜形式上使"地藏信仰"体系得以更加完善。关于称诵地藏名号的功德，蕅益大师在他的《化持地藏菩萨名号缘起》一文中开示说，"吾人最切要者，莫若自心。世间善明心要者，莫若佛法"。意思是，大众要想明心见性，见性成佛，就必须学习佛法。关于如何学习佛法，大师援引《占察善恶业报经》，为大家开示说，"宿习恶心猛利，现在必多造恶，毁犯重禁"，所以要"先修忏悔，若戒根清净，及宿世重罪得微薄者，则离诸障。又曰，虽学信解，修唯心识观，真如实观，而善根业薄，未能进趋，诸恶烦恼不能渐伏，其心疑怯怖畏，及种种障碍。应一切时处，常勤念我之名字。若得一心，善根增长，其意猛利。观我及诸佛法身，与己自身，体性平等，无二无别，不生不灭，常乐我净，功德圆满。是可归依，又观自身心相，无常苦……"这段开示的是，众生恶业深重，应当从忏悔开始修行。而初学者因为善根不深，也难免障碍重重，所以要修好"观我及诸佛法身"这"二观"，要修二观，就要时时处处坚持念诵地藏名号。而且大师还告诉大众："戒不清净，二观绝不易修，二观不修，一实何由证契？而欲戒根清净，舍忏悔持名，岂更有方便哉？"这是告诉大众，以上"二观"不修，岂能证悟无二无别的一实相真谛？而要修好"二观"，得到清净的戒根，除了称赞"地藏菩萨名号"，哪里还有更方便的办法呢？大师在这里告诉大众，要像念佛法门中称念"阿弥陀佛"名号一样，念念不忘地称诵"南无大愿地藏菩萨"，这种称念名号的方式是修行地藏法门的一个重要礼拜形式。

蕅益大师为九华山，为"地藏信仰"奔走呼号多年。他用倡导诵持《地藏菩萨灭定业真言》和募化百万称的地藏名号的方式，鼓励当时文盲率极高的普罗大众以简便易行的礼拜方式来践行地藏法门。除此之外，大师还号召大家通过"敲地藏菩萨幽冥大钟"来救拔沉沦并警策自身。因为敲钟偈告诉人们："闻钟声，烦恼轻，智慧长，菩提增……"而敲地藏钟则利益更多。大师将架设在地藏殿内的大钟命名为"幽冥教主地藏王菩萨"，简称"幽冥钟"。并尊称其为"铁地藏"。"铁地藏"之说应该是蕅益大师对地藏文化的一大首创性贡献。地藏法门的信众中也还有人将依据《占察善恶业报经》用木料制成的"占察轮"称为"木地藏"。关于"铁地藏"，蕅益大师在为九华山募铸幽冥钟的《化铁地藏疏》中为大众开示了"敲幽冥钟"的功德。疏曰："洪钟具无边音性，一击而顿彻铁围，地藏圆同体大悲，瞻礼而顿蒙与拔。幽冥之觉悟可期，现在之障缘宜转。"疏文的一开头就告诉大家，洪钟与地藏菩萨对我们众生示现的是同体大悲，敲响大钟，我们就可能得到救拔。然后又告诉人们，画影图形的佛像为"是像作像，皆性同虚空"，"而炼就纯钢，可表坚固不坏"。这坚固不坏的大钟便是对"三身无像"的表法。因此，大师号召大家要铸一口钟来表法，"借影像以妙彰，寄语高贤，共行檀施，助铁者，如正因心发，法身妙果可登，助炭者，如了因心发，般若光明可悟。助食用者，如缘因心发，解脱神通可基"。大师的这段话为大家分析了助铸大钟的利益。无论是贡献钢铁原料的人、贡献煤炭的人，还是贡献食物用度的人，大家都可以从正、缘二因出发，为完成铸钟这项圣举作出自己的贡献。《化铁地藏疏》还说，捐铸"铁地藏""从大士而发其心，正是全性起修。由众信而成此像，正是全修在性。如是事，如是理。如是因，如是果，真语实语，谛思谛行"。疏文结尾这几句告诉大众，捐铸幽冥大钟这尊铁地藏"像"就是实践地藏法门，就是一种全面的修行。这些因果关系是真实不虚的，大家要用心思量，踊跃参加。大师当年为九华山募化的这口大钟后来的下落，我们无从考证，但后人于清光绪年间再铸的"铁地藏"至今依然在蒲牢的利爪下，被牢牢地悬挂在九华山的开山祖寺化城寺大殿中，铭名标有"南无幽冥教主地藏文佛"字样，寺中僧人依然每日在撞击此钟。"化城晚钟"是"九华十景"之一。蕅益大师推出"铁地藏"之说，显然是在引导信众将膜拜拟人化的地藏菩萨升华到对地藏精神的理性修为上来。

蕅益大师在着力为"地藏信仰"充实礼拜形式的同时，还非常关心九华山的道场建设和道风建设。大师曾在信众中为九华山营建僧人塔院开展过募化活动。其间，他专门著过一篇《九华山营建众僧塔疏》。在这篇疏文中，大师向信众们开示了建塔供奉僧人舍利的重要性。他说："凡夫比丘，未断思惑，倘尸骸暴露，则神识不安，可悲也。堂堂僧宝，可敬也。矧凡圣莫测……安知肉眼所谓凡僧，非即大士曲示乎？"也就是说，在这些示寂的僧人中，可能就有以凡人示现的菩萨。所以，大师号召大家在九华山中营建僧塔，以供奉僧人骨殖，即所谓的"黄金锁子"，以示对地藏法门中僧宝的礼敬。

蕅益大师关心九华僧众的道风建设，主要凸显在他关注九华山的僧伽和合方面。九华山当地有人给大师去函，告之九华山有少数僧人道风不严等现象。为此，大师在《复九华常住书》中告诉九华山僧众："即一二僧众，不拘小节者，亦作志公、济颠等想。圣道场地，鱼龙混杂，凡圣交参，不敢以牛羊眼妄测，自招无间重罪也。"这是说，对那些不拘小节者，权且把他们当宝志公和济公和尚看待。对九华道场的僧人，我们不能以小人之心度之。万一他们是委身在众人中的圣者，那我们岂不是在造恶业吗？大师赞叹九华僧众说："山中大众，皆吾幼主，臣无轻君之念，而有谏君之职，唯是诚惶诚恐。稽首顿首。"这是大师在赞叹九华山中僧人，说大家都是地藏大士的真实眷属，而我只是你们的仆佣，对我的意见，你们"亦须慈恕"。可见，大师对九华山中的僧伽和合是何等的关注。

溤益大师弘扬"地藏信仰"过程中，还有一件事，值得我们关注。那就是大师的影响力决定了九华山的"庙会"日期。关于九华山金地藏和尚圆寂时间的记述，只有"贞元十年夏"的记述，并无具体日期的记载，而诞辰日期更无记录。在清朝之前，没有九华山庙会的记载，更没有农历七月三十（或七月的最后一天），是"地藏诞"的记录。后人在记述九华山庙会的由来时，也只称是"旧俗"，并未交代具体依据。至于民国《九华山志》在引用《神僧传》时说"金地藏端坐九子山头七十五载，至开元十六年七月卅日夜成道"云云，经查阅《神僧传》卷八之地藏条下，并无"七月卅"之说，纯属编《九华山志》者的添油加醋。在阅读《溤益大师文集》时，笔者注意到，明朝天启元年（1621），大师27岁时，在决意出家之际，于农历七月三十日撰写过一篇署名大朗优婆塞的《四十八愿愿文》；又于清顺治元年（1644），大师45岁时撰写了一篇《甲申七月卅日愿文》，以期在幽冥教主地藏慈尊面前为国祝禧，为民祈福。这两篇愿文一直以来，受到了教界的广泛关注。由此，笔者认为，就是因为溤益大师的这两个"七月卅日"，使得极为崇敬溤益大师的广大汉地信众，特别是长江中下游的信众从清朝开始，便逐渐将每年的农历七月三十日（或七月的最后一天）认定为地藏菩萨诞辰，甚至还认为，地藏菩萨的诞辰和入寂同为这一天，并举行庙会专事祭祀，从而约定俗成了今天的九华山七月三十日（月小为七月二十九日）庙会。

蕅益智旭成就了"四大名山"之说

中国佛教"四大名山"的形成是佛教中国化的代表性成果。"四大名山"之说的逐步认定和广泛流布，也不是一蹴而就的，而是经过了一个漫长的俗成和最终确定的过程。

就佛教的信仰实践而言，菩萨信仰是因广大信众对大乘佛教的重视而形成的；就地理分布而言，这是教内有识之士根据相关经文记述及实际需求而确定的。明万历朝前后，信众们关注山西五台山的文殊菩萨、四川峨眉山的普贤菩萨和浙江普陀山的观世音菩萨。在此情形下，当时的五台山高僧、擅长建筑营造的妙峰禅师发心募建了三座铜殿，以分别供奉以上三大士铜像。这些铜殿铜像有的至今依然屹立在原址之上。

明朝崇祯九年（1636），著名的净土宗第九代祖师蕅益智旭大师卓锡九华，其客居九华期间，成功地完善了地藏菩萨信仰体系，在全社会佛教界普及了地藏法门。在此期间，蕅益大师在九华山著有一篇《化持灭定业真言—世界数庄严地藏圣像疏》，载在其《净信堂初集》第七卷。在这篇疏文中，蕅益大师在至诚赞叹地藏菩萨的无量功德之后，写道："故于三宝前发心，欲庄严万佛铜殿，中供大士，永镇九华梵刹，与妙峰老人所造三大士殿，匹而为四"。蕅益大师也计划为九华山铸造一座铜殿和一尊地藏大士铜像，与之前妙峰禅师所造的三座铜殿三尊铜像一起，"匹而为四"，配成四大菩萨，供在四大佛山。至此，蕅益智旭大师最终圆满了中国佛教的"四大菩萨"信仰体系，同时也最终促成了中国佛教"四大名山"之说的确立和普及。上述蕅益大师在九华山提出"匹而为四"的"四"，就是我国佛教"四大名山"之说的肇始。

时至今日，主持智慧法门的文殊师利菩萨，其道场是在山西五台山；主持行愿法门的普贤菩萨，其道场是在四川峨眉山；主持慈悲法门的观世音菩萨,其道场在浙江普陀山;主持大愿法门的地藏菩萨,其道场是安徽九华山。近四百年来,中国佛教"四大名山"是全世界佛教徒们心中的向往,教徒们有时也称之为"四大佛山"。于四大佛山之中,安徽九华山独树一帜,以其实际的历史人物金地藏和尚及其修成地藏菩萨的正史记载而享誉海内外。记述这段正史的唐朝进士、九华山当地人费冠卿,以其实际见证人的身份,根据"幼所闻见",持"谨而录之"的态度,著就了一篇《九华山化城寺记》。该记被收录在《全唐文》"卷六百九十四"中,这是一篇最早记载九华山佛教历史的作品,也是九华山文史的滥觞。

根据东晋僧人圣坚在《罗摩伽经》中最早译出的"地藏"二字,唐代高僧不空和尚译撰出的地藏菩萨四句宏愿,唐代进士费冠卿撰写的《九华山化城寺记》,以及明末蕅益智旭大师对地藏信仰的完善和广大信众后续对地藏菩萨的礼敬,我们可以知道,中国佛教的地藏信仰现象发端于晋唐,形成于宋明,普及于明清。

由上述文献可见,明末的蕅益智旭大师通过不懈的努力,系统而又全面地向广大信众介绍了《地藏菩萨本愿经》《占察善恶业报经》和《大乘大集地藏十轮经》为"地藏三经",从而为"地藏信仰"确立了经典依据。同时,大师又鼓励信众诵持《地藏灭定业真言》、称诵"南无大愿地藏王菩萨"名号、拜《地藏忏》、打《地藏七》、敲"地藏王菩萨幽冥钟"、行"占察行法"、进而为广大信众设计了一整套礼拜形式。蕅益大师还曾动意在九华山"造万佛铜殿,中供大士,永镇九华",又曾亲自寄书,调和九华山僧团的和合,还为一些坐化后得不到正式安葬的僧人募化过墓塔。大师通过这一系列的措施,从"三宝"的多个方面着手,使以九华山为缘起的,以弘扬孝道为特色的"地藏信仰"在佛教信众中得到了广泛的认同,并使他提出的中国佛教"四大名山"之说一直广泛流传至今。自此,汉地俗成的松散型"地藏信仰"得到了系统的整合和广泛的流布。是蕅益大师完善了中国佛教的"地藏信仰"体系。正如大师自己所说："推人扶人，只是一手，赞人毁人，只是一口。"正是蕅益大师对九华山的一手扶植和扶持，正是蕅益大师对九华山的始终赞叹和赞扬，才有了今天九华山这朵圣洁的"大莲华"。

旃檀林

　　旃檀林位于九华街西南，北拱化城寺，南望回香阁，清朝康熙年间就出现在化城寺的西序寮房之列。20世纪90年代依然存在的旃檀林古建筑群是光绪十二年（1886）由僧人定禅募建而成的。寺名中的"旃檀"，是檀香的一

九华山旃檀林

种。旃檀树是一种古老而又神秘的珍稀树种,旃檀香料是佛家供佛的上品。旃檀林兴建之初,木工们发现九华山北坡上生长的杉木,质地红润,浓香馥郁,且茂密成林,康熙年间的住持僧遂据此定寺名为"旃檀林"。

定禅和尚的继任者福星和尚住持期间,旃檀林一度中兴。其间,民国大总统黎元洪的秘书易国干先生曾为旃檀林的中兴题写过一块贺匾,匾文为"福慧双修"。湖北随州人易国干是黎元洪早年的秘书。民国二年(1913),黎元洪北上拥护袁世凯,易国干没有随行,而于这一年来到安徽九华山六亩田参谒心安寺住持智妙和尚。1914年,易国干曾赴福建长乐县任过一任知县。此后,易老先生便举家归隐九华山朱备店,并在街上建有一处七进大宅。易家老宅现今依然存在两进。易家与佛门渊源深厚,易国干先生曾参与捐建六亩田心安寺,其女易胜华小姐皈依在智妙和尚座前。易小姐有过出国留学经历,晚年以居士身份常住在六亩田心安寺。新中国成立前后,易小姐曾为当地村民子弟开办过义学,并为许多没有名字的儿童起名注册。据不少当地村民和老僧回忆,易家人世代忠厚,思想先进。易老先生的一个孙子还参加了抗美援朝的志愿军。九华山百岁宫和月身宝殿能得到黎元洪的亲笔题字,可能也与易先生有一定关系。

福星和尚中兴旃檀林之后,寺院又经历了镇安、镇海等数位住持。中华人民共和国成立后,旃檀林一度成为九华山佛教协会所在地,20世纪60年代中后期,这里也是九华山佛教生产大队的办事机构所在地。当年的普全老会长、惟和副会长和仁德法师都曾在此常住。如今九华山数座寺院的方丈或住持,当初刚出家时均在旃檀林常住。今天的旃檀林,一改旧制,殿宇众多,其全新的寺宇为20世纪90年代以来,在现任方丈慧深大和尚主持下陆续在原址上扩建而成。九华山旃檀林曾于1983年被国务院公布为"全国重点寺院"。

旃檀林的寺舍建设大体可分为两大阶段，即先期古老的旃檀林和20世纪90年代以来彻底重建的新旃檀林。古旃檀林占地虽少，但殿宇紧凑，结构精美，佛像庄严，僧团和合。无论新旧，旃檀林寺舍所处的地理位置均得天独厚。旃檀林紧依九华街后著名的琵琶形而建。琵琶形是一座长不足百米，宽不过20米的平顶小丘，因其地形酷似民族乐器中的琵琶而得名。笔者有幸于20世纪80年代在琵琶形西坡下居住过数年。彼时的琵琶形，林木繁茂，环境清幽，其自然平整的"山掌"，是安禅者和读书人理想的去处。今天的琵琶形已然成为旃檀林的寺内花苑，虽周围殿宇，然古树尚存。近年来，笔者每临琵琶形，常怀暮云春树之思，如念旧人一般。

20世纪90年代之前的旃檀林，其寺宇布局呈"品"字形分布。大殿居后，配殿在前，僧寮和中厨分踞左右。寺宇皆毗连而建，紧依琵琶形北坡。高耸于琵琶形北坡上的大雄宝殿，为一座重檐歇山的宫殿式建筑，其须弥座边长均为18米，殿高18米，宽15.5米，进深11.5米，呈五开四进。殿内外的红墙碧瓦，雕梁画栋均营造得极为考究。"大雄宝殿"匾额下的梁枋上雕绘有"万佛朝宗"及"西天取经"等佛教题材的掌故画面。所有撑拱和梁托上均雕有八洞神仙以及持着鹰鸟、荷花、云帚、乾坤袋和掌上蹲着小兽的各路神仙。殿前钟板之间的包柱对联是九华山中最著名的一副对联，其上联曰"林下相逢只谈因果"，下联是"山中作伴莫负烟霞"。这里的"烟霞"自然是出自金地藏大师《送童子下山》诗中的"老僧相伴有烟霞"。旃檀林老大殿通廊的月梁上雕刻彩绘的是象征吉祥无限的"狮子滚绣球"，廊枋和角梁上雕刻彩绘的是"丹凤朝阳"和"凤凰戏牡丹"。殿前赭色的平门隔扇，其下部是厚实的门板，上部则设有透光的玻璃格栅，之间的每一处横框上均雕刻彩绘有多种传统题材的人物画面。这些位置相对低矮，举手可及的画面，于20世纪60年代遭到破坏，大多人物的头面部分被人凿去。老大殿正中供奉着结说法印的释迦牟尼佛及迦叶和阿傩二尊者。佛两侧供的是观音三尊和地藏三尊。

古老的旃檀林大雄宝殿，于20世纪90年代寺宇彻底重建之际，被移往新址。新址位于琵琶形西侧约50米处。本着修旧如旧的原则，移建的大雄宝殿保留了老殿的一大半原构件，因此基本未失其本来面目。

旃檀林古大雄宝殿中的全堂佛像是九华山中造像艺术最为精湛的像设，尤其是两侧的十八罗汉。旃檀林老大殿内供奉的主要是一佛二菩萨的娑婆三圣和形象各异的十八罗汉。为了凸显佛龛的圣神，清朝人将旃檀林老大殿的中间两楹间留得特别阔敞，宽5米之多。大殿正中是一座四层累叠的莲台，其边长约5米的正方形大理石须弥座上是一方带老虎脚的大红描金金刚座，座上再设一座浮雕贴金的六边形金刚座，座上立着一座一枝莲式的金莲台。莲台上端坐紫金莲的南无本师释迦牟尼佛，慈祥地注视着人天世界。佛像上方是一处两级的四方拱顶藻井。整座佛龛从各级金刚座到龛前供台，都雕刻彩绘得极为精美，其画面题材以佛教的"西天取经"为主，兼以传统的渔樵耕读和人物花鸟等。佛龛前的包柱对联，其内涵极为隽永，上联曰"现身说法恍然悟新罗月满南海波澄"，下联是"把臂入林可复有太白联唅阳明打坐"（联中的"唅"，音和意皆同"吟"）。佛龛后两侧的二菩萨均端坐于贴金描红的一枝莲式的莲台上，各自的胁士立侍于菩萨左右。大雄宝殿殿内两侧的神台上是两幅海岛罗汉雕塑群。

旃檀林老大殿的罗汉雕塑群中，蓝绿色的山海背景和金灿灿的十八罗汉相映生辉，是九华山中布置最优美、形象最生动、寓意最深刻、工艺最精湛的一堂罗汉。与人们常见的两排比肩而坐的罗汉不同，这里的二九声闻出现在山海之间，或坐或立，神态各异，形成了两幅壮丽的立体罗汉山海图。图中的欢喜罗汉一手指天，指尖上飘出一朵祥云，云头上立着几位满面欢喜即将入圣的天人。实际上这是一位为众生指明成佛之路的罗汉。其间的降龙罗汉身边没了那条恶龙，驯服的祥龙一定是顺着人类的意愿行雨去了。读经罗汉坐在山崖下，身边岩石上整齐地垒叠着几部经籍。十八尊罗汉的立足之处大体可分高低两层，低者大多立于各种水族之上、波涛之间；高者站在峰崖之上、山岚之中。其涉海者，或脚踏螃蟹海蚌，或独占鳌头、怪首；其在山者，或闲坐岩间，或伫立冈峦。海面上飞驰着狰狞的巡海夜叉，悬崖下长着尖叶的菩提圣树。为了表达"水火相济，乃成大器"的希冀，古人们在两幅罗汉山海图正中的上方，各彩雕了一尊立于火环之内，向众生捧献着避火珠的火德星君。九华山旃檀林的大雄宝殿内，清朝人为我们留下的宝藏弥足珍贵。古往今来，旃檀林老大殿中的全堂佛像吸引了无数有缘人的驻足，也让九华山几代僧俗引以为傲。

　　旃檀林古大雄宝殿还是九华山僧人"文化大革命"后恢复宗教生活的标志性起点。20 世纪 80 年代初，随着政府宗教政策的逐步落实，九华山佛教协会所在的旃檀林里率先传出了朝暮课颂的梵音，接着又出现了几乎每晚必做的焰口佛事。彼时的焰口佛事，其整肃的场景和激越的梵呗每天晚上都会吸引来几乎每一位来山的信徒或游人。其间，年老的信众随着法器的节拍，口中在喃喃地念着。从未见过和尚念经的年轻人，挤在人群中瞪着大眼不解地看着，场面气氛十分热烈。笔者当年也常挤在人群中看热闹。当年旃檀林的焰口佛事，多为一大士焰口，少有三大士做佛事。其中打正坐的主表和尚大多数情况下由本山僧人印空老和尚和江苏籍老僧三乘和尚担任。印空老和尚在九华山中修行多年，向以德学深厚和音声佛事著称。焰口佛事中的维那和诸师中有本山僧人，也有来自合肥的老僧悲云法师和来自江苏扬州一带的几位法师。据多位九华山中老人回忆，"文化大革命"前，经常于傍晚人静时，在九华街就能听到印空老和尚在"天上琼阁"般的百岁宫上唱赞子的声音。

　　印空法师是安徽凤阳朱氏皇族后人。印空法师晚年在九江铁佛寺向其徒曾孙、现任九华山六亩田寺院住持演慧法师回忆：明朝末年，由于祖上被投入宗人府而免遭清朝清算，才有了印空法师俗家这一支的延续。清末民初，印空法师的祖父是当时的南京城守备将军。由于时值改朝换代，世事纷乱，印空法师的祖父向上级交了官印之后，带着一家祖孙三代、老小七口人奔上了佛教圣地九华山，并在后山六亩田拜时任住持智妙法师为师，得法名传本。此后，传本在俗时的儿子也在六亩田出家，法名为海明。海明在俗时的儿子又在六亩田出家，拜海明的师兄海德和尚为师，是为九华山当代佛教史上著名的印空法师。至此，肇基于河南桐柏山太白顶的禅宗临济宗白云系的"直传海印、妙演心空"八个字辈中，凤阳朱氏一家祖孙三代在九华山六亩田就接连赓续了传、海、印三代。如此佛化家庭，其佛缘实属深厚，且极为罕见。太白顶临济宗白云法系，在安徽青阳六亩田传到现任住持演慧法师已经六代。

印空老法师常住九华山旃檀林期间，笔者与其过从甚密。20世纪80年代后期，印空法师年老畏寒，被弟子们接往气候温暖的福建省，住在一座小岛上。其后，印空法师又被弟子妙乐师尼接往九江铁佛寺常住，直至终老。21世纪初，印空法师90岁时，笔者曾前往探视。当时老法师精神矍铄，思维敏捷，还向笔者问起过80年代九华山管理处副主任马立田和九华大队领导吴立旺两位同志的境况。

原址上的旃檀林老大殿，其殿前隔着一座边长约10米的正方形天井，面对的是拱卫大殿的韦陀殿及与其靠背的弥勒殿。弥勒殿门朝寺外，是旃檀林殿宇的总入口。这两座配殿处于同一屋檐下，由中梁下的一面影壁将前后两殿分开。配殿和天井的西侧紧连着一座四开四进的两层楼，楼上是僧寮，楼下是云水堂。为了采光，当年的建设者们在殿与寮之间留了一条细长的小天井，上楼的楼梯就建在天井西檐下。当年仁德老和尚的寮房便在这座楼梯上端。天井东檐下整垛粉墙的上部有一幅画面不大的水墨双鹜图。荡漾在几秆芦苇下的一只野鸭，侧着头，仰望着另一只张着双翅、撑开两张铁红色鸭蹼，意欲乘风而至的伴侣。整个画面生动逼真，寓意隽永，观后令人终生难忘。

旃檀林东侧对称的也是一座四进四开的寺舍，与弥勒殿相邻的是两间两层的僧寮，当年的佛教协会老会长普全法师就住在楼上。与韦陀殿东侧相通的是前往中厨的宽过道，过道与中厨连接处的上方也有一座细长的天井。这座天井是为厨房采光而设的。厨房东墙下有一道腰门，门外是一处空地，厨务进出均由此门。旃檀林厨房的南后门外便是琵琶形山坡，坡下的挡土墙和厨房后墙之间有一条宽不足两米的夹道，夹道中部有一眼从不枯竭的水井。这处水井出水量大，井水冬暖夏凉，即便是滴水成冰的隆冬季节，井里的小鱼小虾依然悠闲自得。这处水井一度受到九华山僧俗的一致赞叹。

旃檀林"品"字形寺宇的东北角上，紧挨着寺院大门，有一座坐东朝西一楼一底的耳房。这里早年应该是寺院的客堂或更房。"文化大革命"以后，这里住着在佛教协会工作而又必须远离大僧的常净和常洁两位姊妹比丘尼。耳房大门上的常联是"常翻贝叶添新藏，闲剪江云补衲衣"。常净和常洁姊妹俩出生在湖北孝感云梦县的一户许姓富庶人家，姐姐俗名许惠香，妹妹芳名许九香。姊妹俩幼时在家极为娇惯，未及启蒙，便被信佛的父亲用轿子抬往家乡附近的一处寺院受了皈依。皈依后的姐姐许惠香便在家中帮忙打理家务，而生于1925年属牛的妹妹许九香便被送入私塾接受调教。1941年16岁时，因受到一位堂姐婚姻不幸的影响，许九香倔强地和姐姐惠香一道决心不嫁，决意出家。原本就是佛门居士的两姊妹选择了这一年的九月初九日，来到当年祖父独自捐建的尼众道场青莲寺，在果清师太座下双双落下秀发，得法名常净和常洁。1946年，常净和常洁二位沙弥在武汉归元寺受具足大戒。受戒期间，师兄弟俩居然在归元寺偶遇了业已出家、同来受戒的父亲，从而缘聚成一场罕见的父女三人同时同寺受戒的善缘。中华人民共和国成立后，姊妹俩的父亲也来到九华山，圆寂于法华寺，塔葬在祇园寺后坡上。受具后的常洁法师上过佛学院，还一度学过医护。由于惧怕打针，厌恶血腥，常洁法师后来便放弃了医务。

囿于20世纪50年代初的社会形势，常净、常洁在师父果清的带领下，于1954年的一个夜晚，只提着一只竹篮和一把剪刀，悄然离开了老家，径直奔上安徽九华山。初到九华，三位住入后山东堡乡的一处小尼庵，并与当地乡民相处得极为融洽。

由于常洁法师文化高深，处世把稳，且工书法，精小楷，1955年，九华山佛教协会将其调任协会会计。在九华山佛教协会办事的同时，常洁法师还兼任附近三个生产队的会计，长达30年。笔者1980年上九华山教书时，常洁法师在旃檀林任驻会会计，其姐姐则在寺内主持库务和厨房。1985年，常洁法师调任九华山历史文物馆馆长，同年，常洁法师也开始在神光岭东坡下古百子堂遗址上筹建一处新的修行处所，三年后的1988年建筑落成。为了怀念早年在旃檀林圆寂的姐姐，常洁法师取姊妹俩法名中的净和洁两个字，将这座新建筑命名为净洁精舍。也是1988年，常洁法师卸任陈列馆馆长，入主净洁精舍。晚年的常洁师太，依然注重修为，心系信众。常洁师太生前曾发愿，自己将来往生后一定趁愿再来九华山净洁精舍。常洁师太于2017年1月9日在净洁精舍以金刚相示寂，其唯一的弟子演福法师在祇园寺后坡上为其起了一座石塔。常洁师太寿腊九十三，僧腊七十七。常住九华山的60多年间，常洁师太道心坚固，修为严谨，禅风犀利，直指人心，关心社会，注重公益。关于老师太一生的梵行，净洁精舍现任住持演福法师记忆得最深，记录得最细。演福法师是九华僧团中的一代新人。

旃檀林老大殿的西侧有一座独立的上客寮，名曰"花厅"。花厅面南，朝

净洁精舍

琵琶形挡土墙开门，从而形成了一处长约 15 米、宽约 6 米的天然院落。当年的寺僧们将挡土墙粉得洁白，并在墙上墨书"山中天"，或曰"天中山"三个大字。墙下是一座四季常青的花圃。圃上初夏的芍药花和深秋的菊花吸引过无数的赏花人。中华人民共和国成立后至 20 世纪 90 年代以前，平门隔扇、一楼一底的小花厅外部环境静雅，内里陈设朴素，是九华山僧俗两界接待贵宾的主要馆舍。

今天的旃檀林，其寺院布局和佛像的设供都发生了很大的变化。新扩建的旃檀林紧依在 1981 年筑成的九华街新马路西南，占地面积是老寺院的数倍，由 10 处钢筋混凝土结构的殿宇组成，周以围墙。围墙临马路的一面上，高耸着两座宽大的大理石门楼，东首一座是大山门，西首一座是大行愿门。两门之间有一座较矮的石牌坊，坊匾文曰"九华山旃檀林"，落款时间为"二〇〇四年六月五日"。

依据"娑婆三圣"的制度，新旃檀林三座主殿依然呈"品"字形布局，但与老殿宇布局的前后关系截然不同。供奉佛祖的华严宝殿高高地挺立在寺院的正前方，后两侧分别矗立着供奉地藏菩萨的地藏殿和供奉观音菩萨的大悲楼。关于新旃檀林的这一组"娑婆三圣"殿宇，寺僧们之所以一反常规地将地藏殿布置在尊边，原因可能是九华山是地藏菩萨的道场。

旃檀林华严宝殿的建筑体量又高又大，雄冠九华街所有寺院之上，仅其须弥座就高4米，阔36米，进深30米。雄伟的华严宝殿高约17米，宽32米，进深26米。殿前阶下一对洁白无瑕的大理石白象，作翘鼻行走状，似乎在告诉着人们，这里是佛祖正在宣讲华严奥义的圣殿。殿前两侧的两段石阶之间是一幅大型的浮雕九龙壁，石阶两侧有石雕的双龙拥护左右。大殿的重檐歇山式殿顶上，其正脊两端有吞脊兽，正中有宝瓶脊刹。其垂脊上有级别最高的由骑凤仙人引领的四列垂脊兽。大殿正门的前廊上立着两座盘龙大柱。大殿的大门对联由旃檀林方丈慧深大和尚于建殿之际撰写而成。联曰"圣凡同居行普渡，十方三世一家亲"。大殿内须弥座上供奉着10多米高的"华严三圣"铜铸巨像。据说，铸像之际，居士们捐有适量的黄金熔在佛像面部，所以正中的释迦牟尼佛面色红润，慈眉善目。佛祖上首是执如意的文殊，右首是持莲花的普贤。三尊大佛的背后供的是观音三尊，观音大士高达9米，随侍的龙女和善财，形象极为生动。大殿两侧的玻璃龛内依例供奉着十八罗汉。

旃檀林华严宝殿的后两侧矗立着两座建筑规模和风格相同的配殿，分别是地藏殿和大悲楼。大殿西后侧配殿是地藏殿，其大门对联内容为调换了顺序的地藏菩萨十六字宏愿。殿内正中"地涌莲花"式的莲台上矗立着一尊9.9米高的四面连体、执杖持珠的地藏菩萨行愿像。华严宝殿东后侧配殿是供奉千手千眼观世音菩萨的大悲殿，观音龛位于殿堂正中，龛前的大柱上是一副道理深刻的观音龛传统对联，联曰"若不回头，谁替你救苦救难；如能转念，无须我大慈大悲"。观音殿两侧壁上供奉着观音菩萨的三十三身像,殿堂后列神台上依次端坐着禅宗的六代祖师。

在旃檀林三座新大殿的后方,围绕琵琶形山丘,依山就势地错落着另外7处寺宇。其中包括移址而立的老大雄宝殿和新建的玉佛殿、明净真身殿、方丈和僧寮以及斋堂和中厨等。

现代重建的大旃檀林,由于现代人的改革意识,从山门的设置、殿宇间的关系、文化氛围的营造,到日常的行持,都出现了不少革命性的变化,重建结果不期然而然。

旃檀林现任方丈慧深大和尚,安徽六安人,俗家姓苏,1982年来九华山旃檀林礼上仁下德老和尚出家,得法名慧深。慧深法师于1982年在南京栖霞山佛学院僧伽培训班受训,并于次年在栖霞山茗山老和尚座前受具。1989年,慧深法师入住旃檀林。2006年,慧深法师当选九华山佛教协会会长,并于担任会长期间,当选为全国政协委员。2014年阴历九月初九,慧深法师在旃檀林升方丈座。

慧深法师的日常生活异乎常人,一年四季以冷水洗漱沐浴,并以此作为禅法。这种禅法在九华山历史上是有先例可稽的。九华山唐代先贤、咸通年间及第的儒生王季文,其辞官归隐九华山修仙后,即"日一浴于山之龙潭,寒暑不渝",苦心修真。今天的慧深法师与这位一年四季、每天在九华山龙池里洗一次澡的隐修者的修道之法如出一辙,参悟的想必都是四大所成,寒来暑往之道理。

实际上,古往今来的九华山僧人,其禅行异乎寻常者屡见不鲜。明朝崇祯年间,天台寺僧人玺田和尚每七天吃一次饭,为护卫山林寺舍,每天"夜巡晓返"。崇祯五年(1632),玺田和尚架起几捆木柴,自己点火为自己荼毗。九华山香山茅蓬的性妙老师太自20世纪30年代起直至百岁终老,60多年不下九华，且足不出户。当代九华山当地人，吊桥寺僧人果勇法师，出家后从不下山，每日必巡一次罗汉墩沿线山林，往返十里山路，风雨无阻。其日常收到的居士供养，均随手投入沿途寺庵的功德箱内，自身生活极为简朴。几年前，笔者与大觉寺住持宗学法师前往吊桥寺拜见老和尚时，果勇法师告诉笔者，"我不能下山，一过凤凰松，我的头就晕"，"我吃穿不愁，要钱没用"。当代九华山旃檀林僧人明净和尚十多年站禅的故事传遍海内外。凡此"圣事"，不一而足。40多年来，笔者与这几位当代僧人均相互熟悉，所述事迹，毫无夸张。

旃檀林的大德

明净沙弥

明净沙弥（1928—1992），俗名徐方柱，安徽省郎溪县人，三岁失怙，且家境贫寒。徐方柱自幼不食荤腥，生性慈悲喜舍。徐方柱在原籍务农多年，年过半百才在信仰的感召下，于1984年来九华山出家。初欲以旃檀林为家未果，遂往天台寺拜师，结果拜了一位游方僧为师，得法号明净。游僧离山之后，明净沙弥再投旃檀林，初拟挂单，后为常住，并一直持沙弥行终老于本寺。

明净沙弥初到旃檀林时，除主动帮厨以外，还每日在寺中扫尘除垢。因为求单不得，明净沙弥常在大殿对面的韦陀龛前过夜，其间或坐禅，或站禅。待常住为其安单之后，明净沙弥则兼以卧禅。关于明净沙弥"站禅"的佳话，20世纪90年代初期，在九华山中广泛流传。1990年深秋，笔者曾领着几位新加坡信众于夜深人静之际，前往旃檀林探望正在站禅的明净沙弥。沙弥当时正站在旃檀林西院内的一棵大树下，由于秋深，沙弥长长的胡茬上已结满了露珠。因为急于想知道沙弥是否真的入定，笔者居然用手电筒灯光在沙弥眼前晃了几下，希望看到沙弥的眼珠会受光线刺激而在眼睑内转动。但我们一行人发现老沙弥当下依然呼吸均匀，毫无反应。此刻，笔者一行立马色变，赶紧离开了现场。如今每每忆起自己当年罪过的行径，笔者始终愧疚不已。关于此事，笔者十余年前在香港凤凰卫视《文化大观园》栏目上曾作过详细讲述。据笔者数年观察和了解，明净老沙弥在旃檀林内近十年的禅行中，卧禅、坐禅和站禅并非依序而行，而是随机而行的，但后期站禅居多。

明净沙弥 1992 年入寂后，由其弟子们侍奉坐缸。明净老沙弥莲花缸被移置于九华街蠡盘岭西坡下，其弟子心兰师尼在缸边结茅守孝。1998 年，心兰师尼发现其师在缸中示现金刚不坏之身，遂发心在缸边募化建寺，以供奉师父真身。新寺以明净沙弥法号为额。明净禅寺已今非昔比，俨然成就为一座三宝俱全的山中大寺，并易名为净戒禅院，住持僧人为正英比丘尼。供奉在明净禅寺内的明净沙弥真身不久后便被移供于旃檀林老大殿内，与地藏菩萨共受香火。近年来，慧深大和尚又在旃檀林大行愿门内为明净沙弥专立了"明净真身殿"。明净沙弥生前的梵行少为人知，然其寂后却永远在激励着无数佛门学人。

无相寺

　　无相寺，原名无相禅寺，或无相院，位于九华山北麓的头陀岭下。头陀岭即二圣殿前九华河西面的山冈。无相寺历史悠久，在九华山中，其获得朝廷赐额的历史仅次于山上的化城寺。无相寺正式得到朝廷赐额认可的时间是北宋治平元年（1064），比化城寺置额的唐建中初年（780）迟 280 多年，此处实

无相寺

际有僧人结茅的历史却早于化城寺。据史料记载，无相寺的前身为头陀寺。头陀寺初创于唐开元二年（714），比山上的化城寺还要早40年。为了表达九华山开山祖师金地藏当年初上九华时，可能经过或住过无相寺，清朝光绪年间的僧人们在寺内立了一块金地藏扫地僧形象的碑刻，此碑残片现今尚存。

　　获得北宋朝廷赐额之前的无相寺，系由当地著名隐士王季文的书堂及其附近的头陀寺合并而成，出现的时间是唐朝咸通年间（860—874）。老的头陀寺，其历史早于王季文书堂。九华山最早的明嘉靖《九华山志》称，"无相寺，在九华西南（方位以费冠卿隐居的少微峰为基点），唐王季文书堂，开元二年（714）季文死，呼僧智英至，舍为寺，宋治平元年（1064）赐额无相禅寺云"。此版《九华山志》记载的"开元二年（714）季文死"的时间是错的，更不能认定为无相寺或头陀寺的创寺年代，因为王季文是唐开元以后的咸通年间（860—874）才及第，其逝世时间应该远迟于开元二年（714）。此后的明万历《九华山志》则未提"开元"，仅载有"无相寺，在头陀岭下，旧为王季文书堂，季文临终，呼邻僧智英至，舍为寺，英乃开山主人也。宋治平元年（1064）赐额"。由以上史料可知：第一，无相寺位于头陀岭下，且至今不曾移址。第二，无相寺的前身是王季文书堂和头陀寺。第三，无相寺的开山祖师是早已在此修行的头陀寺僧人智英和尚。第四，无相寺最早得到朝廷赐额的时间是北宋治平元年（1064），额曰"无相禅寺"。这便是九华山无相寺最早成寺的因缘。

　　确定无相寺的前身是头陀寺，且创建时间为"唐开元二年（714）"的史料是无相寺现存的一块古碑记，碑题为《重新无相寺记》。该碑于明成化十五年（1479），由当时的青阳"县僧会司僧会兼大九华山无相寺重开山第一代住持比丘礼瑛立"。这通碑文在记述无相寺重新开山，再建的缘起中载有"唐开元二年（714）僧净冲创寺，名头陀"的记录。笔者认为这么一座比化城寺建寺还要早40多年的头陀寺，应该就是史料中无相寺附近百姓所称的"老寺"。

金地藏扫地僧形象

王季文的邻居智英和尚当时应该就是老寺的僧人。咸通年间（860—874），王季文临终之际，请来智英和尚，将其书堂"舍为寺"。受王季文的委托，智英和尚将王季文书堂并入自己常住的头陀寺。约200年后的北宋治平元年（1064），朝廷"赐额无相"，这是头陀寺改称无相寺的缘起。据此碑文分析，无相寺的前身是头陀老寺，老寺创建于714年，比化城寺早40多年。头陀寺改称无相寺，并得到寺额的年代却比化城寺迟得多。

关于无相寺前身王季文书堂以及王季文其人，历代《九华山志》均有记载。明万历《九华山志》称，"王季文，字宗素，少厌名利，隐居九华。遇异人，授九仙飞化之术，曰：子当先决科于词籍，后策名于真列，冥注使然，不可移也。登咸通中进士第，授秘书郎。寻，谢病归，筑室头陀岭下。日浴龙潭，人见之，风雨不失期。将死，呼邻僧，以所居付之，今无相寺也"。王季文"遇异人"后，果然按异人的指点行事，于咸通年间"决科于词籍"，登进士第，然后很快就归隐九华，潜心修真。

关于王季文其人，晚唐诗人杨夔有《寻九华王山人》诗一首，收在北宋著名的诗歌总集《文苑英华》中，诗曰："下马扣荆扉，相寻春半时。扪萝盘磴险，叠石度溪危。松夹莓苔径，花藏薜荔篱。卧云情自逸，名姓厌人知。"与王季文同时期，禅居于九华龙池的僧人神颖也作有《和王季文题九华山》诗，诗曰："众岳雄分野，九华镇南朝。彩笔凝空远，崔嵬寄青霄。龙潭古仙府，灵药今不凋。莹为沧海镜，烟霞作荒标。造化心数奇，性状精气饶。玉树郁玲珑，天籁韵萧寥。寂寂寻乳窦，兢兢行石桥。通泉漱云母，藉草萦香苕。我住幽且深，君赏昏复朝。稀逢发清唱，片片霜凌飙。"以上唐朝人的两首诗都在着力歌颂王季文隐居的九华山，并表达对王季文的景仰之情。

王季文年少时就厌恶名利，即"名姓厌人知"，是一位方士教授他道家的"九仙飞化之术"，并点化他要先参加科举考试，成功后再修道，以求进入道家的真人之列。方士还告诉王季文，这是命中注定的事，是不可改变的。此后，王季文按照方士的指引，先于唐咸通二年（861）及进士第，不久便以生病为由，拜别官场，来到九华山头陀岭下筑室修道。传说，他一边与众人在堂前论道，同时又有乡民看到他在龙溪中洗澡。可见，王山人当时已然隐修成可以"分身的真人"了。王季文便是九华山道教史上的著名的九柏老仙。然而，在生命的最后时刻，道士王季文想到了佛，并将自己的居所交给了僧人智英。王季文舍家为寺，成就了后来的无相寺。

王季文热爱九华山，在头陀岭下隐居修身期间，吟出了一首传颂千年的《九华山谣》。这首歌谣唱道："九华峥嵘占南陆，莲花擢秀山半腹。翠屏横截万里天，瀑水落成千丈玉。云梯石磴入杳冥，俯看四极如中庭。丹崖压下庐霍势，白石隐出牛斗星。松杉一岁抽数尺，琼草黉缘秀层壁。南风拂晓云雾开，满山葱蒨铺鲜碧。雷霆往往从地发，龙卧豹藏安可别。峻极遥看戛昊苍，挺生岂得无英杰。神仙惮险莫敢登，驭风驾鹤循丘陵。阳乌不见峰顶树，大火尚结岩中冰。灵光爽气曛复旭，晴天倒影西江渌。具区彭蠡夹两旁，正可别作一岳当少阳。"王季文在他的《九华谣》中，以一个修道者超然的视角，对九华山的地理位置和自然生态，甚至对生灵和气候的细微特征都进行了精致地描述和歌颂，表达了自己对九华山的无限热爱之情。正是这位热爱九华山、歌颂九华山、在九华山中修得正果的王季文，在临终之际，请来了他的邻居僧人智英和尚，并作出了自己"舍家为寺"这件最后的壮举，从而成就了自己超然的人生追求，也成就了九华山中千年古寺无相寺的初始因缘。

从无相寺内现存的一方风蚀严重，唐风十足的石柱础可知，唐朝后期的无相寺应该是一座建筑高大、气势雄伟的佛寺。唐朝的建筑师们为了防止大型建筑的立柱移动位置，通常在柱础的平台上刻有下陷的石卯，石卯外圆内方，大直径的"外圆"卯适圆柱，小见方而更深的"内方"则卯栽柱榫。九华山无相寺现存的这方柱础，其圆卯的直径近两尺。由此可见，当初的无相寺殿内的立柱是何等粗壮，殿宇又是何等高大！

北宋治平元年（1064），朝廷赐额"无相禅寺"后，无相寺香火鼎盛，规模宏大，且下设有东、西、南、北苑。宋朝的九华山相关文史资料多称该寺为"无相院"。宋代的无相院曾受到过多位文人政要的关注和赞叹。南宋著名政治家和文学家周必大在其《泛舟游山录》中就记载过自己参访无相寺的经过。周必大（1126—1204）是宋代吉州庐陵人，庐陵即现在的江西吉安，周必大的祖籍是苏州，南宋乾道年间（1165—1173）是周必大仕途周折时期，因而周必大于其间有大段的自由时间，并曾以朝廷大员的身份，于乾道三年（1167）三月至十二月间，携家人自江西吉安出发，沿水路往浙江看望其生病的舅父。同年九月返程途经池州时，周必大于二十八日、二十九日和三十日登临游览了青阳九华山。

　　周必大一家于九月二十一日在贵池梅根（今梅龙九华河入江口）码头靠岸，次日入清溪河登岸拜访了当时的池州太守赵富文。在贵池盘桓数日后，周必大一行于阴历九月二十六日动身赴青阳，当晚在青阳附近的叶秀才家住宿一夜，二十七日到达青阳县城。南宋乾道三年（1167）的阴历九月二十八日早上，周必大在陈朝立、叶楠和赵良弼的陪同下，乘滑竿开始了他们的九华之行。陈朝立是时任青阳县主管财税的主簿。叶楠是叶秀才儿子，新任鄱阳县掌管社会治安的县尉。赵良弼是自贵池一路随行而来负责护卫周必大的忠训官。是日晨，一行人自青阳县城动身，翻西洪岭，过石龙口，经虎跑岗，沿莲花峰西坡下的甲子岭一路到达翠盖峰和狮子峰下的上雪潭，亦即今天的"舒潭"。在游览完"悬瀑十丈"的上雪潭和另外两处深潭之后，一行人在这里用了午餐。周必大在这一天的日记中写道："食罢，转山而行，终日观山，而殊不厌。十余里入无相院，有观音阁对峰峦数重，留题而去。又二三里，至协济庙，庙神兄弟二人。日方晡，或谓化城远不可到，遂止。陈朝立置酒中坐，帅诸人下九华溪，踏石涉水以为戏，叶尉体肥甚，独堕水中。溪自龙池来，欲访其源……"这段文字告诉后人，周必大到过九华山无相寺，并登过寺中面朝山峰的观音楼，还在寺中留有题字。这天晚上，一行人住在与无相寺隔九华河相望的协济庙中。协济庙内供有"庙神兄弟二人"。这里的协济庙显然就是后来改称的二圣殿，庙内供奉的"庙神兄弟二人"，应该就是今天依然供奉在二圣殿内的昭普和昭佑二位圣人。这二位圣人传说是金地藏的两位舅父。

　　周必大一行二十九日上午兴致勃勃地登上了九华山上的化城峰，参观了化城寺，并在寺中用了午餐。下午拜谒月身塔后，周必大一行在塔院中品饮了僧人祖瑛献上的"土产茶"。随后，周必大一行便往西北下山，投宿在九华山下的龟山寺。三十日，一行人经圣泉寺，过慕善镇（今庙前镇），在五溪桥附近经大路返贵池。担任过南宋宰相的周必大可能是我国古代登临过九华山的最高级别官员。

元朝的九华山无相寺，依然香火旺盛，游人如织。宋末元初，著名的九华山诗人陈岩曾数游无相寺，并在其《头陀岭无相院》诗中赞道："头陀岭下招提境，画阁阑干几度凭。游客骤来还倏去，看山输与在家僧。"就无相寺南的金沙泉，陈岩也有诗曰："金能生水水涵金，本本源源造化心。几许碎金随水出，披沙终日若为寻。"陈岩当年在歌咏无相寺的前身《王季文书堂》时感叹道："要学骑蟾主簿仙，休官直上九华巅。我来细读碑间字，风叶时时一飒然。"元末改朝换代，无相寺受损，明正统元年（1436），僧人魁英重建无相寺。

明朝的九华山"无相寺"曾多次灿烂地出现在明代大儒王阳明的多首诗歌作品中。据《王阳明全集》的年谱部分记载以及安徽省池州学院佛教文化研究中心主任尹文汉教授所撰《王阳明游九华山综考》的考证，王阳明曾于明弘治十四年（1501）和正德十五年（1520）两游九华山，并在山中盘桓多日，登临了多座山峰，参访了数座寺院并与数位修道者有过接触。其间，王阳明曾几度光临无相寺，为无相寺留下了多达九首的赞美诗。其中的《夜宿无相寺》诗曰："春宵卧无相，月照五溪花。掬水洗双眼，披云看九华。岩头金佛国，树杪谪仙家。仿佛闻笙鹤，青天落绛霞。"《无相寺三首》其一曰"老僧岩下屋，绕屋皆松竹。朝闻春鸟啼，夜伴岩虎宿"。其二曰"坐望九华碧，浮云生晓寒。山灵应秘惜，不许俗人看"。其三的内容是"静夜闻林雨，山灵似欲留。只愁梯石滑，不得到峰头"。王阳明第二次到访无相寺时留下了《重游无相寺次韵四首》，其一曰，"游兴殊未尽，尘寰不可留。山青只依旧，白尽世间头"。其二曰"人迹不到地，茅茨亦数间。借问此何处？云是九华山"。其三曰"拔地千峰起，芙蓉插晓寒。当年看不足，今日复来看"。其四曰"瀑流悬绝壁，峰月上寒空。鸟鸣苍涧底，僧住白云中"。王阳明吟无相寺的第九首诗是《无相寺金沙泉次韵》。无相寺南约一里处有一眼清泉，因泉涌时带出金色细沙而得名金沙泉。无相寺金沙泉和现在的上禅堂金沙泉同名，上禅堂后院的金沙泉，宋时称龙女泉。王阳明赞颂金沙泉的诗，其内容是"黄金不布地，倾沙泻流泉。潭净长开镜，池分或铸莲。兴云为大雨，济世作丰年。纵有贪夫过，清风自洒然"。一代大儒者，九吟无相寺。可见王阳明对九华山无相寺的感情是何等之深，也足见明代无相寺是何等庄严！

王阳明初到九华时，首先入住的是九华山下柯秀才家，并作有《九华山下柯秀才家》诗，诗曰"苍峰抱层嶂，翠瀑绕双溪。下有幽人宅，萝深客到迷"。诗中的柯秀才指的是当时九华山下著名的秀才柯崧林，其子便是后来成为王阳明门生的柯乔。在王阳明的教导下，柯乔后来成长为明朝的一代民族英雄，官至福建按察使副使、巡海道副使。明嘉靖皇帝赐建的"中宪大夫"柯乔门坊至今依然屹立在九华山下柯村的村中央，历五百年风雨而未圮。"柯乔门坊"不仅是柯家后人永远的自豪，也是九华山中的一处珍贵的省级文物保护单位。

清朝的无相寺，"前旧有心期亭，寺南有金沙泉，岭下有秀绿亭"，这是清朝道光年间、九华山当地著名文人陈蔚在其《九华纪胜》中描述的无相寺。文中的"心期亭"亭额由明朝嘉靖年间著名的政治家，历任礼部、吏部、兵部尚书的广东人湛若水所题。湛若水还曾吟诗赞叹心期亭曰"无相心期期亦无，此心直与天为徒，从前欲问天何似，无相参前即是吾"。关于无相寺南的金沙泉，王阳明作有《无相寺金沙泉次韵》诗。关于无相寺岭下的"秀绿亭"，诗人程双峰（南宋青阳籍官员程九万）有诗云："曾看双峰老子诗，秀攒绿绕妙天机。有人爱此无声画，更著幽亭相发挥。"诗中"绿绕"的池水是"头陀岭下吴氏南庄前后浚二池"中的绿水。关于这两处水池的记述，同样出自《九华纪胜》。

清朝道光十年（1830），成就和慈舟二位和尚曾住持并重修过无相寺。咸丰七年（1857），无相寺毁于兵灾。同治年间的无相寺在圣传和尚住持下得以中兴，一度成为"十方丛林"，并开坛传戒数次。圣传和尚是无相寺清代史上的一代中兴祖师。

无相寺 1913—1943 年间的住持为果建和尚。1943—1970 年间住持为雨量和尚。20 世纪 60 年代，无相寺大殿被毁。仅存残屋数间，且无僧人居住。20 世纪 90 年代后期，九华山上当地出身的僧人果富和尚入住无相寺，并历尽辛劳，冒险化缘，重建了大殿和部分寺宇，2019 年退出无相寺。随后，在青阳县佛教界人士的举荐下，演一法师入住无相寺。

演一法师，山东滕州人，俗名魏源。2001 年在山东省美术家协会培训班学习，师从国画名师刘怀勇教授，继而成为清华大学继续教育学院中国画高级研讨班助教。2011 年，魏源老师在安徽省九华山大觉寺礼宗学法师出家，得法名演一。演一法师于 2012 年在广东云门山大觉禅寺受具，得戒大和尚是大觉禅寺方丈明向法师。受戒回归九华山后，演一法师于 2012 年受祇园寺住持道源法师指派，前往仁德大和尚塔院，接替印刚法师守塔。2013 年演一法师在九华山大愿文化园附近创办了国内第一家"历代高僧墨宝陈列馆"，馆藏的僧人书画作品有数百件，其中最古老的文物可追溯到宋代。在 2013 年筹建高僧墨宝陈列馆的同时，演一法师又同步恢复了九华山狮子峰下的"云波书院"，并于同年受邀入住桐城投子寺。2014 年，演一法师在九华山大愿文化园成功举办过一期"大愿之光九十九名将军走进九华山红色书画展"，并取得了良好的社会效果。2015 年接任投子寺住持之后，演一法师于 2018 年和 2019 年两次在投子寺率先举办了国内首创的"中国画僧伽培训班"，两届培训班均历时 70 余日。通过室内的书画理论教学及组织对名山祖庭的参访写生，培训班极大地提高了一大批汉地僧人的书画弘法意识和绘画专业水平。2020 年，演一法师回九华山云波书院禅修和作画。2021 年，应青阳县宗

无相寺

317

教界人士邀请，演一法师入住无相寺。

无相寺的大德

圣传和尚

圣传和尚（1828—1889），安徽桐城人，俗家姓王。圣传和尚自幼聪颖过人，儿时便喜欢模仿僧人做佛事。6岁时，其父预感儿子日后能成为佛门大器，便将其送往当地的安定寺，依性源老和尚出家。如愿出家后的圣传沙弥，体态魁梧，性格柔和，且人缘极好。初出家时，圣传沙弥努力学习经史，勤奋习作诗文，当地很多文人雅士都乐于与之交游。圣传沙弥19岁时忽然感叹人生苦短，遂发心求戒。受具后的圣传和尚来到九华山中精勤研究大乘经典。4

大士阁

年后,受九华山甘露寺僧众邀请入主甘露寺。一年后,圣传和尚自觉学识不足,遂出门参学,遍访名山,以求了却生死大事。参访普陀山后,途经天童寺时,圣传和尚受到了宁波天童寺长老的极大关注,并挽留其担任该寺首座。

圣传和尚参学归来之际,见九华山下唐代王季文舍家为寺的无相寺沦为荒园,内心十分伤感,便决然在无相寺旧址上诛茅而居。经过6年的苦修苦行和艰辛的募化,圣传和尚将无相寺恢复成为一座僧众云集的山中巨刹。此后,圣传和尚在无相寺先后三次开坛传戒,戒子有400余人。

九华山无相寺中兴祖师圣传和尚于某日行至铜陵大通镇时,发现南来北往的僧人们在江边码头附近无寺可投,无处挂单。于是,圣传和尚又在当时的古大士阁废址上结茅,以接待往来的行脚僧人。在圣传和尚的感召下,一位姚明盛居士和圣传和尚的诸多桐城同乡们慷慨解囊,乐助重兴大士阁。仅一年工夫,大士阁便殿宇重兴,继而成为“丛林”。在大士阁旧址上重建的新寺被重新命名为普济寺,又称大九华山头天门。此后不久,圣传和尚虑及“佛设三学,戒为根基,戒根不固,定慧何依”,遂又在普济寺开坛传戒,宏宣律学,以希望四众弟子们能不忘根本,以戒为师,并嘱咐大众,学佛需专心于实修实证,挂在嘴上是无济于事的。在大士阁传戒之后不久,圣传和尚略示小恙,危坐三日便寂然而逝。圣传和尚示寂的日子是光绪十五年(1889)腊月二十三日。圣传和尚世寿六十一,僧腊四十二。圣传老和尚不仅是九华山无相寺的中兴祖师,也是铜陵市郊区大通镇大士阁的中兴祖师。这两座寺院的僧众都应世代供奉圣传祖师。

翠峰寺

　　翠峰寺，曾名翠峰庵，古称天柱庵。翠峰寺因位于九华山东部的滴翠峰南麓而得名。古老的翠峰寺，历史上曾三易其名，一易其址。该寺唐时称天柱庵，宋时称翠峰庵，明万历以来称翠峰寺。清末以来，翠峰寺还同时被称为"华严道场"或"华严大学"。翠峰寺所在的山峰也由滴翠峰被简称为今天的"翠

翠峰寺

峰"。无论是滴翠峰易名为翠峰，还是天柱庵改称翠峰庵，再名翠峰寺，乃至华严道场，但其历史沿革，均有案可稽。

翠峰，古称滴翠峰。明嘉靖《九华山志》称，"滴翠峰在天柱庵后，有三袭，上大下小"。该志还形容滴翠峰曰"烟岚不绝，空翠常滴，极其幽深，高舍之绝顶也"。这里的"空翠常滴"，便是"滴翠峰"名的来历。而峰"有三袭，上大下小"，说的是滴翠峰的堪舆形势。文中的"高舍"是唐朝人对天柱庵屋宇的称呼。宋朝时从天柱峰前迁来翠峰下的天柱庵，人们依然称其原名"高舍"。

从翠峰寺前向山顶望去，翠峰山形看上去上大下小，幽美异常，明代就有谷口生云、天柱青峦等"翠峰八景"之说。关于翠峰，清朝九华山当地人陈蔚在其《九华纪胜》中称，"滴翠峰，在狮子峰东，九华诸峰皆耸身锐首，惟滴翠峰上大下小，苍翠三层，露洗烟消，鲜新可掬"。无论明朝人的《九华山志》，还是清朝人的《九华纪胜》，都是在告诉人们，九华山滴翠峰其峰峦形势与众不同。因翠峰有"苍翠三层"，后人便有了"上翠峰"和"下翠峰"之说。宋朝末年，九华山当地著名诗人陈岩在赞美滴翠峰诗中吟道："春气薰空草木浮，绿云冉冉起山头。岚光泡翠浓于染，润入衣襟冷欲秋。"

至于滴翠峰改称"翠峰"以及天柱庵改称翠峰庵，其实原因一样。南宋末年，诗人陈岩在其《翠峰庵》诗注中记有"乾道中，余志源因折柳溪边悟解，聚徒稍众，即高舍居之，自称翠峰"。宋朝人余志源在高舍内聚徒授业，自号"翠峰"先生，是滴翠峰改称翠峰的开始。此后，"滴翠峰"和"翠峰"一直并称，今人称"翠峰"居多。

翠峰上的翠峰寺，前身是唐朝末年从天柱峰下迁移上来的天柱庵。南宋乾道年间，随着"翠峰"之称的出现，庵亦因峰易名而改称曰"翠峰庵"。有感于天柱庵从天柱峰下迁离，陈岩在《天柱庵》诗中喟叹道："石壁参天驻冷云，一声幽鸟忽惊人。庵前庵后山如旧，朽柏年来不再春。"陈岩在这首诗前的注释中称，"天柱庵，旧在天柱峰前，唐末迁滴翠峰下，俗呼高舍，即今之翠峰庵"。这是翠峰庵出现在文献中的最早记录。陈岩在《翠峰庵》诗中赞叹曰："缚屋山中数十年，薙茅诛棘旋开田。何须折柳溪边去，枯木寒林总是禅。"陈岩认为，翠峰庵是僧人们修行"枯木禅"的最佳去处。

翠峰庵由庵成寺的历史至迟在明万历朝以前。明嘉靖《九华山志》还在称"天柱庵，即翠峰庵"。但时隔不久，到了万历年间，"翠峰寺"便赫然出现在万历《九华山志》的第二卷中。原文为"翠峰寺，即天柱庵，在滴翠峰下"。在封建时代，由庵改成正规教育场所的寺，是需要朝廷认定的。翠峰寺历经明清之际的改朝换代之后，一度又沦为"翠峰茅庵"。清末光绪十八年（1892），月霞、普照和可安等几位法师相约同上九华山，决意重整翠峰庵，再兴翠峰寺，并立志在此新兴僧伽教育。中国近代佛教史上的一代高僧、禅宗泰斗虚云法师也于其间前来参学。自此，翠峰寺开启了自己在汉地佛教史上的绚烂时刻。

清朝光绪（1875—1908）后期，普照、月霞等几位法师登上九华山翠峰时，正值清廷酝酿"废科举，兴学堂"之际。1902年随着《钦定学堂章程》的颁布，1905年科举制度被废除。在此前清廷议论"立宪制"及兴办新式学堂的过程中，曾经发生过一场以庙产兴办学校的所谓"庙产兴学"风波。晚清重臣康有为和张之洞当时提出要以庙产兴办教育。为了保全寺院财产，当时不少僧人抢在寺院被朝廷改为学堂之前，先行在寺内办起了新式的僧伽教育学堂，以绝朝廷妄想。其间，普照、月霞等一行僧人则率先在安徽九华山翠峰寺内筹备创办了国内最早的一所学堂制的僧伽教育机构，即"翠峰华严道场"。

新式学堂的优点当然是不言而喻的。在漫长的中国封建科举制度下，占中国人口比例极小的普通文化人都是在老旧的私塾读书。他们所学的知识范围有限，极少数有成就者，主要靠后期的自学自悟。而新式学堂则可以通过多位专科教师对同一批学生授课，以成批地培养出知识全面的社会急需人才。

九华山翠峰华严道场在晚清"庙产兴学"的历史背景下抢先诞生，初名华严道场，后称华严大学，是中国最早的佛教大学堂。翠峰华严道场与历史上著名的京师大学堂同时成立于光绪二十四年，即1898年。从翠峰华严道场创立的时间就不难看出，当时的普照、月霞等几位开创者是何等睿智，其理念又是何等超前！

安徽九华山中出现的华严道场标志着中国佛教的僧伽师范教育迈向了全新的学堂制教育模式。这种新式教育极大地减少了传统师徒制教育的弊端。如同社会上的私塾教育，佛寺内师徒制教育的不足在于弟子虽得正知正见，但对于"五明"内容的全面掌握和运用，对人天众生的全方位了解是极为有限的。同时，囿于客观条件，师徒制教育培养的生徒数量必然是有限的。而新式学堂制教育则可以通过一批不同宗系的专门法师，在课堂里对同一批学僧进行全方位面对面的教育，以使生徒们能够全面掌握各门学识，深刻了解人情人性，从而在其日后的人天佛教弘化生涯中，能够因应社会发展的快慢和众生根器的差异，以无上的般若智慧善巧地接引学人，普同地利乐有情。

九华山翠峰华严道场是中国历史上第一座高等佛教师范学校，是华严大学的前身。华严大学开启了九华山乃至全中国僧伽师范教育的先河。继翠峰华严道场之后，国内佛教的新式教育机构如雨后春笋般涌现。在翠峰华严道场历时三年讲完整一部《华严经》之后，月霞法师又于19世纪末开始，先后在上海、南京等地开办了"江苏僧师范"等数处僧伽学校，继续宣讲《华严经》，并于民国三年（1914）在杭州海潮寺正式启用了"华严大学"校名。华严大学办学成果丰硕，培养了持松、智光、常惺、慈舟等一大批现代僧才。其中的智光、

翠峰寺华严大学旧址

持松法师后来依然以弘扬华严著称。1922年，常惺法师在当时的安徽省省会安庆创办了"安徽僧学校"。此后，常惺法师又于1925年远赴厦门南普陀寺协助会泉法师创办了著名的"闽南佛学院"。早期的华严道场也为九华山培养出了心坚和直妙等一批青年僧才。心坚和尚后来成长为九华山佛教会会长。直妙和尚则在离翠峰不远处开创了九华山著名的"六亩田心安寺"。

在华严道场的启发下，九华山东崖禅寺的容虚大和尚于1929年在九华山化城寺创办了"江南九华佛学院"。1990年，时任九华山佛教会会长的仁德大和尚在九华山甘露寺创办了"九华山佛学院"。新时代的九华山佛学院自其成立至今二十余年来，取得了骄人的成绩。一百多年来，在九华山翠峰华严道场的启迪下，全国各地相继出现了数十处新式僧伽院校。九华山翠峰华严道场对于中国佛教僧伽教育功在千秋。

九华山上的翠峰寺地处偏僻，远离村镇，是僧人清修的好地方，但要在此广开法筵、广育僧才是十分艰辛的。近代禅宗泰斗虚云法师当年就曾名列华严道场试办期首批招收的32名学僧中，与僧团共同研学华严，还曾在狮子峰上住茅蓬修学。约三年后，虚云法师于1895年华严道场正式开班前离开九华山。关于普照、月霞等僧人创办翠峰华严大学的缘起，清同治年间的青阳籍贡生江瑞在其撰写的《开建翠峰华严道场碑志》中有着详细的记述。

翠峰寺大殿

　　江瑞是九华后山朱备镇江村人，是翠峰山场早年的土地主人。江瑞撰写的《开建翠峰华严道场碑志》碑刻现存于翠峰寺大殿前廊西端。碑文的撰写者是江瑞的族弟江文鼎。刻碑人是当地石匠周金山。根据该通碑文记载，普照法师和月霞法师初到九华山"翠峰茅庵"时，曾与一位王君和江文鼎一同登门拜访了茅庵山场的土地主人江瑞，并说明了他们意欲将翠峰茅庵扩建成翠峰寺的设想。江文鼎当时向江瑞提出："翠峰之胜，古传之矣，今欲因地而建寺焉，君其许之乎？"交谈间，江瑞注意到来访的两位僧人都是"清净雅洁，谈经讲道，志尚清修，惟务根本"而不图虚名的和尚，便当即慨然应允了来访者"因地而建寺"的要求。于是，一众僧人便着手在茅庵旧址上展开扩建翠峰寺的工程，并选择光绪二十年（1894）仲春开山奠基。奠基时，普照法师说偈曰："世人图名利，贪衲喜住山。斩除荆棘林，造个般若庵。渴饮曹溪水，饥飧黄精干。空手把锄头，劫石都挖穿。栽培心上地，涵养性中天。闲时兀兀坐，静观世界宽。"翠峰寺的这次扩建始于 1894 年，成于 1902 年，是翠峰寺距今最近的一次重建。人们今天看到的翠峰古寺便是当年普照法师领衔扩建的成果。

翠峰茅庵扩建成翠峰寺之后，普照、月霞、可安、世澄等几位法师随后于 1898 年在寺内启建了华严道场，正式开始教学，专讲华严大经。这便是著名的九华山翠峰寺华严道场的成就因缘。清朝末年在九华山翠峰寺开办的华严道场及其后来衍生的华严大学，是汉地僧师范教育开启现代佛学院模式的滥觞，其对于汉地佛教近现代发展的意义非凡而又深远。

翠峰寺这次重建的捐地功德是寺宇所在地所有人江瑞，以其主持的田畈江村私塾学堂"江三畏堂"的名义捐给翠峰寺的。经查阅青阳《天宝江氏族谱》，江瑞是江氏本仁堂第七十二代后裔。江氏始祖于西汉末年因王莽篡位而愤然离开原籍河南登封，于公元 8 年落户于今天的江南青阳县。江瑞于清同治年间通过纳捐取得了"附贡生"的功名。江瑞在九华山翠峰寺所作的捐地善举，不仅为庄严九华山地藏道场作出了无量功德，而且为汉地佛教的僧伽教育事业作出了巨大贡献。

九华山翠峰寺建成以来历经风雨，华严道场也历尽坎坷。其间，月霞法师宣讲华严经三年圆满之后便因故离开翠峰寺。所幸，担当主讲的普照、监寺可安和副监寺世澄等几位法师依然坚持在此办学。据上述江瑞的碑记所载，普照等几位法师"不忍视斯香火寂寥，克志苦守，殿宇渐兴，香烛永耀"。此后的华严道场时断时续，民国之后基本停办。因为世事烦乱，翠峰寺的住持僧也屡易其人。1943 年翠峰寺的住持僧为瑞亮，1962—1984 年为僧人云林，1993—1997 年为宗良，2003—2012 年为寂德老和尚，2012 年 10 月至今为印刚法师。

今天的翠峰寺，其寺内的自然环境美妙绝伦。谷口山门与老殿宇之间的小盆地内四季常青,数百株苍翠而又鲜亮的老茶树散落在几十块滚圆而又硕大的乱石之间,显得格外的生机盎然。新疏浚的放生池映衬着先师们留下的几栋徽式风格的老建筑,愈显超凡脱俗。

古老的翠峰寺,其殿宇虽不雄伟,但五大开间的地藏殿、昔日学僧们听经的狮吼堂、僧众打坐的老禅堂和一栋僧寮依然保持着旧有的风貌。翠峰寺现任住持印刚法师于2012年10月,应身体欠佳的寂德老和尚之邀,入住翠峰寺。入寺10年来,为了适应现代弘法,印刚法师带领翠峰寺僧团不辞辛劳,成功募建了翠青桥至翠峰寺间长达两公里的盘山沥青马路,路面宽达20米之多。其间,僧人们还维修了老大殿和当年的讲经场所狮吼堂,恢复了大殿后山上的闭关洞,并严格保护了清代僧人建成的禅堂和一应历史文物。近年来,翠峰寺寺僧们继承祖师兴学遗志,力求中兴华严道场,不仅修复了部分寺宇,还恢复并坚持每年启建数期华严法会。近年来,僧众们频繁奔波于海内外,一面弘扬佛法,一面广结善缘,力图在翠峰寺成立"华严文教中心"。

翠峰寺的大德与护法

月霞法师

月霞法师(1858—1917),俗家姓胡,名显珠,字月霞,一名识悔,湖北黄冈人。胡显珠生于鸦片战争之后社会动荡的晚清咸丰八年(1858)。胡显珠自幼聪颖,孝顺父母,且佛根深厚。年轻时的胡显珠为了报答父母的养育之恩,为不使父母老而无养,曾应父母要求而娶妻成家,并育有一儿一女。据相关史料记载,胡显珠于光绪八年(1882)离开家乡,"遂直往金陵,依观音寺禅定大师,求披剃。即年至大通莲花寺,因如律师为之授满分具足戒。于是,普谒名山"。这便是胡显珠成为月霞法师的因缘。根据以上引语,沙弥月霞于出家的同一年，便在安徽铜陵大通镇和悦州上的莲花寺受具足戒而成为一名禅门比丘僧。随后，月霞法师又前往终南山结茅静修。

据月霞法师弟子持松和尚所作的《月霞老法师传略》的记载，月霞法师进入安徽，登上九华的因缘极为神圣。月霞法师出家后，在遍谒名山期间，"及至五台，礼文殊之一山麓，遇携马少年，问曰：'华严行者，九华庙在何所？'师一回顾，遂不见。曰'此必文殊示吾弘华严之处也'。南旋，至九华，礼地藏。观翠峰可居，乃诛茅结庐，学者麇集，遂开法筵，在此讲《华严经》一部"。

经查阅相关资料，月霞法师是在江苏省句容县真如寺充当了一年茶头和两年首座之后，于光绪十九年（1893）登上九华山的。在筹划九华之行期间，月霞法师还邀约了当时的扬州高旻寺首座普照和尚和句容赤山的印魁法师。一行人到达九华山的第一站便是九华后山的翠峰茅庵。几位胸怀大志的僧人在当地文人和山场主人江瑞以及江文鼎等人的捐助下，于光绪二十年（1894）甲午仲春开始，将破旧的翠峰茅庵扩建成了今天的翠峰寺。在扩建寺舍的同时，月霞法师开始为僧众宣讲《华严经》，三年后功成。当年的虚云和尚是这一时期在翠峰寺听月霞法师讲《华严经》的。翠峰寺建成以后，一干僧人随即于光绪二十四年（1898）在寺内启建了后来著名的九华山翠峰华严道场，并以全新的"学堂制"形式开始为学僧们专讲《八十华严》。由于此前汉僧开示《华严经》时，或欠全面，或失系统，而月霞等一众法师以新学模式，从不同角度宣讲《华严经》则广受肯定。佛教界认为，月霞法师以新学方式开示的华严佛法最为明白。于是，教内便有了"华严奥义，由斯昌明"的说法，意即自从有了翠峰华严道场，深奥的华严义理便在汉地有了明晰的解释。九华山翠峰华严道场于筹办期首批招收了 32 名学僧，为此后的汉地佛教培养了不少弘法僧才，如虚云法师、心坚法师等。月霞、普照等几位法师创办的九华山翠峰华严道场是此后著名的华严大学的前身。月霞法师在九华山期间，还曾兼任过东崖禅寺住持。

月霞法师在翠峰讲完整部《华严经》之后，便因故离开翠峰寺。在翠峰寺内现存的《开建翠峰华严道场碑志》中，关于月霞和尚离开翠峰寺的记述有六个字被人铲去。据池州市的一位有识之士推考，此处可能是"携杖飘然远遁"六个字。光绪二十五年（1899），月霞法师住持安庆迎江寺并创设了安徽佛教会。光绪二十六年（1900），月霞法师又回到其当年得戒的安徽铜陵大通镇莲花寺，宣讲了一部《法华经》。此后数年，月霞法师一直在印度、泰国、缅甸、斯里兰卡等国游历参学。光绪三十二年(1906)，月霞法师应留日学者之邀，在日本为当地华侨讲经说法。光绪三十四年（1908），应杨仁山居士之邀，月霞法师加入了著名的祇洹精舍（金陵佛学院）讲师团。与此同时，月霞法师还主持过我国近代史上最早的一批新式僧学堂之一的"江苏僧师范学堂"。1909年，清宣统皇帝改元之际，月霞法师在安徽安庆尚志学校讲唯识。宣统三年（1911）辛亥革命之始，月霞法师回到九华山，并试图恢复华严道场，试办华严大学，终因胃疾发作而不果。其间，月霞法师在九华山九莲庵宣讲过一部《维摩诘经》。

1913年，因在教内兴办新学而声名鹊起的月霞法师应邀前往上海哈同花园继续试办华严大学。哈同是一位商人，19世纪后期，曾供职于上海沙逊洋行，协助老沙逊成功地开发了后来举世闻名的上海南京路。成功后的哈同另立门户，于20世纪初，一跃成为上海滩上红极一时的房地产大亨。在康有为的建议下，决定在哈同花园开办佛教高等学院。不久，月霞法师又带着师生们迁进杭州海潮寺，继续教学，并于1914年在海潮寺正式挂出了"华严大学"匾额。月霞法师是华严大学的缔造者。

1917年夏天，月霞法师将华严大学移至江苏常熟兴福寺，并改校名为"华严学院"，旨在拓宽学科范围。是年秋季，月霞法师胃疾再起，遂向持松等学僧表达了要在西湖玉泉寺灭寂的想法，并交代："吾死后，勿念佛，勿营斋事，勿效俗人齐衰，但结佛七，诵华严题号而已。"月霞法师在玉泉寺疗疾期间，著名的佛教学者和佛教旅行家高鹤年大居士以及晚清维新派活动家狄楚青等一众同参道友陪侍在侧。是年冬月晦日，月霞法师在西湖玉泉寺安然示寂。月霞法师世寿五十九，僧腊三十五。月霞老法师灵塔建在江苏省常熟市兴福寺内。兴福寺内的华严学院由月霞法师的高徒持松法师主持续办至 1930 年，学院名称先被改为"华严预备学校"，后又改称"法界学院"。

月霞法师一生，"教弘贤首，禅继南宗"，足迹遍布海内外，每到一处，总以兴办新学的方式弘扬佛法，利益众生，为中国近现代佛教的发展培育了一大批佛门龙象，为封建社会终结与民主社会启蒙之际的中国佛教事业，作出了重要的贡献。

江文鼎

江文鼎（？—1947），安徽省青阳县九华山下江村人，年少时读书勤奋，工于书法，科举功名取至晚清时期的廪贡生，晚年是青阳县著名塾师。关于江文鼎先生的生平，其曾孙江启华近年整理有一篇题为《非常时期，遥祭先祖》的纪念性文章。

江启华是江文鼎先生的曾孙，现居合肥市。江启华根据其幼时所闻，在文中记述其曾祖父江文鼎"幼时被长毛（太平军）掳去，在长毛那里念过书。回来后，继续耕读，直至贡生。后在家乡教私塾。1947 年逝世"。在提到江文鼎与翠峰寺开办华严道场的缘分时，江启华在文中记述了他在"九华后山的翠峰禅寺，见到一块《开建翠峰华严道场碑志》石碑，记录了光绪二十八年（1902）普照、月霞、可安等几位高僧在滴翠峰开建华严道场的经过，碑文由江瑞撰写，江文鼎书丹。建寺时，太公文鼎亦有捐助"。江启华在文中还交代了，"老太公的墓冢在老家青阳朱备乡江村后山一个向阳的山坡上"。

江文鼎是《开建翠峰华严道场碑志》作者江瑞的族弟，是20世纪初募化重建翠峰寺的领衔化主。江瑞在碑志中讲述了江文鼎陪同普照和月霞和尚等人登门化缘的事。当江文鼎向族兄江瑞申述了在翠峰茅庵基础上创建翠峰寺的重大意义之后，江瑞当下深明大义，毅然捐出了上翠峰坡下的山场，使翠峰寺在短时间内便得以竣工。此后不久，月霞等僧人在寺内开建了著名的翠峰华严道场。与此同时，江文鼎本人也向翠峰寺捐献了建寺功德。碑志的附标题"江三畏堂捐齐田畈江礼公界"中的"江三畏堂"应该是江村江家私塾的堂名。江文鼎应该就是三畏堂的塾师。作为江家的一代著名文人，江文鼎还于民国十五年（1926），为其家族新修的族谱作了谱序，序文内容丰富，热情洋溢，文字优美，书法娟秀。今天人们看到的翠峰古寺，正是当年江文鼎老先生领衔募化的成果。江老先生当年的盛举德被苍生，光前裕后。其曾外孙陈强（江弱水）现任浙江大学传媒与国际文化学院教授，博士生导师。一百多年来，从青阳江村走出去的社会人才举不胜举。

　　笔者曾于2008年随池州市领导出访欧美，考察工矿企业，开展国际招商。其间，团队在美国纽约拜访了著名华侨企业家、池州市青阳县江村江氏族人江启荣。拜访之际，池州市领导向江启荣先生赠予"池州市荣誉市民"称号。江先生创业成功之后，曾于世纪交替前后多次回国省亲，并登上家乡九华山观光。江先生的夫人是一位秀外慧中的中医师，曾在九华山为僧人和居民留有药方。

　　由《开建翠峰华严道场碑志》和江启华的《非常时期，遥祭先祖》两篇文字可以确定，江文鼎是清末民初青阳县当地儒林中的一代翘楚，是九华佛门中的一位功德无量的护法居士，是九华山下江村江氏族人们永远的骄傲！

后　记

　　《文化九华》历时 23 个月成书。近两年间，笔者翻阅了自唐以来与九华山相关的大量文史资料，特别是宋、明、清、民国及当代出现的七八个版本的《九华山志》和几部游记著作，对其中大量的诗文游记作了解读，并对记录九华山中峰峦石洞、自然品类等的文字进行了大范围的实地勘察和认真的比较。对于本书所涉古寺的地理位置、寺舍建筑及人文历史的记述，笔者更是慎而又慎。

　　《文化九华》是在安徽省、池州市及九华山风景区管委会多位领导的鼓励下，笔者于数年前开始动意的。该书动笔之际，笔者曾受到过国内知名专家及中国佛教协会副会长圣辉大和尚的指导和九华山佛学院客座教授、知名作家黄复彩先生的鼓励和启发。撰稿期间，池州学院佛教文化研究中心主任尹文汉教授为本书提供了大量的文史资料，并作过专业指导。

　　自 20 世纪 80 年代初至今，笔者在九华山从事文旅工作 40 余年。工作之余，笔者对山中的 12 座清朝以前建成的寺院及其僧团的历史和教派的传承尤为关注。退休后这几年间，为这些寺院梳理历史，记述兴衰，并将其推荐给广大读者的想法，在笔者大脑中日渐清晰。为此，在九华山各界人士的支持下，笔者于 2021 年 5 月开始收集资料，着手遣词造句。本书成稿后，莲花书院山长助理、高级导游员向云玉女士在誊写打印工作上付出了辛勤的劳动。九华山历史文物馆馆长汪传忠、九华山文物保护员杜正群两位先生给予了支持。九华山大愿陵总经理李勇先生和九华山管委会退休干部潘玉珍女士为本书提供了大部分摄影作品，在此一并致谢。

鉴于本书所涉历史时间长远，记述内容宽泛，参考资料繁杂，加之笔者才疏学浅，见闻有限，书中文字冗长、信息疏漏在所难免，敬请广大读者批评指正，本人不胜感激。

2023 年 4 月 10 日于九华山莲花小镇